湛庐CHEERS

与最聪明的人共同进化

HERE COMES EVERYBODY

与霍华德·加德纳、
丹尼尔·戈尔曼齐肩的
著名教育心理学家
FUTURE
WISE
戴维·珀金斯
David N. Perkins

FUTURE WISE

戴维·珀金斯与闻名于世的哈佛“零点项目”

20世纪60年代，美国著名哲学家纳尔逊·古德曼创立“零点项目”，它是由哈佛大学教育研究生院的学者和教授组成的跨领域研究团队。正在攻读博士学位的戴维·珀金斯也参与其中，成为这个伟大项目的创始人之一。在哈佛大学任教后，他和霍华德·加德纳一起，作为“零点项目”的负责人，共同工作超过25年之久。

长期以来，“零点项目”致力于研究人类对艺术以及其他学科的认知发展与学习过程的理解。其主要目标是，在不同的社会规则下，帮助人们进一步理解和增强高水平的思维能力和学习能力。

从最初成立至今，50年来，“零点项目”致力于研究智力、理解、思考、创意与人类的学习等相关议题，吸引了来自全球近20个国家和地区的研究者、老师，尤其是美国诸多专业人士、国际学校的教师等参与其中，并定期举办研讨会和工作坊，推广研究成果。这些研究成果为教育学、心理学和艺术教育带来了极大冲击和重要影响。

FUTURE WISE

麻省理工学院数学和人工智能博士；美国著名教育心理学家，哈佛大学教育研究生院资深教授、教育技术中心负责人；国际思维协会组织委员会常委，全球教育界知名演讲家和顾问。

美国心理学界不可小觑的大师级人物

FUTURE WISE

近年来，在美国心理学界对智力的研究中，最有影响的理论有5种：霍华德·加德纳的“多元智能”、戴维·珀金斯的“真智力”、斯滕伯格的“成功智能”、丹尼尔·戈尔曼的“情绪智力”以及塞西的“智力生物生态模型”。美国关于智力研究的畅销书作者有3位：霍华德·加德纳、戴维·珀金斯和斯滕伯格。

与其他几位在中国赫赫有名的学者相比，珀金斯似乎颇受冷落：除林崇德教授等人在《心理学》(2004年第5期)上发表的一篇文章中提到过珀金斯和他的教育理论外，其他与之相关的完整介绍几乎没有。珀金斯对教育和学习的深邃思想无可比拟，在“闯荡未来社会必备的能力”方面给出了深刻的洞察与见解。因此，如果想要熟悉教育学和心理学的国外动态做本土研究，戴维·珀金斯绝不应该被忽视！

FUTURE WISE 为未知而教，为未来而学

戴维·珀金斯认为：知识必须能够在某些场合实际运用，才值得学习。我们需要以一种“未来智慧”的新视角来看待教育，在教育中既关注已知，也关注未知。在今天这个复杂而多变的世界中，努力培养孩子的好奇心、启发智慧、增进自主性和责任感，引导他们积极、广泛、有远见地追寻有意义的学习。

FUTURE WISE

Educating Our Children for a Changing World

为未知而教 为未来而学

[美] 戴维·珀金斯（David N. Perkins）◎著
杨彦捷◎译

浙江人民出版社
ZHEJIANG PEOPLE'S PUBLISHING HOUSE

FUTURE
WISE
EDUCATING
our CHILDREN
for a
CHANGING
world

前言

什么才是真正值得学习的知识

“你们为什么而学习？最后一排，那位懒洋洋举着手的同学，你来回答。”

多年的教学经验足以让你十分肯定，一旦提出这个问题，学生们会立刻举手提问，事实也的确如此，可是这个学生却显得有些漫不经心。好吧，你也只能让他发言，我们来听一听他的说法。这个自以为是的学生反问道：“我们为什么要知道这个呢？”

你或许曾遇到过这样的情况，或许没有，但我却真实地经历过，哪怕我教的是大学生。或者，你自己过去也属于这类自作聪明的学生，偶尔举手提出这样的问题。坦白说来，我曾经就是这样的学生。

作为一名教师，我非常讨厌学生提的这个问题，因为它自负又无礼。老师们兢兢业业地工作，但这类问题却表明：对那些不一定有趣的话题，学生们根本不愿意给予半点机会；同时必须承认，在大多数课堂上，我们所教授的内容受到多方面因素的影响。而且，对这个问题，想给出完美的答案并不容易。所以，我们往往给出一些敷衍的回答："因为它是这个单元中的一个学习目标。""因为考试会涉及。""因为你在明年需要掌握这个内容。"

然而，冷静下来仔细思考之后，我发现这个问题竟也是个好问题。想想潘多拉的故事：她打开了本不应该打开的魔盒，释放了灾难与疾病，使之遍布大地。提出上述问题，就像是打开了潘多拉的魔盒，造成了一团混乱；而且，盒盖还打开了很久，让情况变得更糟糕！但是，是什么触发了潘多拉的"违规行为"呢？好奇心——强烈的好奇心驱使潘多拉不再守规矩，让她不惜挑战规则。所以在我看来，潘多拉受到了不公平的惩罚，我是潘多拉的支持者。

尽管好奇是有风险的，但人类的发展却是以好奇心为基础的——世界如何运转、什么工具适用于哪一类工作、大洋彼岸的风土人情会是什么样，等等。有些好奇的探究会带来麻烦，但其中也不乏富有成效者。所以，让我们接纳学生提出的"我们为什么要知道这个"的问题吧！

关于教育，你还能想到其他更加重要的问题吗？毕竟，"我们为什么要知道这个"仍是关于教育的问题中最重要的一个。它引出一个简单的问题：在学校里，什么才是值得学习的知识？当教室后排的学生将这个问题抛出来时，就提醒了我们，这个问题不仅仅只是校领导、教科书编撰者、课程标准制定者或其他精英人士要考虑的，它同样是学生们关心的。我将在本书中阐释如何回答这个问题。

"值得学习的知识"在不断膨胀

教师们可能也会有自己的看法。虽然在大多数教育机构里，课程安排沿袭了传统的路径，但许多学校里的大部分教师越来越有自主性，他们开始努力拓展日常教学内容的边界。我认为，至少存在 6 类常见的拓展——我称它们为

6 大超越。

- **超越基础技能——21 世纪必备综合能力与品质**。在全球范围内，教师们开始致力于培养学生的批判性思维和创造性思维、合作能力和合作意愿、领导力、创业精神，以及在这个时代生存和发展所需的其他关键能力与品质。
- **超越传统学科——新兴的、综合的、有差异的学科**。例如，教师们开始关注生命伦理学、生态学、心理学和社会学的最新理念，以及其他能够应对当前机遇与挑战的学科领域。
- **超越彼此割裂的各学科——跨学科的主题和问题**。有的课程向学生提出了一些重要的当代现实问题，这些问题通常具有跨学科的特性。例如，贫困的根源及其可能的解决途径、各种能源资源的贸易问题等。
- **超越区域性观念——全球化的理念、问题与学习**。教师们的注意力已经不再局限于地区或国家事务，而是拓展到了国际问题。例如，世界史、全球金融贸易体系或培养世界公民的潜在意义等。
- **超越对学术内容的掌握——学习思考与课程内容有关的现实世界**。教师们开始鼓励学生关注与课程内容相关的现实生活，进行更深入的思考，并且支持学生的创造性表现，而不仅仅只是让学生从学业要求的角度来掌握课程内容。
- **超越既定内容——提供多元学习选择**。在有些教育机构，教师会支持并指导学生在常见的选修课之外，自由选择其他学习内容。

概括而言，这 6 大超越反映了有远见的教师们以及其他关心教育问题的人们普遍抱有的一种担忧：传统教育或许无法培养出我们期望且需要的公民、员工、家人或社区成员。此外，即便学生们读、写、算的基本能力得到了最充分的发展，仍然不能满足未来社会的要求。常见的传统学科往往固守在狭隘的井底，深受局限性的地区观念所限制，并只向学生传递学业性的内容，这也不能让学生们符合未来社会的要求。如今，被认为有学习价值的内容领域已经极大地被拓展了。

学生提出“我们为什么要知道这个”的疑问，而教师会尝试上述 6 大超越，二者巧妙地结成了同盟。在学生质疑常规教学内容的同时，教师们开始挖掘非常规教学内容的学习价值——这就是解答“什么知识值得学习”的两条途径。

一个没有完美答案的问题

对“什么知识值得学习”这个问题，我并不会给出直接答案。首要原因在于，这个问题过于宽泛。每一个人，在生命的每一个特定时刻都有许多东西值得学习，例如，正在为旅行做计划的家庭、刚获得新销售工作的人、抢购到最新版电脑游戏的孩子。本书只涉及对大部分人而言都有价值的学习。

其次，许多值得学习的内容是人们在学校之外学到的，而本书涉及的内容仅限于学校教育。

再次，很多值得学习的内容与特定的职业角色有关，并且在大学或技术学院中出现具体的分化。本书则只涉及专业分化之前值得学习的内容，主要涉及学生时代最初 12 年的教育内容，以及大学教育第一年中与通识教育有关的课程（且不涉及专业教育）。

然而，即便是最初 12 年的正式教育，我也不会精确地阐明哪些内容值得学习。我既不打算罗列一个包含上千条值得学习之事的清单，也不愿意列举简短的重点学科目录，更不会发布一个类如“21 世纪必备综合能力”的构架或是类似于“当代热门话题”的清单。我为什么这样做呢？因为“什么知识值得学习”这个问题并没有完美的答案。这是当今教育中的一个基本问题，但事实却是：谬解种种，真知难寻。隐藏在大多数常规课程背后的真相是：对这个基本的问题，只有一些糟糕的回答——**我们教授了许多没有学习价值的内容，更忽略了大量极有价值的知识**！如果你对这些答案感到诧异，那么，本书接下来的内容将一一证实之。

本书的使命是探索更好的方式去思考“什么知识值得学习”这个问题，而不是提供一个教条式的答案。我希望为大家提供一套工具，包括有助于在整个教育系统、国家层面来解答这个问题的一系列关键概念、标准及最佳途径。今天的学习者生活在一个复杂得令人眼花缭乱的社会中，为了帮助他们更好地面对生活，重新构想教育蓝图迫在眉睫。

测一测

你了解什么才是有价值的学习吗?

扫码鉴别正版图书
获取您的专属福利

扫码获取全部测试题及答案
一起了解面向未来的学习

- 如果不从事与数字打交道的工作，学习概率和统计就是毫无意义的，这是对的吗?

  A. 对

  B. 错

- 对于探究式学习而言，苏格拉底的“诘问式”是最有效的吗?

  A. 是

  B. 否

- 现在很多学校都越来越重视思维的培养，所以他们往往会专门开一门和思维有关的课程。这是 100% 值得提倡的吗?

  A. 是

  B. 否

扫描左侧二维码查看本书更多测试题

FUTURE WISE

目录

FUTURE WISE

EDUCATING our CHILDREN for a CHANGING world

引言

为未知而教

你的学习“投资”产生“回报”了吗?

也许，我们需要以一种全新的视角来看待教育，在教育中既关注已知，也关注未知。也许，我们需要一种更具有“未来智慧”的教育视角，在复杂而多变的世界努力培养人的好奇心、启发人的智慧、增进人的自主性和责任感，引导学生积极地、广泛地、有远见地追寻有意义的学习。

“你们为什么而学习？”

当四年级的学生、高二的学生或大学新生反问“我们为什么要知道这个”时，他们的疑惑显而易见。学生们并没有看到眼前的学习所具有的实际意义，至少是没看到对他们自身而言所具有的意义。他们希望看到今天学习的知识是未来所需要的，或者能够明显地有助于他们过上理想的生活。他们期待了解的，用商业术语来说，似乎是投资回报率（ROI），不仅是金融投资的ROI，还是可以泛化到各种不同领域的ROI，例如，在专业技术、社交活动、家庭生活、艺术活动以及更好地理解日常生活等方面的投入所能带来的回报。

有时，学生们的猜疑会走入误区，他们只关注某些知识在本周、本月是否有用，而忽略了这些知识可能在将来的某个时刻大有裨益。但有时，学生们的这类疑惑却可能是正确的。约翰·杜威（John Dewey）在1916年出版的《民主与教育》（*Democracy and Education*）中曾表达过类似的隐忧：“只有在教育中，知识主要指一堆远离行动的信息，而在农民、水手、商人、医生和实验室研究人员的生活中，知识却从来不会远离行动。”学生们很容易产生怀疑并认为，细胞有丝分裂的复杂步骤（细胞无性分裂的过程）、义和团运动（18世纪晚期，中国民间发起的抵抗西方侵略的运动）的细节、多元线性回归方程等知识，在他们理想的生活中并没有太大意义，甚至根本用不上。

“对学习者的生活有意义的知识才可能具有长久的生命力”这句话十分中肯，但太过拗口。所以，让我们用一个简单的词语概括之，即生活价值（lifeworthy）。

普及性教育让“具有生活价值的学习”代代相传

什么是具有生活价值的学习，这是一个宽泛的性质判断，特别是年幼的学生们还不具备良好的条件来判断。学生们此前的抱怨或疑惑在当时可能是对的，也可能是错的。但在宏观的教育范围内，“具有生活价值的学习”这个问题无疑是恰当的。在我们的教育内容中，每隔多久介绍一项特定的新事实、新见解、新技能？这些内容有什么重要意义？随着时间的推移，这些内容的外延、内涵和意义是否会有所改变——或者，直接被我们遗忘？

当教师们拓展教育的边界、探索此前提及的6大超越时，他们便表现出了对具有生活价值的学习的关注。他们预见到，比传统课程更宽泛的新课程能够更有效地帮助学生们过上他们理想的生活。

事实上，在教育中关注具有生活价值的学习，向来是人之为人的核心要义。英国历史学家大卫·克里斯蒂安（David Christian）在《时间地图：大历史导论》（*Maps of Time*）一书中撰写“大历史”（从宇宙大爆炸开始，逐渐发展到人类出现、早期公民社会、现代社会的历史）的相关内容时，将人类与其他灵长类动物进行了比较。例如，黑猩猩等种群，虽然在某些方面十分聪明，但在本质上看，它们如今的生活方式与100万年前并无二致。如果做一个有趣的估量，在太阳投射到地球上的总体能量流中，估算黑猩猩吸收了多少能量，那么你会发现，每只黑猩猩占用的能量自始至终是基本相同的。

人类则完全不同。如今，人们的生活方式与10万年前、甚至与500年前都大相径庭。每一个人及其各种活动所耗费的平均能量（包括电量、热量、需要消耗能量来生产的物品）都比我们祖先所消耗的能量高出若干个数量级。这可谓一项兼具消极面的成就：我们对环境造成了巨大的、后果未知的影响。

这是为何？因为人类拥有发达的大脑？当然。因为人类拥有言语能力？的确如此。因为人类获得了书写的能力？绝对是这样！但是，最核心的，正如克里斯蒂安极力证实的，是因为人类的集体性学习，换句话说，是因为各种不同形式的教育活动（也即广义的教育）使得具有生活价值的知识在人与人之间传递。它让知识在一代代人之间得以分享、积累和延伸，也让如今的人们能够在星巴克享用一杯用产自大洋彼岸的咖啡豆烹制的咖啡。即使经过更深入的研究，我们仍然可以看到，黑猩猩以及其他许多动物都有很强的学习能力，但是，它们几乎不会有这种集体性学习。

广义教育下的知识应在学习者未来的生活中更具有生活价值，否则，它就只会裹挟着学习者一同走向灭亡。早期的教育形式，例如，在狩猎 - 采集模式下年轻人跟在有经验的长者身边亦步亦趋、罗马精英教育的私人导师制、中世纪行会中的学徒实践制等，都在探寻各种不同的途径来利用集体学习获得更高的回报。尽管我们不断抱怨教育的效果并不让人满意，但即便以过去几年的标准来看，当今的教育体系所涉及的范围仍达到了惊人的广度。**无论是学生、教师、家长、规划者、政策制定者还是课程资源开发者，只要参与了教育活动，就是参与了使人成为人的一个基本过程。**

尴尬的“应当知道的好知识”

意识到这一点，我们还需要看到，如今正规的传统教育中存在一种奇怪的现象，即前面那个问题（“我们为什么要知道这个呢”）重新被提了出来。同时，在常规的课程中，大量事实、观点所具有的生活价值参差不齐。似乎，我们并没有对此深思熟虑。

人们可能会这样漫不经心地回应："了解这些内容都很好呀！毕竟，人们把它们编入教科书肯定是有原因的。"所以，大部分教育活动都强调短期成就，如认真完成作业、期末考试取得好成绩等，不太关注长期回报。

还有一些传统教育者会反驳："课程中的这些知识是理解世界的基础；如科学、历史、数学、文学等。"这种说辞无疑比上面的说法要好些。当然，这些内容也可能是某个学科或专业的核心所在，但若它们在大多数学习者理想的生活中并没有明显的作用呢？是否真正值得学习？

这取决于如何定义"值得"。或许有的知识应该知道，或者其本身具有学习价值，但它们也早已为大众所知，根本不用费心深究。我们的大脑只会保存那些在生活中有可能用到的知识，如个人生活、艺术、社交活动中的知识。

未来智慧洞察
FUTURE WISE

长期不用的知识渐渐会被大脑遗忘，它们逐渐会消失，无论知识本身具有多么重要的内在价值，只要它被大脑遗忘，就不可能再具有生活价值。也许，我们应当超越对"应当知道的好知识"的预设。只有当实际场合需要某种知识并且使之生动有效、容易获得时，我们才能说这类知识是好的、应当学习的。简言之，知识必须能够在某些场合实际运用，才值得学习。

你学过的哪些知识，今天的生活还用得上

小测试
FUTURE WISE

从小学到高中，你学到的哪些知识在今天的生活中仍然有用?

你可能会觉得，花上一分钟写出两三种内容或技能，还挺有意思的。但是，

可别让自己太轻松了，得把基本的读写能力和计算能力排除在外。当然，我们在生活中经常会使用到读写能力和计算能力，它们的确是具有生活价值的学习内容，但在这里，这些基本能力并不在这个问题的范围之内。

从教育的另一极来看，我们还得排除具体的专业知识。在这里，我想起了盖瑞·拉尔森（Gary Larson）的一幅漫画——手术进行中，一名外科医生无意中说出了心底的疑问："心脏到底有几房几室？"很显然，具体的专业学习对于个人的职业生涯来说，也是具有生活价值的。所以，我们不但要排除最基本的技能，还要排除专业知识。现在再来回答：从小学到高中，你学到的哪些知识在今天的生活中仍然有用？

回答这个问题，相当于探寻那些在我们的个人经验中已经对以往的"投资"产生了"回报"的知识。在过去几年里，我曾经随意地向数十个人提过这个问题。值得高兴的是，他们常常会给出一些令人兴奋的，甚至具有启迪意义的答案。下面是我最中意的几个例子。

FUTURE WISE 学习的智慧

有人提到了"法国大革命"，这可以算是最让我意外的答案了，因为我的学生们在学习法国大革命的历史时，几乎没有什么可圈可点的表现。但这个人却评论道："通过了解法国大革命，我理解了各种世界争端的普遍规律，例如，缺少自由、贫穷、赋税过重、经济疲软、宗教与世俗政权斗争或社会不公等因素是如何成为战争导火索的。"显然，对于这位学习者而言，法国大革命不仅仅只是一堆繁杂的事实，更提供了一种看待事物的透镜，由此，他能够理解发生在世界各地的争端和冲突。所以，对他来说，这样的学习肯定是具有生活价值的。

有人说道："认识能源问题和气候变化问题……不仅在我们日常生活的各个方面都很有用，如选择何种交通工具或者选择购买哪种商品；而且，在政策制定、社会交往和生活哲学方面也非常有用。"

> 我们所生活的时代有着令人担忧的生态问题，但是，究竟有多少人真正把地球的困境放在心上，这还需要打个问号。而这个人很显然做到了这一点，教育对他思考问题的方式产生了影响。

人们提到了对自己而言十分重要的各种知识，从历史观点到对生态环境的担忧，再到政治责任、领导技能，数不胜数。

FUTURE WISE 学习的智慧

> 有人这样说："在我迄今为止的人生中，音乐和表演艺术已经成了我生命的重要组成部分，上课、表演、比赛，都与之密切相关。这些经验和学习是我在传统教育之外的一个出口，让我学会了自律，获得了一些分析技能，形成了专注力和表达能力。不仅如此，参加舞蹈活动和音乐活动也让我有机会与他人交流互动，并且拥有了合作能力、有效倾听的能力以及领导力。这些能力在任何组织中都是必需的，无论是合唱队、舞蹈团还是非营利性艺术组织。我充分利用了自己所学到的东西，将其运用于商业机构、学校以及我涉足的所有机构中。"

当然，这些例子凸显了特定个人的经验。或许，其他学生虽然有类似的受教育经历，但却没有做到像例子中的这些人一样。然而，重要的是，学习法国大革命、关注生态问题或者从事艺术活动本身就带有了一种可能性，即能够提供长久保存的、对个人生活有用的知识。

另外，仔细分析这些例子就会发现其中的一个关键要素：这些学习者在总结学习经验的重要价值时，都超越了显而易见的层面，进而拓展到世界的其他方面，或者上升到他们的个人信念和个人行为的层面。

没有什么生活价值的"二次方程"

二次方程，《代数》第一册中常见的传统学习内容，就为我们提供了一个发人深省的例子。我曾在世界各地对不同的人群提出过下面的问题。

小测试
FUTURE
WISE

问题 1：在座的各位有多少人在进入大学之前曾经学过二次方程？（此时，几乎所有人都会举手。你呢？）

问题 2：过去 10 年内，有多少人使用过二次方程？（此时，可能只有 5%~10% 的人举手。你呢？）

问题 3：过去 10 年内，有多少人在学校以外的地方使用过二次方程？如果你是在教育机构内使用二次方程，那么，请不要举手。（现在，仅仅有两三个人还举着手。你会仍然举着手吗？）

也就是说，几乎所有人都学过二次方程，但只有相对较少的人在日后的生活中使用过二次方程，而几乎没有人会在教育之外的场合使用它。二次方程，这个内容之所以在学校教育中长存，很大程度上是为了让下一代教师学会它、并继续传授它。它却没有什么现实的生活价值！

看到这里，有的数学老师可能会勃然大怒。他们将这样的小测试看作是对他们奉献精神和辛勤工作的挑衅。我完全理解这种反应。毕竟，大部分数学教师并没有亲自编写《代数》第一册的课程内容。而且，二次方程大概也算是构成数学理解力的金字塔模型中的一个重要部分。从内心来说，对于二次方程，我并没有任何个人偏见，事实上，我很喜欢二次方程以及各种类型的数学知识。我获得的所有学术学位都与数学有关，即使后来换了专业，涉足认知心理学、学习理论和教育学之后，仍然如此。

但是，如果让我来回答上面的几个问题，那么，答案是：至少在过去 10 年里，我从来没有使用过二次方程。

实用性知识和技术性知识

“当然，”任何人都可能谨慎地说，“我明白你的意思，生活价值确实非常重要，但是，在有价值的学习中，它并不是唯一重要的！”从某种程度上来说是这样的，然而，我们很容易忽略讨论的要点：对大部分人而言、在大部分时候，真正值得学习的知识是什么。

如何看待技术性知识？

你可能会觉得，我们并不愿意轻率地把二次方程丢弃到“不太具有生活价值”的废物箱里，这是可以理解的。一方面，立志于从事技术行业的学生们需要学习二次方程。另一方面，任何一个学科领域都有一些特定的主题在其中发挥重要的作用，因此，总是有许多人为这些主题辩护。

某种程度上看，是这样的。如果学习者希望学习技术，那么对相应知识的学习和理解就很重要。问题是，我们需要理解哪一种技术性知识呢？任何一门学科都包含了无数的技术性知识，但传统教育却很少或者几乎没有为这些知识分配课时。实际上，选择技术方向的学生之后会在高等教育阶段学习他们需要了解的知识；而且，我们也无法在刚开始就知道谁会选择哪个学习方向。**在高等教育阶段之前，我们不能仅仅由于某项知识可能以后在技术方面具有重要性就为之浪费大量的注意力，除非它具有生活价值。**

类似于二次方程，基础的数理统计与概率也是一项技术性知识。

小测试 FUTURE WISE

在过去 10 年里，你是否运用过一些统计与概率的基本知识？去年呢？上个月呢？

对这 3 个问题，你很有可能给出 3 个肯定的答案。在阅读报刊、决定使用哪种保险、投资股票或选择治疗方案时，我们经常会发现统计与概率知识在其中的作用。可以说，统计与概率是数学知识中一个既有趣又颇具挑战性的领域，它的技术含量与二次方程相差无几。也许，我们应该少花些精力来学习二次方程，而在统计与概率这类内容上投入更多的时间，并以此为契机来帮助学生建构数学思维。面对这样的选择，才是真正地面对具有生活价值的学习所带来的挑战。

如何看待不同学科的思维方式?

你可能会申辩说，学习二次方程的真正目的是为培养数学思维能力，巩固数学思维的严密性，许多数学老师就曾经对我说过这样的话。数学思维的确是一种十分有用、迷人的工具，而且它也能够提供一些与本学科内容和形式相关的信息,这些信息有助于学习者选择最终专业。其他学科的情况也类似于此。当然，我们平时教授二次方程的方法太过呆板了，可以考虑采取更加丰富的教学方式。

所以，从某种程度上来说是这样的。事实上，本书第 6 章还将重点阐述学习具有不同学科特点的思维方式的重要性，这也是一项具有根本意义和生活价值的学习任务。

但是，我们为何不双管齐下，在设置课程时，安排既有可能在学生今后的生活中发挥作用，也有可能开发学生数学思维能力的内容？例如，教授更多的统计与概率知识，借助这类内容以及其他比二次方程更能够带来广泛回报的内容来帮助学生建构数学思维。此外，如果要说严谨性的话，统计与概率也并非宽泛而不严密的内容，事实上，统计与概率也可以要多严谨就多严谨。

如何看待学科素养?

你可能会认为，二次方程在某种意义上来说是数学学科素养的组成部分，对我们在广义上理解数学知识十分重要，它是我们在这个复杂的世界成为良好公民的基础。

至少到目前为止，是这样的。我绝不主张在课程设置中完全取消二次方程。但是，更多时候，只需要提及二次方程即可，不必强调运算层面的要求。或许，二次方程是一种值得了解的数学概念，学生只需要形成“二次方程是什么”的一般认识，知道“它有什么作用和意义”，以及“在哪里可以找到更多的相关知识”就足够了，不必再花费几周的时间来画图、做因式分解、层层推导，等等。

如何看待某些学生对特定学习内容的热爱?

你可能会发现，有的学习者对特定的学习内容充满了热情。难道他们不应该有机会学习自己热爱的东西，培养一项可能为之奉献终生的事业（职业或者以其他方式体现出所热爱的东西的重要意义，例如，艺术之于业余艺术爱好者）？难道就不能有人真的喜欢二次方程吗？好吧，我就很喜欢二次方程，并且一有机会学习二次方程，我就感到很开心。

我们在对教育进行规划时，应当力图挖掘学习者的兴趣所在，并且让他们有机会发展这类学习热情，包括对于技术性知识的兴趣。例如，可以通过选修课或者小组学习、在线学习模块、社区教师指导等方式来为学习者提供各种机会。

但基础课程不能由学习者的个人兴趣所决定。我们必须清楚地知道，什么样的学习内容对大多数学生而言可能具有生活价值，并尽量围绕这些学习内容来引发学生的兴趣，同时，为学生的个人爱好提供空间。

如何看待一些重要的考试要求？

你可能会抱怨说，一些重要的考试包括大学入学考试都要求学生掌握一些传统的课程内容。无论理想多么美好，我们仍然深陷在现实的泥沼中。

事实确实如此，目前我们只能向现实妥协。但是，我也知道有许多学校既满足了现实的要求，也在不断地探索什么样的知识值得学习等新理念。我们可以通过明确教育目标、重新商讨教育重点来改变现状。这也正是本书最终希望引发的变革。倘若没有人支持，这个目标就很难实现。而且，如果我们只是因为“木已成舟的事实”便轻易地放弃，顺应毫无建树的现实，那就太可笑了。

第三类接触，让更多知识在生活中有价值

让我们回忆一下史蒂文·斯皮尔伯格的经典电影《第三类接触》(*Close Encounters of the Third Kind*)。这部电影的名字来源于人类与外星人不同层次的接触。第一类接触，人类只是看到了外星飞船；第二类接触，人类发现了外星人遗留在周围环境中的证据；第三类接触，人类直接看见、并与外星人有了面对面交流。这三类不同的接触层次非常适合用来概括二次方程的问题。我们知道二次方程的存在，偶尔可能会碰到二次方程或发现它存在过的痕迹，但几乎从来没有真正地运用它——我们和它没有第三类接触。

现在，请让我提出这个问题：在传统的课程里，有多少知识模块能够不同于二次方程？又有多少内容真正引发了重要的“第三类接触”？虽然我没有精确的研究数据，但是，可以推测，这类知识所占的比例肯定很低。为了上课、为了考试，学生必须学习在其今后的生活中可能没有价值的大量知识——这些知识或许不会在他们的生活中再次出现或发挥作用。

未来智慧洞察
FUTURE WISE

> 掌握很多知识固然很好，但要谨记，知识也是用进废退的，所以，今天的学生不可能在 1 年或 10 年以后掌握一切知识。而且，最关键的一点类似于经济学中的“机会成本”概念。在做决定时，机会成本是一个根本要素：当我们选择采取某个行动时，同时也放弃了其他原本可能产生利益的行动。选择某条途径所付出的机会成本，就是损失了被放弃的那些途径可能会带来的利益。所以，无论是面对二次方程还是其他任何知识，我们都必须扪心自问“学生真正能够从中学到什么”，而不是“理解这些知识本身是否有益”。

尽管如此，我们也要记住，前景并非暗淡无望。想一想前面说过的一些例子，关于贫困、赋税过重、经济疲软的想法（如法国大革命的例子），就体现出了学习者对于历史知识的充分的“第三类接触”；关于能源、气候变化观点的例子也是如此；由舞蹈和音乐中获得一般技能和思维方式的例子亦然。

此外，可能会令你感到惊讶的是：如果以恰当的方式来学习二次方程，或许也有可能产生更多的“第三类接触”。我将在稍后的章节中具体阐述。

决定教什么，重新构想具有生活价值的学习

在对教育进行构想时，基本的出发点就是尝试设想我们所教授的知识内容中哪些对学生的生活有价值。这项活动体现出了人类作为集体学习者的关键特质。但同时，决策者们、家长们、学科专家们、教师们以及其他人们在塑造教育时，却往往会忽略这项活动。所以，我们需要以一种明智的方式，从对学习的投资中获得更多回报；我们需要找到此前那个自负问题的更好答案；我们还需要更多地关注 6 大超越。

不要天真地以为预测出哪些知识在将来会有生活价值是一件容易的事；

同样我们也不能假定每个人的答案都是一样的。虽然我们要解答的只是普遍性的问题，但实际的决定会由于学习者的性格特点、文化背景和地理环境的差异而有所不同，所以，预测是很难的。作为教育者，我们只能寄希望于梳理出一些大致的走向，并在建构教育活动时运用之。可以说，一门具有生活价值的课程所带来的挑战并非确定无疑，而是像人生赌场中的一次博弈，充满了不确定性。

决定教什么知识，这往往会在不同层面上受到社会各界的影响：各类教育部门、学校领导、教材出版商、教材编撰者、学科领域的专家组、家长权益会、特殊利益小组、据实际背景不同而拥有不同自主权的教师，甚至学生自己。当然，本书的目的并不是要剥夺这些不同主体作出决策的权利。

未来智慧洞察
FUTURE WISE

> 我们希望能够为这些决策者们提供一些信息，鼓励大家更认真、更严谨并充满创造性地去设想什么样的学习才更重要。例如，家长可以思考这样一些可能性：我的孩子应该知道什么？他们如何才能更好地学习这些内容？我可以提供什么样的帮助？教师或导师等也可以思考如下问题：我负责教的学生应该了解什么？所了解的这些内容是否能够在他们的生活中持久有效，拓展、丰富他们的生活？教育政策制定者则应当认真回答这些问题：为了更好地生活，并且对社会有所贡献，孩子们必须学习些什么？我们如何才能将这类知识以一种实惠有效的、可以扩展延伸的方式融入到学校课程当中？

在追寻具有生活价值的学习时，我们必然会遇到一些有争议的、有价值取向的或政治倾向的问题。例如，在教授“物竞天择、优胜劣汰”的进化论时，美国的某些地区和世界的其他地区就存在着各种争议。又如，在世界范围内常见的、明显存在争论的历史教育方法：我们是希望恰如其分地解释本民族繁衍生息的历史，同时谦虚地承认在发展过程中不幸地存在着一些倒退和挫折；还是希望进行更多严格的竞争性考试？年轻的学生们应当学习哪一种版本的历史呢？这也是一个值得争论的问题，马里奥·卡雷特罗（Mario Carretero）在《建构爱国主义》（*Constructing Patriotism*）一书中已经对此进行了深入的探讨。

面对民族、国家历史中这个敏感的问题，我的态度很明确：我们当然应该在传统教育教学中加入一些具有争议性的主题和观点。但是，持相反意见的人们也无需顾虑。开展具有生活价值的学习活动，并不需要对所有热门话题都来者不拒。有些具有生活价值的学习主题的确包含一些争议，但大部分主题并非如此，例如，与医疗保健相关的许多主题（除了堕胎、计划生育）、21 世纪必备综合能力（除了对宗教的批判性思考）、生物圈（除了进化论），以及虽然有些枯燥但越来越有用的概率与统计学，等等。所以，我们可以设置具有生活价值的课程，并且在大部分学内容中回避具有争议性的主题。虽然这样做可能会损失某些重要内容，但总比完全忽略具有生活价值的学习所造成的损失要小得多。

总而言之，这是一个颇具挑战性的领域，本书提及的各种观点绝不可能彻底解决问题。但是，这些观点或许可以帮助我们开展深入的对话，把关于“什么知识值得学习”的思考从被人遗忘的幕后再次带到人前。或许，这些观点也将帮助我们重新评价传统教学内容的价值，并且在教育领域中，为普遍的理解和有效的思维方式、交流方式提供更多空间。

我这样希望，也呼吁每一个人怀抱这样的希望，因为我们正处于一个历史性的时刻，当前，重新构想具有生活价值的学习对于我们的孩子以及他们的后代至关重要。为什么是现在呢？

为未知而教，以“未来智慧”的视角看待教育

“我们为什么要知道这个”的问题，在星期四一早的几何课上被一名十年

级的学生提出，无论它有多么令人讨厌，在宏观背景下，它仍然是一个值得追问的好问题。在我们的世界和所处的时代，这个问题具有独特的重要意义。

一直以来，进入大学之前的教育重点在于教授已知的知识、已经验证过的事实和已经确立的法则。在不同的历史阶段、不同地区，当孩子们的生活和他们的父辈还十分相似时，这种教育曾经非常有效。但如今，我们已经不能再打赌说明天的生活会和昨天一模一样了。

未来智慧洞察
FUTURE WISE

我们需要以一种全新的视角来看待教育，在教育中既关注已知，也关注未知；需要一种更具有“未来智慧”的教育视角，由此来反映我们对将来可能发生什么事的推测，并且借以强调能够应对所发生的一切事情的灵活知识。

当然，掌握教科书里的所有知识是非常诱人的，但我们还是希望对自己不太肯定的东西更谨慎一些。初步“了解”一些内容（如，无伴奏合唱、胆固醇、受精卵），这是教育的一个神圣使命，并且在今天仍然至关重要。我们也希望不同年龄的学习者都能够掌握很多知识，包括诸如 1066 年和 1492 年[①]之类的年份及其在人类历史上的重要意义；自然科学领域的各种法则（欧姆定律、万有引力定律、原子结构）；政治史上的代表人物及其思想（凯撒大帝、孔子、居里夫人等）；不同政体及其体制机制（民主、共产主义、社会主义、独裁）；著名的文学作品（莎士比亚、塞万提斯、李白的作品）；实用性知识（办公室管理、家庭记账、园艺）；个人卫生保健（基本的环境卫生、胆固醇问题、运动）；花边新闻（亨利八世的妻妾们），等等。

然而，当今世界似乎不太欢迎只停留在“熟悉、了解”水平上的百科全

① 公元1066年，法国诺曼底公爵征服英国，加冕成为英王，诺曼底地区成为英国属地；公元1492年，哥伦布环球航行发现美洲大陆。——译者注

书式教育。**堆砌教科书里的大量信息，这种定位本身就有一定的问题，因为学习者即将面对的世界是灵活多变的，兼具未知与已知。**

人们常常说，当今世界变化的速度之快前所未有，因此，教育最好能够帮助学习者为在这样的世界中生活而做好准备。事实上，我不太确定世界变化的速度是否真的前所未有。今天的变革所引发的狂热之情、带来的消极影响，以及变革对人们的迁徙和生活方式的深远影响真的能够超越工业革命的巅峰时期吗？我们怎么可能精确地测量变化的速度，然后再宣称某个时代的变化比另一个时代更快呢？当然，世界的确是在快速地变化着，而区别就在于变化的性质和特点。

日渐发达的沟通技术和交通系统正将整个世界紧密地联合在一起，这种趋势由来已久，从罗马的公路系统到横跨大西洋的船队，都致力于联通世界。而今天已经进入了一个新节点，沟通与交流几乎在一瞬间就能实现，人们到某个繁华地区也只需花费几个小时而已。随着人与人之间、群体与群体之间越来越“近”，有时就会产生文化或经济方面的摩擦，这些摩擦偶尔会发展到可怕的境地。举个存在争议的例子。塞缪尔·亨廷顿（Samuel Huntington）曾经描述了西方与其他常见族群（如伊斯兰民族、非洲民族、有儒家传统的民族）之间可能存在（按照他的看法）的文明冲突。撇开这个灾难预言家的种种言论不谈，一些落后国家确实在不断奋争，希望像世界强国那样获得经济上的成功并且得到优裕的物质条件，哪怕他们的努力会对一流国家产生威胁也在所不辞。此外，地球目前所面临的形势就像流行歌手保罗·西蒙（Paul Simon）所唱的“地球表面已人山人海”，全球变暖和淡水资源短缺的问题也日益突出，但同时，世界范围内的音乐、艺术交流、经济协同合作和学术合作正繁荣发展。

分析如今的职场和职业角色会发现，“在就业市场上具有竞争力”的内涵已经发生了很大的转变。进入 21 世纪以后，各个经济高度发达的国家都出现了明显的转型，从资源依赖型经济（如农业、矿业）转变为以制造业为主，进而转变为服务型和信息型经济。那么，要想有效地参与其中，所需要的就不仅仅是基础知识和基本能力的教育，这也是理查德·默南（Richard Murnane）和弗兰克·利维（Frank Levy）在探索和分析教育培养什么样的人才与职场需要什么样的人才时强调的要点。人口统计学信息显示，与相对不太需要特定技能的职业和低薪职业相比，与要求有效的交流能力、合作能力、问题解决能力的职业相比，蓝领阶层的职业都存在着逐渐被削弱的倾向。因此，为了在当今社会得到更好的发展，学生们需要超越基本知识和基础能力的教育。

同时，生物学研究在分析了生命的根本动力机制之后指出，人类的寿命有望延长约 50 年。这样的话，如果人人都能活得更久，假如可以活到 150 岁，那么，从幼儿园到 12 年级或者到 16 年级的教育意义何在？**未来，“活到老、学到老”的终生学习将更加普遍，而周期性的正规学习以及过程丰富的职业学习也将会更加普及。**

如果就此认为我们只需要教授学生一系列经典的已知内容就够了，那就太目光短浅了，因为无论再怎么精心挑选，已知的内容都有其局限性。另外，我们也要忏悔过去对待潘多拉之好奇心的态度。**教育的任务不仅仅是传递“已经打开的盒子”里面的内容，更应当是培养学生对“尚未打开的盒子”和“即将打开的盒子”里面内容的好奇心。**我们需要更大胆的教育任务，姑且将其称作“为未知而教”（educating for the unknown）吧！这种说法似乎具有矛盾性。我们怎么可能充分地认识未知并且为未知而教呢？

退一步想，这个挑战似乎可以解决。虽然我们不知道 10 年后、40 年后的世界是什么样，但是却可以预测！让我们回忆一下此前提到的那些知识投入得到良好回报的例子：法国大革命一例中出现的贫困和过度征税问题，如果 20 年后就从世界上销声匿迹，那该有多么不可思议啊！同样，生态平衡、淡水资源、国际旅行造成的流行疾病威胁等问题在若干年后仍然有可能非常突出。而且，在一个充满了变数和不确定性的时代，除了具体的预测能力，各种综合能力也十分重要，例如，沟通能力、合作能力、解决问题的能力和学习能力。

未来智慧洞察
FUTURE WISE

为未知而教，这不是一个无从解决的矛盾，而是一项振奋人心的诱人任务。为未知而教不是知难而退，相反，它支持积极的学习，进而在复杂多变的世界中努力培养人的好奇心、启发人的智慧、增进人的自主性和责任感。它支持我们广泛地、有远见地追寻有意义的学习。

重新构想教育

谈到这里，我已经简要地阐述了本书即将展现的一些观点。一旦我们意识到传统的课程并不具有生活价值，我们就会产生疑问：为什么？如果不认真看待这个问题，会怎样呢？第 1 章将讨论这一谜题，探究 3 种学习议题：学业成就、信息、专业知识。每一种学习议题都有其价值，但 3 种学习议题都将具有生活价值的学习这个问题束之高阁、置之不理。

那么，什么内容具有生活价值？哪些知识最有可能在学习者理想的生活中有所回报？第 2 章将介绍“全局性理解”，即可能出现在形形色色的课程中，能够为学习者的思考和行动提供信息的广泛理解。前文所述的 3 个与良好的知识成果有关的例子（法国大革命等例）都属于全局性理解。第 3 章将探讨开放性问题，这是对全局性理解的进一步探究。开放性问题既能够带来全局性理解，也可以有所超越，激发更进一步的探究。

尽管本书的重心是内容而非过程，也就是说，关注什么知识值得学习，而非如何有效地学习这些知识，但是，过程不容忽视。如果没有适宜的教学过程，那么，原本应当具有生活价值的内容在实践中仍然不能为生活做好准备——既无法在恰当的场合发挥作用，也无助于认识世界。第 4 章将探讨能够令全局性理解和开放性问题在学习者生活中更好地发挥作用的教学。

在此基础上，接下来几章将探讨不同学科视角下的全局性理解、各学科的思维方式特征、如何在考虑具有生活价值的学习的前提下组织安排各学年课程，以及21世纪必备综合能力所处的地位。

结语部分是对“如何更深入地思考值得学习的内容”以及“如何作出更好的选择，从而实现具有生活价值的学习”等问题的总结。这一部分还将描绘一幅伟大的畅想图：教授知识，通达智慧。

为了记录各章的主要观点，每一章的结尾都设有“重新构想教育”部分，通过4类探索问题来回顾章节的进展。这些问题汇总起来，就是对“具有生活价值的学习”所处地位的积极探讨。任何一位关心教育的教师、家长、学生、校领导，甚至政府官员都应当参与这场讨论。这4类探索问题是：

- 辨别具有生活价值的学习；
- 选择具有生活价值的学习；
- 为具有生活价值的学习而教；
- 建构具有生活价值的课程。

FUTURE WISE

EDUCATING our CHILDREN for a CHANGING world

01

做业余的专家而不是严谨的学院派

为何传统教育中的学习总是陷于被动？

我认为，在教育中始终应该保留足够的空间，让渴望学习的学习者能够追寻自己内心的缪斯女神，并且鼓励迫切的学习者去发现自己的缪斯女神。通过广泛的课程内容安排来培养业余的专家，不要只盯着学术知识的奥秘，而要把眼光放远，要相信这一切都可以实现。

寒冬一月，我在生日当天得到了人生中的第一辆自行车。对于一个成长在大雪纷飞的缅因州中部的男孩来说，这可不是一个学骑自行车的好时节。但是，幸运之神向我露出了微笑：这一天，气温回暖，雪也融化了，只剩下草坪上、道路两边还有小片残雪。刚开始学骑自行车时，这辆自行车对我来说就像是一个随时会倒下的、灾难般的玩意儿，但是，我爸爸很有一套：我们在行车道上开始了第一次尝试。爸爸扶稳自行车，我骑了上去，而且自行车没有装辅助轮！我试着蹬自行车的脚踏板，爸爸在一旁扶着车架，随着我一路小跑。反复尝试了几次，很快，他放开了手，神奇的事情发生了：自行车几乎可以自己保持平衡了！没过多久，我就已经可以骑车绕着小镇兜圈子了。

今天，当我思考知识的本质时，这段冬日学骑自行车的回忆就自然而然地浮现在眼前。什么是知识？知识就像是自行车，能够载着我们到达某个目的地。例如，我们了解关于法国大革命、民主的本质、统计与概率学或机会成本等知识，是为了借此达到某种目的。也许，我们是想要理解文章标题的意思、考虑选择一种治疗方法，或者有效地推进某个项目。完成其中任何一项以及完成数以千计的其他任务，都意味着我们希望借助已知的东西来达到某种目的。

未来智慧洞察
FUTURE WISE

> **我们了解关于法国大革命、民主的本质、统计与概率学或机会成本等知识，是为了在未来借此达到某种目的。然而，当基础教育过于强调学业上取得的成就、对信息的掌握、对专业知识的精通时，我们就会失去明确的目的性，知识也像轮胎不够饱满的自行车一样，很难带我们行驶到远方。**

当然，“达到目的”只是对在学习者未来生活中可能有重要意义的知识，即具有生活价值的学习的另一种说法。而正如我在引言中指出，我们的大部分教学内容都不能引领学习者“到达远方”，就像自行车的轮子太小，或者装了萨尔瓦多·达利（Salvador Dalí）[①]画中那种扭曲的轮子而无法骑太远一样。只有一小群教师和学校在认真地探索之前提及的6大超越性知识，他们清醒地意识到，这些途径能够指引学习者走得更远。

仔细想来，这种“前进–遇到障碍”的现象确实十分古怪。每一位家长、教育者都知道，教育的目的是让人们为自己的个人生活、公民生活、职业生活做好准备。既然初衷这么好，那么，究竟是什么阻挡了具有生活价值的学习的发展道路呢？

有些原因是经常接触教育的人们非常熟悉的。传统的课程就像被固定在自行车的链条上一样，同时，它深深扎根在家长们的头脑中：“我以前学过这个，为什么我的孩子就不学了？”我们在教材上投资巨大，并且耗费了大量成本来修订教材……这些常见的原因导致课程被长期沿用，但事实上，这些课程不该长久不变。这些课程似乎也遭遇了一种“拥挤的车库”效应：保留、继续使用破旧的自行车总是比干脆扔掉旧车、使用新车更容易、更安全。

---

① 萨尔瓦多·达利（1904—1989），西班牙人，著名的超现实主义画家，画风荒诞，充满想象力。——译者注

所以，我们所面临的更大挑战，不在于陈旧的教育惯例有多顽固，相反，在于我们是否拥有崇高的教育理想。通常，有 3 类突出且重要的学习议题阻挡了具有生活价值的学习之路：学业成就、信息、专业知识。当然，我们不能完全弃之不顾，但是，就像自行车的轮胎不够饱满而很难快速前进一样，3 类学习议题也都有其“漏了气的软胎”，它们并不能如人所愿地引领学习者“到达远方”。

过于关注学业成就，忽略相关性差距

目前，大量的教育研究和无数的干预项目都很重视学业成就的差距问题，即：有中产阶级背景或经济条件较好的学生与处境不佳的学生之间存在的学习鸿沟。生活在市中心的某些民族、偏远山区的贫困居民、部分社会群体在学业成就方面的表现一直低于全国性常规水平。提升这些学生的阅读能力、书写能力、计算能力和基本知识已经成为一代代教育者们的迫切任务。

同时，中产阶级与上层阶级的学生之间也存在着学业成就的差距，这种难以消弭的差距存在于解答数学应用题、真正地理解复杂的科学概念、有条理地撰写引人入胜的文章等方面。很多杂志时常会用连续几期特刊来讨论学业成就差距的种种细节，而且，各种各样的教育项目也一直努力在艰难的环境下应对这一挑战。

学业成就差距常常被认为是我们这个时代最主要的教育挑战。这个问题很严重，而且不仅仅是思想方面的缘故。在生活实践中，基础教育成绩落后，意味着个体只能有限地参与当代社会生活、从社会中获益、为社会作出贡献。**学业成就差距是导致贫困循环的一个因素，如果家长自身受教育程度不高，并从事社会最底层的工作，那么，他们所养育的孩子也就有可能会被限制在同样的发展模式中**。还记得那个自行车的比喻吗？有的人因为重视学业成就而在竞争中获胜，他们当然也希望支持学生借助所学来达到目的（就像借助自行车到达目的地一样）。但是，在这个过程中，“自行车”的轮胎气不够足，大大减缓了行进的速度。

其一，我们不是不知道学业成就差距的存在，而是不情愿用社会层面的投资来解决这个问题。琳达·达林-哈蒙德（Linda Darling-Hammond）在《扁平化世界与教育》（*The Flat World and Education*）一书中很有说服力地论证了这一点。她将焦点放在美国本土，结合对世界各地课程内容的概述，发现：教育领域极度缺乏对智力进行公平的经济和政治支持。这个问题涉及方方面面，但该书集中讨论了两点：教什么和怎么教。对于“怎么教”的问题，该书研究表明，高质量的教学对学业成就影响巨大——甚至比民族教育和家长教育合起来的影响还要大。然而，在美国，在经济水平不同的地区，教学质量有所差异，这种差异直接反映出当地固定的投资模式。

至于“教什么”的问题，达林-哈蒙德在《扁平化世界与教育》中呈现的一些证据表明，在高级学习内容的难度和学习机会方面，各个学校差异悬殊。而且，令人惊讶的是，被认为学业表现不佳的学生反而能够从高难度挑战中得到更大的收获。对此，达林-哈蒙德这样总结道：“过去40年来，大量研究发现，学校对学业成就的贡献主要体现为教师质量与课程质量的结合；同时，与初始学业成就水平相比，获取课程资源的机会才是决定学生最终成就的有力因素。”

其二，它与具有生活价值的学习直接相关。考虑到本书开篇所提的那个问题，我们或许需要在学业成就差距之外思考另一种差距。让我们先称之为“相关性差距”。如果说学业成就差距涉及“学生们是否掌握了X”（X指某项内容）的问题，那么相关性差距所涉及的就是“X是否与学生今后可能面对的生活有关”的问题。

相关性差距（Relevance gap）

如果说学业成就差距涉及“学生们是否掌握了X”（X指某项内容）的问题，那么相关性差距所涉及的就是“X是否与学生今后可能面对的生活有关”的问题。

若X是指“较好地掌握读写技能”,则上述两个问题的答案绝对是肯定的！能够熟练、流畅、投入地读和写既是具有挑战性的成就，也是高回报的成就。这类知识能够带领学习者“到达目的地”！但是,若X是指“二次方程”,那么,答案就不一样了。掌握二次方程是一项挑战性成就，但并不具有生活价值。你可以试着用传统课程内容中的无数种主题来替换“X”，你会发现，很多时候，这些主题能够体现出学业成就方面的重要挑战，但在学生的生活中却几乎没有回报。

未来智慧洞察
FUTURE WISE

> 学业成就差距主要涉及“掌握特定内容”，而不是“提供具有生活价值的内容”。人们往往过多地讨论“获得学业成就”，而甚少关注“获得什么样的学业成就”。借用自行车的比喻，学业成就议题的“软胎”就在于忽略了相关性差距。

以地理学习为例。我们都曾经学过所谓的“描述性地理”，包括了解：各州的首府、主要河流等。当然，掌握大量可以信手拈来的地理信息是很好的，这也是一项可以积累起来而且方便使用的学业成就。但是，让我们将“描述性地理知识”与“因果推理性地理知识”相对比——即,河流、海港、海洋、山脉、森林、湖泊和其他大型地貌的位置如何在过去及将来成为塑造历史的主要力量。

贾雷德·戴蒙德（Jared Diamond）在其获得普利策奖的著作《枪炮、病菌与钢铁：人类社会的命运》（*Guns, Germs, and Steel: The Fates of Human Societies*）中所阐述的观点就呈现了最广泛的因果推理性地理知识。他系统地指出，除了某些因素，欧亚文明能够在当今世界占据主导地位的原因主要是由于欧亚大陆横贯东西。可见，因果推理性地理知识提供了一套透镜，借此，我们可以理解全球范围内广泛的历史现象和当前各种局势。这类观点比大量的客观事实更具有生活价值。对学生而言，这类经验更有意义，他们在学的时候也会更有积极性。当然，如果不掌握大量的描述性地理知识，就无法真正学习因果推理性地理知识，因为你需要掌握具体的例子才能够理解更宏观的概念。总而言之，描述性地理知识加上因果推理性地理知识或许就能产生更多的“第三类接触”。

未来智慧洞察
FUTURE WISE

那么，为什么人们没有在关注学业成就差距的同时，更多地关注知识与生活的相关性差距呢？这是因为关注相关性差距会颠覆传统的教育实践，而关注学业成就差距则不会。学业成就差距仅仅意味着，对于同样的事情，某些学生做得更好而已，以缩小学业成就差距为目的，我们只需要设法更有效地传递已经在教授的知识和技能就够了。但是，解决相关性差距所带来的挑战，却要求我们先深入地思考学校应该教什么。这样，几个世纪以来，传统的课程中所涵盖的诸多主题和内容都有可能被取代、减少或者重构，教材也需要重编。教师们则会发现，自己教授的学科中，那些久负盛名的经典内容渐渐陷入困境，而复杂的新内容已经敲响了大门——就像是大门口新来了一群野蛮人！

传统课程中充斥着与“具有生活价值的学习”有关的种种问题，借用美国前副总统阿尔·戈尔的话，这是一个“难以忽视的真相”①。而就像忽视地球的危机形势一样，继续忽视这些问题，不顾传统课程中“难以忽视的真相”是极其危险的。

过于关注了解性知识，忽略知识内涵的掌握

我们总是希望通过受教育来获取大量信息，但是，究竟需要获取多少信

① 戈尔曾主演环保纪录片《难以忽视的真相》（*An Inconvenient Truth*），特别关注全球变暖现象。——译者注

息？比如，关于胆固醇，你需要掌握多少信息呢？

> 不久前，我和妻子、长子、长媳进行了一场关于胆固醇的谈话。当然，我们都很健康，身体都没什么大问题。这只是饭后散步时的闲谈罢了，到现在，我早已忘了当时是如何说到这个话题的。说着说着，我们的闲谈居然演变成了某种“元对话”——我们不仅仅谈论胆固醇本身，甚至讨论起“关于胆固醇，我们知道的很少”的问题。我们谈到了胆固醇究竟是什么，它如何积聚，它背后有什么化学原理，等等。但是，即便我们努力试着将自己知道的点滴信息积累起来，希望汇聚成一个信息的“小池塘”，所得到的也只是一个浅浅的“水坑”而已。
>
> 尽管收获不大，我们仍然发现，这个信息的“小水坑”补充了一些实用的观点和一些应当记住的事实。例如，我们知道了胆固醇指标可以被追踪测量；如果某人的胆固醇指标亮了红灯，可以通过药物和饮食来控制。对此，我们已掌握了一幅粗略的草图，借助它，我们能够闯过饱和脂肪的“马尾藻海”陷阱[①]。

人们所掌握的许多知识似乎与我们关于胆固醇的知识形式十分相似。**关于某个主题，人们总是知道一星半点儿的零碎信息：能够用来作为谈资、提出问题、阅读报刊文章、作出选择和判断是足够的了。**这就是大部分消息灵通的人们可能会关心的知识水平，例如，粗略地了解有毒植物毒葛、英国的大本钟、尼安德特人（Neanderthal man）[②]、路由器、罗伯特·弗罗斯特（Robert

① 马尾藻海（Sargasso Sea）：位于大西洋，百慕大三角区附近的一片海域，生长着大量的单细胞海藻，附近多发沉船与失踪事故，常用于形容难以逃脱的危险陷阱。——译者注

② 尼安德特人常被作为人类进化史中间阶段的代表性居群的通称，因其化石发现于德国尼安德特山洞而得名。尼安德特人是现代欧洲人祖先的近亲，从12万年前开始，他们统治着整个欧洲、亚洲西部以及非洲北部，但在24 000年前，这些古人类却消失了。——编者注

Frost)[①]、枫糖蜜或消防栓等。

如果要给这类知识一个正式的标签，我们可以称之为“了解性知识”（acquaintance knowledge）。**“了解”，意味着只是在满足日常生活运用的水平上熟悉这些信息，而不用特别深入地理解。**这很重要，我们不可能深入地理解万事万物。谁耗得起这个时间呢？所以，只有许多“了解性知识”偶尔（或者更频繁地）出现，例如，关于地理的描述性知识。当这类了解性知识出现时，我们已经准备好有效地应对它们了，就像我们在遇到泛泛之交时能够顺利地应付短暂的交流一样。打个比方，我们与泛泛之交的情谊自然比不上挚友，但却又不同于陌生人。

熟悉过去几十年教育情况的人可能会发现“了解性知识”与弗吉尼亚大学退休教授赫希（E. D. Hirsch）的观点之间的联系。1987 年，赫希出版了一本广泛流传的著作——《文化水准：每个美国人都应该知道的东西》（*Cultural Literacy*）。书中，他强调了能力素养与作为普通文化之根本的常识之间的共同基础的重要性。赫希提醒我们，培养文化水准的常见方法并不奏效，这是因为我们缩小了“文化水准”的概念范围，仅仅把它限定为分析文本、用声音或语言来再现书面文字等技能。虽然这些技能也是关键要素，但大量研究证实，在更大的程度上，有效的阅读取决于有关文化世界的广博知识。

报纸文章、求职简历、安装说明，这些文本必然会对读者知道什么、需要解释什么作出无数种预测。而一些人所表现出来的阅读能力比较差，其原因多半可以归结为知识基础薄弱。

赫希所谓的“知识”其实近似于了解性知识。他和同事一起编著了《文化水准新辞典》（*The New Dictionary of Cultural Literacy*），试图分门别类地列

① 罗伯特·弗罗斯特（1874—1963），是最受人喜爱的美国诗人之一，因处于传统诗歌与现代派诗歌交替的时期，常被称为“交替性的诗人”。——译者注

出美国年轻人们应当熟悉的概念和短语。当然，辞典中也有“胆固醇”，释义如下：“人体组织和某些食物（如动物脂肪、油、蛋黄）中含有的一种滑腻的白色物质。胆固醇与心脏病和动脉粥样硬化（它会附着在动脉壁上，从而阻碍血液正常的循环流动）等疾病有关。血液中的胆固醇含量过高是不健康的。”

正如这条释义所呈现的，基本的阅读能力，或者更广泛地说，一种文化中的交流能力并不一定需要高深的知识或深刻的理解。无论是报纸文章、求职简历还是安装说明都不会要求深度和细节，只要求了解而已。《文化水准新辞典》的目的就在于支持教育者开发这种了解性知识。它在按字母表选择收录条目时，例如，从收录“a cappella”（无伴奏合唱）到“zygote”（受精卵）时就体现出了上述宗旨：太过常见以至于不需要特别关注的词语和短语可以排除；同样，特别罕见或怪异的词语和短语也应被排除在外。这部辞典只保留了在美国文化中人们（尤其是来自贫困地区和偏远地区的人们）时常会见到的，但又不太熟悉的条目。

赫希的著作在公众之中引起了共鸣。家长们发现，如今的孩子不知道如何在地图上找到韩国，也不知道巴西的首都是哪里，因此便产生了无休止的担忧。于是，人们常常夸张地推崇过去的教育方式，夸大今天教育的不足。同时，保证为孩子们提供充足的信息，这种趋势也越来越明显。我们可以把赫希的著作视为这种冲动的复杂体现。它并不是基于对“孩子应该知道什么”这个问题的模糊感受为前提，而是以对交流能力的细致分析为基础，并且特别关注在这方面有困难的人群。

当然，赫希也因为文化偏见而受到非难。但他承认，在不同的国家，可被视为“文化水准”的内容有所差异。事实上，目前一些国家已经有了自己的文化水准辞典。至于国家内部的文化多样性问题，赫希也告诫人们，如果过分重视各种非主流的亚文化，而且没有鼓励他们了解主流文化中的常识，就有可能加剧这种亚文化的边缘化程度。

下面再回到自行车的比喻。从积极的方面来看，赫希确实很关心生活价值。他和其他抱有相同理念的人们都希望能够支持学生掌握良好而扎实的基础知识，从而达到目的——特别是，让学生在现代社会中更有竞争力。通常，执着于考试成绩的人们往往不会把生活价值放在心上，但赫希却不是这样。实际上，他非常关心学业成就差距，并且将产生这种差距的主要原因归结于“缺乏信息”。

然而，在我看来，通过教学来传授信息，这样的学习议题仍然存在 3 条不够饱满的“软胎”。

首先，也是最重要的，我们会担心，这样的学习议题会不会太过关注信息在生活中的意义，而忽略了需要以广博的知识为基础的生活价值。例如，在地理学习中，如果以获取信息为学习任务，很可能就会过于强调描述性地理知识，而忽略因果推理性地理知识。

其次，了解性知识能不能长久保留在记忆中呢？这主要取决于教学方法。在“文化水准”的幌子下，有的学校向学生灌输不计其数的类似于“胆固醇”之类的了解性知识，以期迅速增加学生的文化素养。我不太确定这样的知识是否能够长存，是否能够如人们所愿地提升学生的文化水平。一般来说，只有在能够很好地激发积极性的自然情境下，并经过大量的巩固和强化，对于某事的记忆才会深刻、长久。想想看，考试一周后、一个月后、一年后，你还能记得多少？

最后，当今的世界，媒体资源十分丰富，我很担心对于信息的偏重和大量信息都没有被放到适宜的位置。毕竟，单凭网络，我们就能轻易地获得大量信息（如果你能信任这些信息的话）。

小测试 FUTURE WISE

选择一些你很难记住的、微不足道的、但又不是太少见的信息，在网上搜索一下，并看看找到这些信息要花费多久时间。

我的尝试是这样的：我想知道字母“i”上面那个小点的专业名称是什么。我记得它是有个专业名称的，几个月前，一个朋友还对我说过，但我此时已经忘了！

过去，如果这个问题十分重要，我就只能到图书馆去查找答案，但即使是在图书馆里，我可能也不太清楚应该从何入手。但现在，我只要动动手指，在谷歌网站上查找就行了。我在搜索框里输入“字母 i 上面的小点”，很快就会出现一列网址。点开哪一个网页呢？我大致浏览了一下，甚至无需选择：第 4 个网址的简介直接给出了答案：“这个小点被称为小标号（tittle）”。总计耗时：50 秒。

但我没有止步于此。另一个网页简介提到，小标号是一种用途广泛的术语，并不仅仅指字母“i”上面的小点。于是，我在 Dictionary.com 网上查到了有关“小标号”的若干种定义。兰登书屋出版的字典解释是：“小标号是指在书写或印刷时使用的小点或者其他小标记，常被用作发音符号或标点符号等。”换句话说，按照这种定义，小标号不仅仅指字母“i”上的小点，也可以指字母“j”上的小点，甚至可以指句子末尾的句号。但是，《美国传统词典》（*The American Heritage Dictionary*）中的定义却是：“一种小的发音符号，例如，重音符号、元音符号、或者字母‘i’上的小点。”我个人更青睐这种定义，而不情愿把句号之类的标点符号也归置到小标号的范围内！总计耗时：6 分钟。

总之，年轻人应当掌握成为“文化人”所需要的大量信息，这类知识能够引领他们到达某个目的地。但是，这样的学习也有其软肋：

- 知识的内涵远远比信息本身更加丰富（接下来的一章将具体探讨这个问题），而在信息风暴中，知识的内涵很有可能被湮没。
- 掌握大量信息固然很好，但是通过说教的方式获得的信息很容易被遗忘。
- 如今，几乎关于一切事物的信息都可唾手可得，巨大的记忆性信息库并不像原来那样适用了。

过于强求专业知识，忽略与生活相关的“软知识”

专业知识可以说是传统教育中的“圣杯”。我们希望学习者形成符合他们水平的专业书写能力；希望他们展现出对于高级数学概念和数学过程（例如多元一次方程、微积分基础知识）的复杂理解力；希望他们能够对文学作品进行个性化的、细致入微的、有理有据的解释；也希望他们能够勾勒出精细的网络来对比法国大革命和俄国革命之间的联系与差异。总之，获取专业知识，一方面与高级主题内容的双重目标相关，另一方面则涉及是否能真正掌握专业知识的问题（尽管，基础教育阶段的学生很难实现这些）。

专业知识的发展轨迹常常贯穿在各个学科、各个学年的课程学习中。最初几年的教育主要关注基础知识，例如，数学学科中的计算，历史与社会学科中，当地、本国的历史发展脉络，可能还会涉及一些令人兴奋的埃及史或罗马史，等等。当学生进入初高中后，课程内容和学习主题就更加具体，更有技术含量。而且，我们希望，至少部分学生可以通过掌握某些子学科的大量知识后，开始“像数学家一样思考”或者“像历史学家一样思考”。这种伟大志向的标志之一就是在中学最后几年广泛流行的各类“高级课程”。

专业知识是非常严谨的，所以，承载专业知识的“自行车”应当有饱满坚实的轮胎，才能把学习者带到远方。但是，我们仍然可以看到许多不够饱满的“软胎”——普通教育的目标中仍存在各种复杂问题。我偶然看到了斯蒂芬·桑顿（Stephen Thornton）在论述如何在社会学习课程中安排“国际化”问题时发人警醒的观点。桑顿发现，**“哪些知识在普通教育中比较有用”与“哪些主题和过程构成了某个学科有效的专业知识”这两个问题不可相提并论**。他指出：“让所有年轻的学生都达到顶级水平，这种诉求几乎可以肯定是无效的。然而，正是在这种要求的驱使下，许多高中学生不得不学习那些他们既不感兴趣、也看不到生活价值的内容。”

这里，桑顿面对的问题是：“曾经学过的知识最后到哪儿去了？”正如我们在二次方程和其他例子中所分析的那样，他也告诫人们，**高级的学习常常迷失在学科的学术视角之下**。例如，学生可能学了如何比较某一关键事件（如第一次世界大战的导火索）的不同历史解释，但却没有总结出适用于其他年代和当代的广泛规律。我们可以将此与之前说过的“法国大革命”的例子做个对比，在那个例子中，学习者对革命的解释成了理解其他事件的透镜。

在以学科专业知识为目的的学习轨道上，传统的数学课程是另一个非常明显的例子，即从学习计算到学习代数和几何，再到进入大学前的微积分知识。这样的课程中包含了我们的例证——几乎没有人会再用到的二次方程。此外，还包含了同样很少有人会用到的高级代数的各种复杂变式及微积分。

总之，人们倾向于将跨学年的课程建构为“学习专业知识之旅”，却几乎没有试着自问“课程学科中哪些主题能够更有效地、直接地服务于学习者理想的生活”。更过分的是，只要有人质疑学习者是否需要这样的专业知识，并且建议投入其他主题的学习，立刻就会出现反对的声音：“不行，那样会牺牲学科的严谨性！”与生活价值相关的一些主题常被认为是没有用的知识，因而遭到人们的蔑视。

虽然可能是杞人忧天，但我们还是应当直面这种对“严谨性”的担忧。应当认识到，我们的建议可能会冒犯那些为教育献身的人们。所以，有必要花点儿时间来清楚、仔细地说明专业知识议题的利与弊。

我认为，某一学科跨学年的课程安排既应当考虑学科的技术性，也应当超越学科本身的限制（就像法国大革命的例子所证实的那样），例如，数学教育应当给统计学与概率安排更多的时间，减少在二次方程上耗费的课时。原因很简单：在人们的生活中，统计学和概率比二次方程更重要、更常用，即更能激发“第三类接触”。在任何一个学科中，类似这样的重心转移都是很有意义的，而且，新的平衡也可以像人们所希望的那样保持严谨性。

基础教育应当塑造业余的专家，而非强求专业知识。业余的专家能够自信地、正确地、灵活地理解和运用基础知识。例如，业余的专家或许不太了解多元线性回归或因素分析之类的高级内容，但却很清楚平均数和标准差意味着什么、它们在什么情况下能够或不能很好地描述总体；如何用小样本数据来测谎；依据什么样的比值比和回归率可以作出有效推测；如何用饼状图和柱状图来描述分布情况等问题。统计与概率学中的这些知识几乎已经涵盖了日常生活中的所有运用需求。

> **业余的专家（The expert amateur）**
>
> 业余的专家不强求专业知识，却能够自信地、正确地、灵活地理解和运用基础知识。

或许你会觉得“业余的专家”太过平和，不算一种理想抱负，但仔细想来，业余的专业知识在日常生活中非常有用。例如，在育儿、报税、欣赏艺术、保持健康、运动等方面，我们最好能够成为“业余的专家”，但很多人却往往连这个都做不到。所以，能成为业余的专家就已经是很大的成就了。

当然，我并没有建议完全抛弃各门学科或放弃学科的严谨性，例如，统计与概率学显然是数学学科的一个部分，并且就算在初级阶段也是很有挑战性的概念。任何一种传统学科，历史、数学、科学、文学、各门艺术等，都包含了一些在学习者理想的生活中非常有用的案例和观念，很可能具有充分的生活价值。第 5 章将探讨各门学科蕴含着多么丰富的具有生活价值的学习内容。我们应当抓住这些机会，并且扩大这些机会。

我也没有说为高年级学生提供一些技术性的经验是在浪费时间。事实上，技术性经验中的一些例子也是有价值的。这类经验让学生有机会发现自己更喜欢什么、在哪些方面有天赋，从而引导学生进入某个专业方向。而且，我们当然不能剥夺学生学习他们钟爱的某个技术性学科的机会。

未来智慧洞察
FUTURE WISE

在教育中始终应该保留足够的空间，让渴望学习的学习者能够追寻自己内心的缪斯女神，并且鼓励迫切的学习者去发现自己的缪斯女神。通过广泛的课程内容安排来培养业余的专家，不要只盯着学术知识的奥秘，而要把眼光放远，要相信这一切都可以实现。

从迟钝的层级结构到灵活的网状结构

如果知识就像是一辆自行车，那么，为什么有如此多的传统知识内容无法带领我们到达远方呢？上述 3 类主要的教育议题（学业成就、信息、专业知识）帮助我们解答了这个困惑。

3 类议题都希望培养更有文化素养的、见多识广的、有经验的社会成员。然而，它们都有其“不够饱满的软胎”，3 类议题都没有充分地关注具有生活价值的学习。学业成就议题强调学生的表现，未能将具有清晰而重要生活价值的知识（如运算、读写）与无法判断是否具有生活价值的知识区分开来。信息议题只重视一类知识，忽略了有效的概念和综合能力的重要性，采取的教学方式难以令学生产生长久记忆，在这个信息唾手可得的时代，在记忆性信息上浪费了太多时间。专业知识议题增加了学科知识的复杂性，而没有考虑哪些知识在大部分人的生活中更实用、更有价值。

某种程度上来看，学业成就、信息和专业知识 3 类议题中“不够饱满的软胎”共同体现出一个更大的问题，即：当今世界的联系越来越紧密，但传统的教育方式却没有跟上时代发展的脚步。

当然，世界各地紧密联系的趋势很早就出现了。在西方世界，15 世纪，谷腾堡发明的活版印刷术和当时的其他技术发明第一次强有力地推动了世界各地的联系。此后，随着经济有效的海洋运输工具、铁路，便宜可靠的邮递系统的发展，以及 20 世纪收音机、电话和飞机的发明，全球的联系日趋密切。如今，上述各种技术的效率迅速提升，又有了智能手机和网络，世界的紧密联系程度已经到达顶峰。并且，还产生了一种奇特的现象，我将其称为“小世界悖论”：随着我们的集体世界变得越来越小，我们个人体验到的世界却变得越来越广阔、越来越复杂。

众所周知，当代的计算机技术、通信技术和交通技术令世界变得“越来越小”。但是却并没有让我们的世界变得更简单，事实恰恰相反。如今，每一个人都能轻易地接触各种不同的“世界”，这远远比在我成长的年代容易得多。有的“世界”存在于网络中，例如，Facebook、维基百科、各种玩家群、“第二人生”（Second Life）之类的数字生活、特别兴趣小组及相关论坛、博客等。有的“世界”由各种娱乐和信息媒体构成（包括网络媒介和传统媒介），例如，各国都有的电影院和电视、书报杂志、电子书报和杂志等。有的“世界”则是人们在很容易实现的各类旅行中就能亲身体验，例如，生态旅游、文化旅游、普遍的国际商务旅行、各类专业组织的年会之旅、跨国留学等。

小世界悖论（The small world paradox）

随着我们的集体世界变得越来越小，我们个人体验到的世界却变得越来越广阔、越来越复杂。

那么，这如何解释传统教育与当今世界发展是否匹配的问题呢？可以看看图 1-1 和图 1-2。图 1-1 描述了传统教育的特征。当然，“课程”是必须有的，包括了被认为具有教学价值的内容。它会依据不同的学科来组织课程，例如数学、历史和科学等。而且，至少在高年级，每一门学科都有专任教师，并且主要通过教师和教科书来传递学科中蕴含的智慧。“教师 - 教科书”的组合服务于学生群体，其中，重要的交流发生在学生与“教师 - 教科书”之间，很少发生在学生与学生之间。

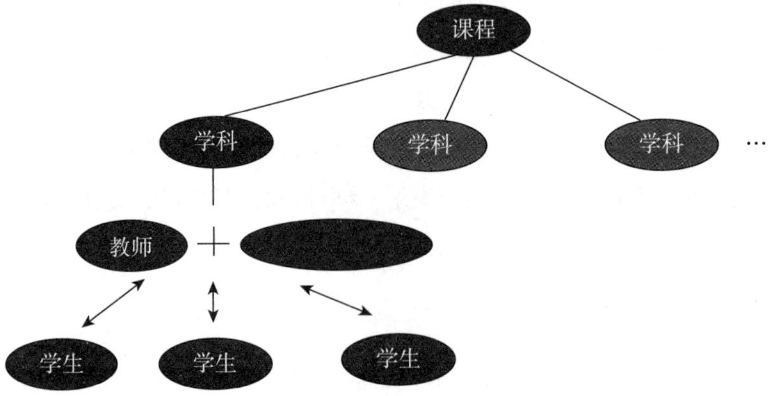

图 1-1　教育的层级结构

层级结构体现出通过简单的自上而下式控制来确保教学秩序的优势。但是，在我们这个复杂的全球化、网络化世界中，它并没有很好地反映出学生的生活和知识的生命力。同时，它也没有重视前文提及的那些不断扩展的、具有生活价值的知识领域。所以在许多学校已经兴起了另一种选择，即图 1-2 所示的网状结构。

同样，“课程”要素仍然出现在网状结构的顶端，即：以某种方式来组织被认为具有教学价值的特定主题和内容。（本书之后的部分将具体介绍如何在考虑生活价值的前提下组织课程。）在图 1-2 中，在“课程”之下，结构图的走向就完全不同了。“学科”仍然是教育内容的主要来源，包括了跨学科的联合。同时，不同学科的教师之间也会进行充分的互动。教科书的关键信息来源得到了极大扩充，囊括了当代电子技术和印刷技术提供的多种资源：网页、文本原稿的复印件、引人注目的美术作品形象、各种工艺传统、报纸图片等。教科书本身也一样！一本好的教科书作为信息来源之一，而不是作为唯一的信息源，它发挥的效果会更好。

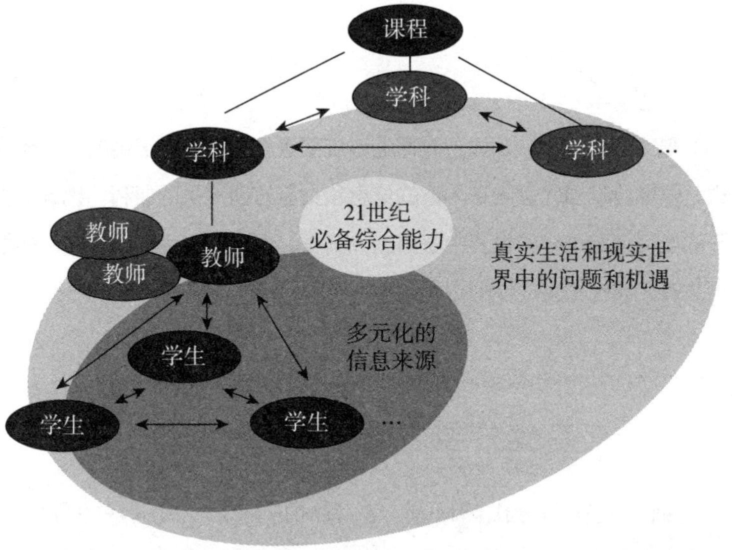

图 1-2 教育的网状结构

图 1-2 中，“21 世纪必备综合能力”及类似的内容也为学习过程提供了资源。而且，发生在学生之间的交流和学生 - 教师式的交流一样丰富。最后，这样的发展不仅体现在学业背景中，而且也体现在涉及真实生活和世界问题、包含不同机遇的场景中。

再回到学业成就、信息和专业知识 3 类议题：**需要谨记，3 者都不应当被摒弃，借用自行车的比喻，它们的轮胎只是不够饱满而已，而不是爆胎了。**在教育的网状结构中，只有充分尊重生活价值的教育议题才能更好地不断前进。但是，在教育的层级结构中，3类议题的传统理念却始终占据统治地位。层级结构明确地规定了什么样的表现才是“优异的”：完成教师和教科书的任何要求，不管它在更广阔的世界中是否实用；掌握并牢记所提供的信息，哪怕需要记忆的信息在我们生活的网络时代已经没什么价值了；在限定的学科范围内，向着专业知识前进，哪怕在适应并进入复杂的多元世界时，业余的专业知识更加有效。

未来智慧洞察
FUTURE WISE

最终的结论十分明显：教育的传统层级结构是一种迟钝的、不恰当的结构，很难体现当代世界在丰富的信息和交流方面提供的便利，也难以支持今天的学习者在这样的世界中获得远大前程。相反，灵活的网状结构却能够以更具有拓展性和生成性的方式来接纳各种机会。

有丝分裂之舞与设计一条鱼

不久之前，我在旧金山湾区和一些教师进行了一次很好的合作。他们正在探索“为理解而教”的各种策略。老师们的机智教学和为教育献身的精神令我赞叹不已。在那里，我看到了我们能够为青少年的学习带来多少美好的愿景和成就。其中，有两节生物课的内容吸引了我的注意：“有丝分裂之舞”和“设计一条鱼”。

FUTURE WISE

有丝分裂之舞

你可能还记得，有丝分裂是指无形细胞分裂繁殖的过程。当一个母细胞分裂时，就会发生一系列复杂的变化，从而形成两个子细胞，并完成遗传物质的复制。减数分裂则是指有性生殖细胞繁殖的过程，两个有性生殖细胞之间交换遗传物质、形成 4 个子细胞，其过程更加复杂。这些概念本身已经很不简单了，而有丝分裂还包含了若干步骤，每个步骤都有其独特的模式：分裂间期、分裂前期、分裂中期、分裂后期、分裂末期、胞质分裂期。

如何帮助学生直接有效地学习这些内容呢？舞蹈为我们提供了一条有趣的途径。在“有丝分裂之舞”活动中，学生分别扮演细胞的各个不同部位。他们分成不同的小组，用肢体动作来描绘有丝分裂的过程，即表演细胞物质重组、形成子细胞的过程。

网上可以查到这个活动的很多信息，你也可以在网上购买有丝分裂“方块舞”[①]的配乐CD，还可以找到分步骤的动作指导。但是，向我展示“有丝分裂之舞”活动的老师似乎采用了另一种更有创意的策略：由学生自己来编舞。学生从教材所阐述的有丝分裂各个步骤中提取线索，创编舞蹈动作。他们积极地努力用肢体活动来表现枯燥的、教条式的生物知识，这就相当于用一种新的媒介记录下了学习的过程。

例子中，在不同的学习环境与方式中，知识的表现形式发生了翻天覆地的变化，而且，学生对“有丝分裂”这项内容的记忆和理解都得到了巩固与深化。

FUTURE WISE

设计一条鱼

这个单元的内容也包含了生物学科的一项基础知识：生态适应。每个学生都要虚构一条适合生活在某种生态环境下的鱼，并且为这条鱼创建一个档案。学生需要思考：鱼的形态是什么样？食性如何？这条鱼如何适应环境从而生存、繁殖？学生的每一份报告中都要有鱼的速写图、鱼的档案，以及对于这种虚构生物生存能力的

① 方块舞（square dance）：四对男女结伴成一组，按顺序站成方块队形，然后按节拍来变化队形和动作的一种美国民间舞蹈。——译者注

讨论。同时，学生还得将自己虚构的鱼放到鱼类的总纲目中。我有幸翻看了几份学生的报告，学生高涨的热情和兴趣令我深有感触。许多学生都倾注了大量心血来完成这份幻想作业。

小测试
FUTURE
WISE

将“有丝分裂之舞”与“设计一条鱼”两个活动进行对比，你认为哪个活动更有可能提供具有生活价值的学习？具体而言，会是什么生活价值？

两个单元的活动都别出心裁地让学生参与了进来，我个人都非常喜欢。而且，这样的体验很有可能对知识形成一种真正的理解。此外，我也很珍视“有丝分裂”与“生态适应”两个关键概念在生物学科领域中的核心意义。但是，当涉及生活价值时，就有必要进行复杂的权衡了。我不太肯定，“有丝分裂”是不是一个很好的学习目标。它属于技术性的基本概念，那么，学习者自己的理解在其中有什么用呢？有丝分裂的细节怎么可能为基础生物学的其他内容提供更多的信息呢？更不用说打破学科之间的界限了。所以，虽然我们不需要在课程内容中删掉“有丝分裂”的部分，但是，将其作为一种“了解性知识”来教学就足够了。

尽管如此，我还是很高兴地看到舞蹈成为教学手段的一部分。虽然不是所有人都会成为舞蹈爱好者，但在这个活动中，学生认识了舞蹈，了解舞蹈在表达方面的重要意义，并且学会了如何编舞，这似乎比“有丝分裂”这个概念本身更有可能在学生今后的生活中发挥作用。我不由自主地感到，在“有丝分裂之舞”的经验中，“舞蹈”比“有丝分裂”本身更有价值。

在支持学生理解主题内容方面，“设计一条鱼”就像“有丝分裂之舞”一样富有创造性，但“理解生态适应”这个学习目标似乎更具有生活价值。其中，自适应调节的观点作为一个主题会反复出现。我们会阅读有关濒危物种的报道、了解帮助物种复苏的项目，或者看到哪些动植物能够很好地利用日益扩张的城镇资源、哪些则因为难以适应而变成外来者。我们也会知道，将生长在某块陆地上的动植物带到另一块陆地上，对新环境而言是十分危险的，由于在新的环境中没有天敌，所以，入侵的动植物可能会开始疯狂繁殖，甚至有可能将本土物种“驱逐出境”。有时，我们必须为这些现象负责，例如，在旅行的时候，我们必须非常谨慎，遵守各地约定俗成的习惯法规则，不把禁止携带的水果带出境。我们可以采取行动，也可以无动于衷，但是，至少，应当知道哪些情势已经危如累卵了。

让我用另一个关于“有丝分裂”的轶事来结束这一段讨论。我经常在讲座的时候使用有丝分裂的例子，不久前，我有一位不太常见的同事兼好友碰巧也来听讲座了。他起来告诉我：“我记得有丝分裂的各个步骤。”说完，他运用高中所学的记忆策略，逐一列出了这些步骤。真是令人印象深刻！“但是，”他接着讽刺道，“我现在可不知道这些词是什么意思了。”

讨论主题：依据学习者和具体情境的需要，平衡学业成就、信息以及专业知识 3 类教育议题。

探索 1 辨别具有生活价值的学习

无论你、我或是任何一个关心教育的人，了解了一个又一个学校，走遍了一个又一个国家之后，都会不可避免地发现 3 类交错联合的主要学习议题：学业成就、信息、专业知识。如果我们关心具有生活价值的学习，那么，就不得不关注这 3 类议题。对于这 3 类议题而言，"什么是具有生活价值的学习"并不是一个现存的问题，它们都理所当然地认为，自己所提供的知识都具有生活价值。所以，我们必须对此进行更多的讨论。

在某种程度上而言，3 类议题在常见的模式中所占的主导地位反映出了传统教育的层级结构——孤立的各个学科构成课程，教师和教材一同向学生传递学科内容，学生之间几乎没有交流互动。在系统限定的范围内，这样的结构本身也有优势，也有一定效果。但是，它却没有重视我们所面临的"小世界悖论"，即：随着我们的集体世界变得"越来越小"，我们个人体验到的世界却变得越来越广阔、越来越复杂。而且，它也没有发现正在不断扩展的、值得学习的知识领域。

相反，教育的网状结构却反映了当今社会的多元性，并且能够更好地服务于今天的学习者。在这样的结构中，不同的学科之间有所联系，教师互相合作，学生之间有丰富的交流，学习的知识源自于多样化的信息源，21 世纪必备综合能力将得到发展，而且与生活和真实世界有关的问题和机会能够得到体现。那么，在某个课堂上、学校里、学校体系内，甚至在各地区和各国之间，这样的网状结构会是什么样的？

探索2 选择具有生活价值的学习

我们都必须谨慎地思考学业成就、信息和专业知识的归宿。在传统的形式中，这些学习议题让我们的选择逐渐偏离了理想的、具有生活价值的学习。

作为讨论的一个部分，让我们首先承认，学业成就议题中蕴涵着一些毋庸置疑的生活价值基础，主要体现在语言艺术和数学两个领域。但是它也包含了一些值得商榷的内容，这些内容不太可能在学习者的生活中发挥显著作用。

至于信息议题，我们承认，有些信息如果已经储存在学习者的脑海里并随时可得，那么它确实很有价值。但是，这种议题中充斥着过量的信息，而这些信息都是在发达的网络世界中随时可以轻易获得的。

谈及专业知识议题，我们也承认，不同的专业知识能够很好地为不同职业的人们服务。但是，在基础教育阶段，强调专业知识，就会使学习向高级的技术性知识倾斜，这对大部分学生理想中的生活并没有太大帮助。所以，业余的专业知识（即对基本内容扎实而灵活的理解）将会更有价值。

探索3 为具有生活价值的学习而教

“有丝分裂之舞”与“设计一条鱼”两个例子呈现了一种积极的、建构性的、参与性的教学过程。但其中也有一个棘手的问题：在关于什么知识值得学习的讨论中，我们应当十分谨慎，不要轻易将良好的教学过程与生活价值相混淆。不太具有生活价值的内容有可能得到有效的教学，即便它对学生而言没有太大好处；而具有生活价值的内容也有可能招致无效的教学，进而无法令学生有所收获。

探索 4 建构具有生活价值的课程

3 类学习议题都有其独特的贡献，我们必须承认这一点。但是，它们通常都伴随着自己特有的盲区，在不太具有生活价值的课程中忽略了其他考虑和结果。我们需要将这些内容都放到一个合理的平衡点上。

FUTURE WISE

EDUCATING our CHILDREN for a CHANGING world

02

学习即理解

你真正理解透彻的知识有哪些？

想象一种教育，其中的大部分课程都能带来全局性理解；想象一种学习，它能够给这样的理解带来生命力，使其长存，并且支持终生学习；想象一个世界，大部分人在接受基础教育之后，对基本的政治活动、个人健康护理、经济行为、生态责任、人际社会交往，以及其他许多概念充满了浓厚的兴趣并以此为发展方向。如果走在大街上的芸芸众生都能够灵活而敏捷地处理问题，那么，我们的社会该多么不一样。

“你真正理解透彻的知识有哪些？”我问。

后排有人举手回答：“欧姆定律。”

欧姆定律由19世纪的德国物理学家欧姆推导得出，欧姆还是高中教师时就已经开始了自己的研究。欧姆定律呈现了电流运动的模式，即电流等于电压除以电阻，已知其中任意两者，可以计算出第三者。系统地运用欧姆定律有助于理解复杂的电路中所发生的运动。

多年以来，我在开展“为理解而教”（teaching for understanding）项目时曾接触过许多教师。为了让大家更重视“理解”这个很难把握的概念，我常常会请老师们列举他们个人理解得比较透彻的知识领域，并请他们稍微解释一下。

小测试 FUTURE WISE

你真正理解透彻的知识有哪些？你是怎样做到理解这些知识的？你怎么知道自己已经理解了这些知识？

这几个问题的答案很可能会体现出对你个人（或他人）来说“理解”意味着什么。回答这些问题的时候，大部分人，哪怕是从事学术工作的人，都会说出非学术领域的答案，例如，园艺、育儿、攀岩、足球等，或许，他们对日常生活中频繁经历的各种“理解”更有信心。偶尔也会有人提及学术领域，例如，法语语法、美国革命、生态系统等。但是，欧姆定律之类的技术性知识却很少见。所以，当有人说出这个答案时，我感到十分讶异。于是，我花了一点儿时间来了解这个人的具体想法。我问道：“你是怎么做到理解这个知识的？你怎么知道自己已经理解它了呢？”

这个人解释说，在进入大学之前，他已经在基础物理课上接触过欧姆定律，并且像往常一样完成了章节后面的习题。读大学期间，他再次学习欧姆定律，一位舍友告诉他，欧姆定律的原则可以在更广泛的领域内使用，比如，运用于推算热导管的气流量。在此，欧姆定律的基本形式至少可以提供一种粗略的范式：气流量（热导管的电流量）等于气压（电压）除以导管阻力（电阻）。看到原本似乎只属于电线、电池和灯泡世界的欧姆定律居然可以如此广泛地运用，他就被深深地吸引了。

接着，他具体讲述了自己如何在现实生活中运用这项知识。在他的家里，有些房间很冷，所以，他根据欧姆定律，按照能够大幅提升气流量的方式重新配置了房子的通风系统。“那么，你怎么知道自己已经理解欧姆定律了呢？”我问。他答道：“供暖系统更有效了，我再也不会觉得房间里很冷了。”借用第1章关于自行车的比喻，欧姆定律的知识就像是自行车一样，真正把他带到了某个目的地。

欧姆定律这个例子虽然会令大部分人感触良深，但与前面提及的法国大革命，气候变化，通过音乐和艺术培养合作能力、倾听能力和领导能力的例子相比，它可能只算是范围较窄的理解。

但是，还记得之前那个人在谈及法国大革命时所重视的“理解”是什么吗？他重视的不只是法国大革命的事实，而是“缺少自由、贫穷、赋税过重、经济疲软、宗教与世俗政权斗争或社会不公等因素如何成为战争导火索的”。同样，回答“欧姆定律”的这个人，他的理解也不限于欧姆定律本身。他看到了欧姆定律可以延伸出一种十分普遍的逻辑（至少是粗略的范式），可以运用在热导管和其他系统中：

流量 = 压力 / 阻力

压力越大，所得流量越大；但阻力越大，所得流量越小，所以，这里应当用除法。同样的模式也适用于许多物理定律，例如，著名的牛顿第二定律公式，$F=MA$，可以改写为：

加速度 = 物体所受的合外力 / 物体质量

换言之，物体所受外力越大，加速度越大；物体质量越大，物体对外力作用的反应速度越慢（例如，我们可以比较一下，推动坐着一个小孩的秋千与推动坐着一个大人的秋千有何不同），所以这里也要用除法。当然，除法可能并不是反映阻力作用的最佳方式，但它通常还是可行的。

很多书在呈现这些定律时经常会掩盖它们的简单逻辑，例如，面对经典的牛顿第二定律公式 $F=MA$，你可能会产生疑问：“为什么物体所受的外力等于质量乘以加速度呢？”如果用除法版本替代乘法版本，$F=MA$ 这个公式就更好理解了。同样的基本公式还可以运用在另一条物理定律上，即牛顿的万有引力定律：两个物体之间的引力与物体间距离的平方成反比。在这里，物体间距离的平方应当被放在范式中“阻力”的位置上。此外，涉及压强、体积和绝对温度的气体定律也可以运用这个基本公式。容器中的压强与令气体分子活跃的温度成正比；而体积扩张，效果下降，所以要除以体积。

如果这些技术性的例子让你觉得乏味，那么，可以考虑一些具有隐喻意味的例子，如：

贪污 = 权力 / 社会及法律约束

这个公式表达了“权力使人腐败；绝对的权力导致绝对的腐败”的深义。假设不存在任何社会或法律约束，即分母为 0，则绝对的权力就会招致趋于无限的腐败。

小测试 FUTURE WISE

找一些例子，写出属于你自己的、好玩的“欧姆定律”，并试着用基本公式来表达，即某种结果等于某种外推力除以某种阻力。

全局性理解，理想生活必知的“业余的专业知识”

上述这类生动灵活的、具有适应性，而且明显是积极主动的理解与我们生活的世界、我们的生活方式息息相关。它们构成了第 1 章所谓的“业余的专业知识”。这些理解需要一个新的名称，让我们简单地称之为“全局性理解”。

“全局性理解”这个术语体现出综合、概括的特质，但我们还可以再精确一些。判断一种理解是否具有全局性的标准包括：

- **深刻见解方面：**全局性理解应当有助于呈现物理、社会、艺术等不同世界的运转机制。
- **行动方面：**全局性理解应当能够指导我们采取有效的专业行动、社会行动、政治行动等。
- **伦理道德方面：**全局性理解应当敦促我们变得更有道德观、更有人性、更有同情心、更愿意规范自己的行为。
- **机会方面：**全局性理解可能出现在各种场合中，表现为多种不同的重要形式。

> **全局性理解**（Big understandings）
>
> 全局性理解更加生动灵活、具有适应性，更积极主动，与我们生活的世界和生活方式息息相关。判断标准包括：深刻见解、行动、伦理道德、机会等4方面。

也就是说，全局性理解在学习者理想的生活中十分重要。对此，我们已经举过很多例子了，包括通过法国大革命来理解社会动荡的例子。此外，还有很多例子可用来强化这个观点。

首先，以“民主”为例，相关的广泛知识包括民主从何而来、民主应当如何发挥作用、它实际上会如何发挥作用等。其中一种观点认为，当代社会典型的民主所发挥的作用已经完全不同于古希腊时期的民主了，当时的民主制度更具有参与性。此外，在刚接触民主制的国家，出于某些特殊的原因，民主模式往往很难发挥效果，例如，人们常常会分裂为拥有不同宗教和民族根源的特殊利益团体。从积极的方面来看，大量研究都赞同所谓的“民主和平”假说，即：民主国家之间几乎不可能发生战争。（但是，在当今世界，真正地理解“民主”远远不止是知道民主的定义、怀抱着天真的理想承诺就够了。）

当然，上面这段文字只是粗略的描绘，只是丰富的民主概念中的一部分。那么，让我们设想一种对民主概念的充分理解，并看它如何体现全局性理解的4个判断标准：

- 深刻见解方面：民主的相关概念为我们提供了关于不同国家和人民的状况、关于世界一体化的深刻见解。
- 行动方面：对民主概念的全局性理解让我们能够通过主张解决哪些问题、追寻何种方式来采取行动（例如，表明立场、表达抗议、经过深思熟虑后投票等）。
- 伦理道德方面：对民主概念的全局性理解能够激发对有效民主模式和民主实践的道德性追求。
- 机会方面：当今世界，有很多机会让我们能够仔细考虑民主问题：

你的祖国发生了什么事、其他国家时局如何、某些机构空洞的民主说辞，等等。

总之，作为一种全局性理解，丰富的民主概念非常有用。

其次，以“能源”为例，包括对当代社会能源问题的了解：能量从何而来、归于何处、为什么传统能源是有限的、可再生能源将如何拯救我们、我们可以采取哪些行动，等等。其中，也有一部分与能源有关的初级技术性概念，为了更好地理解能源问题，这些概念是必需的，包括：不同的能量形式（势能、动能、化学能、电能），衡量能量的单位（焦耳、尔格、卡路里、英尺磅），能量转换定律（意指我们能够从现存的某一资源中获取的能量是有限的），热力学各定律（其中一点即：我们不可能得到某一资源中的所有能量）。

让我们来看看全局性理解的 4 个判断标准。对“能源”主题的全局性理解能够提供关于世界如何运转的一些基本观点；为我们的行动（例如发起改革以及制定支持改革的政策）提供参考信息；培养我们对能源使用和能源资源的道德伦理意识；而且，当今世界提供了大量的机会，让我们能够思考能源问题。

第三，以“风险”为例，具体涉及对引言提到的概率问题的基本现实理解：收益与损失概率的心理学（通常损失的概率更受重视）、系统偏差的风险（如人们总是过度担心那些很罕见、但却很严重的消极事件）、赌博的本质等等。

再来参考一下全局性理解的 4 个判断标准。研究表明，概率论的基本原理是判断“风险”的根本依据，但很多人并没有理解它，这一点导致人们经常作出危险的选择。相应的，对“风险”这个主题的全局性理解提供了关于风险如何发挥作用、人们如何应付它（有时明智、有时愚蠢）的信息；由此产生了一些行动的准则以及道德伦理方面的警示。例如，对不负责任的、愚蠢的冒险行为的警告；我们也有很多机会面临有风险的选择，例如，市场投资、决定治疗方法、购买保险、选择赌博策略，等等。

全局性理解还有更加广阔的外延。虽然，在如今这个充满了必然性的复杂世界中，学校都要为未知而教，但无论如何，学习者在今后的生活中很可能会多次遇到“民主”“能源”“风险”之类的事情。所以，我们必须更仔细地考虑全局性理解能够为教育做点什么。

在后文，我们将探讨全局性理解的多样性以及与全局性理解性质相反的利基理解（niche understanding）。之后我们会更具体地讨论全局性理解如何服务于学习者可能的生活。我们会考虑采取最基本的选择，将教育者面对的全局性理解问题放到更显著的位置上。我们也将鉴别如何通过重构来减少一些常见的、不太具有全局性的理解。最后，我们还会面临全局性理解最难的部分：由于需要考虑的东西实在太多，我们无法穷尽，所以，理想的完美课程并不存在。

全局性理解在维度上有何差异

我希望读者不会觉得“民主”“能源”“风险”之类的概念很深奥。它们应当是很常见的概念，而且借助一次快速的头脑风暴，我们还能发现这类概念除了普遍性之外的其他特点。在生活中，类似的全局性理解比比皆是，它包含的许多主题已经是传统课程的部分内容，例如，民主、能源等。但同时，它也囊括了传统课程中比较罕见的主题（例如，风险）、兼具争议与魅力的“世界公民”概念、系统思维、人口动态理论、领导力、如何全面地欣赏艺术作品等。

全局性理解与程度有关。根据深刻见解、行动、伦理道德和机会 4 条判断标准，我们可以评价一种备选的理解在多大程度上具有全局性。其中，大量的接触机会始终很重要，如果一种理解没有奏效，那说明了什么？虽然从深刻见解、行为、伦理道德等方面来判断，对于民主、能源、风险概念的理解都可以具有全局性，但有些很有价值的概念却只能满足一种或两种判断标准。全局性理解还与背景有关。由于社会环境、性格、生活背景等方面的差异，某人认为属于全局性理解的内容，对于另外一个人来说可能就还不太具有全局性。

未来智慧洞察
FUTURE WISE

即使我们竭尽全力地设想哪些知识具有生活价值，但并没有可以包罗万象的、理想的课程“圣杯”，即不存在永远适用于不同地区、不同人的相同的全局性理解。

不同的全局性理解在全局性程度上有所差异，同时，有的理解压根不具有全局性。我们可以用一个有效的名称来命名全局性理解的对立面，即利基理解，指在特定的技术背景下非常重要，但在学习者可能的生活中不太有用的理解。

在这里，最关键的要点是：在学科领域内很重要的理解并不一定属于全局性理解，回忆一下前文提到的“二次方程”和“有丝分裂”。

利基理解（Niche understandings）

利基理解，指在特定的技术背景下非常重要，但在学习者可能的生活中不太有用的理解。

小测试
FUTURE WISE

结合当今世界的发展，从深刻见解、行动、伦理道德、机会 4 个方面来评价“二次方程”和“有丝分裂”的全局性。

请你尽量独立评价。我的评价是：

- 深刻见解方面：无疑，“二次方程”和“有丝分裂”分别是数学和生物领域内技术性理解的基础部分。我们可以通过参与性的方式来教授它们，支持学生的理解，虽然这一点通常很难实现。
- 行动方面：“二次方程”尚能为学习者提供解决有限的几类特定问题的工具；“有丝分裂”几乎不能支持学生为任何事情做好准备。
- 伦理道德方面：无论是关于“二次方程”还是“有丝分裂”，伦理道德方面都无甚可言。

- 机会方面：对于大部分人来说，“二次方程”和“有丝分裂”仅仅是一种了解性的知识，只需要粗略地了解，或者在你需要跟上某个人的话题或论点时有用处，除此之外，它们几乎就没有任何出场的机会了。

总体而言，这样看待全局性理解是比较松散而宽泛的，旨在引起人们对在学习者未来的生活中有用的各类主题的关注。主题的内涵也是灵活的，可以是适用于各种不同情景的专题、概念、能力、普通技能或范本（例如，法国大革命）。我们并不总是能够从书本或老师那里获得全局性理解，也不常在学校教育中看到它，而且不同的全局性理解也不总是相互独立的。事实上，它们共同构成了理解的族群、网状和层级结构，就像关于“能源”“民主”或“风险”的观点形成了网络一样。

鉴于这种广泛的观念，很多人也秉持着相似的精神主旨来讨论教育问题就显得不足为奇了。在这里，我们可以简单地举几个例子（之后会呈现更多具体例子）。如 P21 项目，即培养 21 世纪必备综合能力的合作联盟（Partnership for 21st Century Skill），它是美国的一个商业 - 政府 - 教育 - 社区联盟，它鼓励人们关注诸如创造力与创新、交流与合作、信息素养、媒体素养等主题；如终生学习关键能力之欧洲参考框架则重视数字信息能力、学会学习、主动性与企业家精神等主题。此外，霍华德·加德纳（Howard Gardner）出版了《决胜未来的五种能力》（*Five Minds for the Future*）一书，强调了在未来十分重要的 5 种能力，他称之为：修练心智、统合心智、创造心智、尊重心智、伦理心智（第 8 章将进一步探讨这些能力结构）。

西蒙·派珀特博士（Seymour Papert）在《头脑风暴》（*Mindstorms*）一书中鼓励人们学习各种强有力的观点。尼尔·波兹曼（Neil Postman）在《教育的目的》（*The End of Education*）一书则敦促人们关注“宏大叙事”（grand narratives），例如，地球太空船（Spaceship Earth，即我们生存的星球就像一艘旅途中的太空船，资源极其有限）、坠落的天使（the Fallen Angel，人类就像坠落的天使,既有优点也有弱点）等。**宏大叙事能够解答“我们是谁”的问题，能够对一些道德问题提供强有力的、卓有成效的指导，并且能够解释世界的奥秘。**它已经很接近判断全局性理解所需的深刻见解、行动和伦理道德标准了（第7章将介绍更多波兹曼的方法）。在美国，有许多州的教育框架中已经包含了各类全局性理解，例如，艾奥瓦州的社会学习主题就包括了“个人如何与同龄人相处”“资源稀缺与经济贸易的作用”“技术进步对个人和社会的影响”。

此外，让·迈耶（Jan Meyer）和雷·兰德（Ray Land）的“入门概念”（Threshold Concepts）引出了另一种特别宽泛的观点。按照他们的看法，入门概念将会给学习者带来丰厚的回报。**这类概念将学习者带到了对某个领域的理解的新高度，并且打开了更进一步、更深入的学习之路。**例如，两位作者提到了经济学中的“机会成本”概念，即当你作出选择时，付出的机会成本就是摒弃备选项所产生的代价。如选择一份工作时，付出的机会成本就是丧失你本来可以选择另一份工作可能产生的利益。机会成本阐明了我们在许多情境下作出选择的状况，无论是否与经济有关。

迈耶和兰德也呼吁人们在各个学习领域中探究入门概念，并且谨慎地对待与此相关的教学活动——最好能够事半功倍！许多教育者（主要是大学层面）已经在大量文章中论述入门概念的各类分支观点。目前，有一种观点认为：某个技术领域中的入门概念可能算不上一种全局性理解，因为它们在本领域之外就没有什么价值了。但是，我们仍然有必要思考一种准全局性理解是否具有类似于“门槛”的特性，它是否能够提升学习者的认识高度，是否能帮助学习者获得关于世界运转机制的更广泛观点。

所以，忽略我们曾讨论过的学业成就、信息和专业知识等学习议题自身存在的局限不计，仍然有许多课程框架能够导向包含着全局性理解的具有生活价值的学习。本书之后的内容将对此进行更深入的讨论。现在，我们的目的就只是重视全局性理解，并且努力将全局性理解作为一种值得特别关注的知识或认知。

全局性理解对生活的三个贡献

未来智慧洞察
FUTURE WISE

> 全局性理解因何而具有了生活价值？今天的学习者能够从全局性理解中有何收获？从某种程度上看，这个问题的答案就是：全局性理解在深刻见解、行动、伦理道德和机会方面的全局性。

然而，我们最好还是不要太过理想主义。**实际上，全局性理解只有在生活中的一些特定时刻才有所贡献。**比如，每天清晨，我们按照自己的习惯起床、穿衣，在这个过程中，全局性理解就没有发挥作用。当我们设定好数字录像机（DVR）录下自己喜欢的节目、煮一杯咖啡、按照食谱烤蛋糕、乘车上下班、在固定的时间赶公交车、在拥堵混乱的交通中穿行的时候，全局性理解也不会有任何发展。人生的道路上，我们往往只会在自己熟悉的路口转弯。而我们的生活似乎更有赖于所谓的“配方知识”（recipe knowledge）。

“配方知识”十分神奇，只要从配方说明中获悉应该做什么，我们就能采取行动。而且，“配方”往往也很灵活，绝不仅限于其中死板的文字提示。让我们依据字面意义来举个“配方知识”的例子：按熟悉的配方来烤蛋糕。就算你对烹饪一无所知，但是，只要运用相关的知识，就能够轻易地作出调整——多放些糖，味道更甜；多烤一会儿，口感更酥脆。“配方知识”不仅是日常行为不可或缺的必备品，而且在特定的时刻，很少使用的“配方知识”也能发挥关键作用（例如，心肺复苏术）。**“配方知识”不一定会带来深刻的概念理解，但它们却包含了丰富、细致的行为模式，指导人们在恰当的时机以适宜的方式做正确**

的事情。学习这类知识是有价值的，而且，我们肯定不能保证每一个人都已经掌握了所有他们可能需要的“配方知识”，所以，学习这类知识也是有必要的。

未来智慧洞察
FUTURE WISE

> 如果在大部分情况下“配方知识”为我们提供了生活所需的 90% 的解决方案，那么，全局性理解的作用体现在哪里呢？我们可以说，全局性理解提供了剩下 10% 的解决方案。当新的情况发生，而熟悉的“配方知识”已经不起作用的时候，全局性理解就能帮助我们思考并采取行动。也许，它只提供了 8%、5% 或 2% 的办法，但这几个百分点却至关重要，它可以支持我们深刻地理解问题、采取行动、进行道德判断，在芜杂的公私事宜中找到自己的出路，并且在需要作出重大的人生抉择或承诺时发挥关键作用。

仔细探究全局性理解对我们的生活有什么贡献，至少可以发现 3 类相互转化的作用：定向（orientation）、慎思（deliberation）、深入学习（further learning）。

全局性理解能帮助我们确定并保持方向。通常，全局性理解能够支持我们在面对不同的情况时迅速地作出智力判断，确定方向。仍然以民主为例。假设你正在听一个政治演讲，呼吁增强对媒体的监控力度以抵御恐怖主义。你立刻就能辨认出这个问题与民主有关。由于需要权衡，你并不一定能够据此确定自己的立场，但是，你却能够发现利害攸关的要点所在。当政治家在台上宣称：“以民主之名，这就是我们必须做的”时，你就会想：“好吧，但或许这正是我们不能打着民主的旗号去做的事！”

与全局性理解的定向功能相反，还有两种危害：迷失方向和错误定向。迷失方向意味着你完全搞不清楚当前的状况，但至少你明白自己的困惑。错误定向的危害潜藏得更深，意味着你被目前的情况欺骗了。例如，你压根没有发现“增强对媒体的监控力度以抵御恐怖主义”中潜存的隐患，更不用说确定自己的倾向了。

全局性理解能帮助我们审慎地思考不同的情况。有时，方向的确定会引发审慎的思考，例如，仔细考虑政府监控媒体的问题，与同事朋友讨论这个话题，确定自己的个人立场。很多情况下，我们不仅要运用全局性理解来确定方向，更要运用它来评估局势，例如，估计个体日常能量消耗的情况或者明智地选择一种治疗方法等。

再举个例子：假如你打算去以色列，很多人会担心恐怖主义的问题，但事实上，我们在车祸中受伤的概率远远高于在恐怖袭击中受伤的概率。但是，大家还是会担心恐怖袭击，而不担心车祸。理解这个概念、牢记这类心理倾向，有助于我们更好地判断真正有危险的局面。

全局性理解能为深入学习奠定基础。对于深入学习而言，全局性理解非常有用。它们不仅为了解性知识打下基础，还提供了更多的东西——在细节和范围上都易于拓展的框架。例如，如果你已经知道了关于风险的一些基础知识，那进一步理解具体的风险情景（例如恐怖主义、飓风等）就相对更加容易了。

深入学习与一劳永逸的学习完全相反：一劳永逸的学习是指当下学会了，永远可以随时使用，但从不拓展延伸，这必然意味着降低了所学知识的价值。**真正的学习，无论是全局性理解、配方知识，还是学科的专业技术知识，都应该像是把钱存到银行中不断生出利息，而非放到地窖里存到发霉。**相应的，学习科学家约翰·布兰斯福德（John Bransford）和丹尼尔·施瓦茨（Daniel Schwartz）明确地提出了一种学习转化的观点，强调为深入学习做好准备：**无论你有多少现学现用的机会，只有当你以现学的知识为基础，在多元而不可预期的环境下深入学习，学习投入所产生的回报才最有价值。**在此，这个观点非常适宜。

未来智慧洞察
FUTURE WISE

全局性理解对我们的生活有 3 个贡献，它们之间相互转化：定向、慎思、深入学习。

- 定向：全局性理解帮助我们确定并保持方向。
- 慎思：全局性理解帮助我们审慎地思考不同的情况。
- 深入学习：全局性理解为深入学习奠定基础。

当然，定向、慎思、深入学习不仅仅是对全局性理解的回报，也是对追求专业发展或者出于兴趣的利基理解的回报。让我们暂时把欧姆定律的普遍应用模式抛在一边，仅关注适用于电路系统的欧姆定律。它有助于学习电子学的学生理解新的电路，并且以此为分析工具来设计电路；它能引导学生学习更多新颖的电路回流知识，例如，类似于电阻的概念“阻抗”，将欧姆定律延伸到交流电路中，并且分阶段考虑电压和电流振幅的差异。你可能觉得这已经超出了大部分人需要了解的知识范畴。事实的确如此。只有当你致力于追求技术领域的目标时，对利基理解的投资才会在定向、慎思、深入学习方面有所收益。然而，对全局性理解的投资却可以在我们的日常生活中轻易地获得回报。

FUTURE WISE

想象一种教育，其中的大部分课程都能带来全局性理解；想象一种学习，它能够给这样的理解带来生命力，使其长存，并且支持终生学习；想象有多少人能够借此做好更充分的准备、进入未知的未来，进入那个复杂多变的个人和公共世界，并在纷乱繁杂与重重机遇之中找到自己的道路；想象一个世界，大部分人在接受基础教育之后，对基本的政治活动、个人健康护理、经济行为、生态责任、人际社会交往，以及其他许多概念充满了浓厚的兴趣并以此为发展方向。如果走在大街上的芸芸众生都能够像他总结欧姆定律的理解一样，灵活而敏捷地处理这些知识，那么，我们的社会该多么不一样。

宏观选择，繁杂的教学内容中究竟应该“教什么”

生而为人，繁忙的生活总是让我们面临宏观选择（big choices），例如，和谁结婚或联姻、选择什么职业、住在哪里等。而作为教育者，同样纷繁的工作也让我们面临宏观选择，或许，其中最宏观的就是“教什么”的选择了。

实际上，这是一个很简单的问题，因为我们有传统、教材、一揽子测验、课程标准可以依循。但是，我希望本书的观点可以改变这种轻松的状态。我希望我们可以怀抱着勇气和怀疑的态度来面对宏观选择，哪怕是怀疑我们自己熟悉的、对于“教什么”的直觉。

我希望我们能够跳出窠臼，至少暂时放弃假设，认真地实现能够带来具有生活价值的学习的教育构想。对于从“民主”概念到“二次方程”等各种内容，对于所有不常见的教学主题，我们都必须问一问：“这些知识能不能在学习者的生活中有所体现？”当某个主题出现时，我们也必须问一问：“它能不能提供深刻的见解，能不能为行动提供信息，能不能激发道德意识？”至于机会方面，我们必须问：“这个主题是否常见、是否重要（而非罕见、无足轻重）？”

未来智慧洞察
FUTURE WISE

> 让我们来看看宏观选择的是与非。首先，宏观选择并不意味着剥夺学生学习自己特别感兴趣的内容的机会。无论如何，我们还是应该坚持提供这类机会。宏观选择也不意味着选定专业方向的学生就没有机会再学习自己感兴趣的领域内更有技术含量的内容。事实上，对知识的选择与保留意味着，普通传统教育的核心与关键是重视全局性理解。如果将此抛诸脑后，那么，所有的一切都会对今天的学习者以及他们可能的生活造成损害。

当然，教师、家长、学校领导等人所担心的通常不是原则性的问题，而是实践：所有的一切似乎都已经被锁定了！大学有特定的入学要求、SAT 考试体现了具体的学业期待、国家和各地区课程标准要求纳入特定的某些主题。或许，我们并没有精心挑选这些主题，但是它们已经存在了。所以，我们究竟还能做些什么？

“放弃”从来都不是有效的解决办法，相反，我们应当开始！我们的目的不是在朝夕之间重新谱写学习的图景，我们旨在编辑而非创作，旨在查漏补缺、权衡轻重而非无中生有。我们希望最终形成在学习者可能的生活中发挥重要作用的学习，这样的努力，无需做到完美甚至周全，就已经大有裨益了。

相关的理念，源于乍看之下有些标新立异的观点——19 世纪末 20 世纪初，查尔斯·桑德斯·皮尔士（Charles Sanders Peirce）、威廉·詹姆斯（William James）、约翰·杜威等人对于事实及其缘由的实用主义观。伊斯雷尔·谢弗勒（Israel Scheffler）的杰作《真理的世界》（*Worlds of Truth*）强调了一个基本的观点：我们不可能质疑所有的一切，哪怕连接近这一点都不可能。我们的世界观取决于彼此支持的无数信念之间的相互作用。当产生大量的怀疑时，我们总是从中途开始。我们所怀疑的也只是一件或者几件事件，而非万事万物。所以，必须有一个宏大的支架支撑着其他观点，从而让质疑一部分观点的过程更有意义、更切实可行。

重新思考“什么知识值得学习”的过程也是一样的。如果我们试图立刻改变一切，那么，只会产生混乱。所以，也可以从中途、从我们的立足点出发。开始时，转变理所当然的观念，而不是改变一切。我们可以从新的视角开始选择，即作出真正的宏观选择。

宏观保留，拯救经典的了解性知识

也许，宏观选择中最困难的部分就是如何处理诸如二次方程之类的典型内容了。一方面，我们并不看好这些内容的生活价值；另一方面，它们却是学业期待的重要部分，完全抛弃它似乎既不恰当又有风险。那么，该如何是好？

FUTURE WISE
学习的智慧

不久前，塔斯马尼亚的一位女士向我展示了一条有趣的出路。当时，我正和澳大利亚塔斯马尼亚教育部的职员们讨论什么知识值得学习、二次方程是否应该保留。后排的一位女士站起来，实事求是地说：“也许，按照通常的方法来教学，二次方程是没有什么价值。但是，如果我们将其视为一种呈现增长情况的模式呢？”

她阐述了自己的观点。当今世界存在着各种不同的增长——人口增长、市场扩张、疾病传播、媒体扩散等；伴随而生的就是下降，例如，过去几十年、几个世纪以来，生物物种的大规模减少。增长与下降常常遵循一定的数学模式：线性的、指数级的、平方的，等等。如果二次方程作为一种纯粹的代数练习并不太重要的话，但它对理解增长与下降的模式却是意义非凡。

这位女士强调，对于理解周围世界而言，这绝对是很重要的，它与健康有关、与经济繁荣有关、与生态匮乏有关。假如我们重构二次方程的学习，使之成为探究增长和下降模式的途径，情况会怎么样呢？

例子中的女士提出了一个绝妙的想法。更妙的是潜藏在这种想法背后的理念：传统课程中，一些标志性的内容略有争议，但是，我们也许可以通过重构这些内容，彰显它们常常被忽略的广泛含义和运用范围，从而保留这些内容。

我暂且称之为“宏观保留”（big save）：**通过重构的方式，拯救看似不具有生活价值的经典主题**。但是，在实施“宏观保留”时，要意识到，这并不是让我们用新的借口保留陈旧的课程。

首先，这类重构改变了学习的内容。比如，假设我们在教授二次方程的同时，向学生介绍了呈现增长与下降模式的其他方式，那么，涉及二次方程的技术性教学内容可能会减少，而对整体情况的关注可能会增多。最终，学生或许能够发现二次方程的重要意义，并且轻松地使用二次方程来看待世界，但他们可能不会灵巧地完成复杂的代数计算。在追寻全局性理解的道路上，这是一种很好的平衡，但也仅仅只是一种平衡而已。

其次，要注意，我们不能企图通过重构来保留所有标志性的传统内容。有的主题本身就极其狭隘，仅仅只是技术性的专业知识，它们难以被重构，也无法广泛运用。

最后，如果我们确实找到了重构所有标志性传统内容、使之更有意义的途径，那么，就再也没有空间留给其他内容了。例如，数学、生物、历史领域内有许多观点并没有得到应有的关注，亟需在教育中占据一席之地。而如果我们成功地保留过去已有的所有内容，那么，必将蒙受忽略未曾拥有的新知识所带来的损失。

内容超载？向语文老师学习巧妙地抽样教学

你愿意先听好消息还是坏消息？这一次，你无需选择，因为好消息和坏消息都是同一个：在进入大学之前，可能有一万种值得教学的全局性理解①。

好消息是，我们拥有丰富的教育内容。有人可能会担心，如果我们用全局性理解的标准来筛选常见教学内容和其他可教的内容，那么，用在具有生活价值的学习上的课时可能就会变少。但事实远非如此。

这就给我们带来了坏消息。人们已经普遍意识到，传统教育的覆盖范围遭到了强制约束。如果我们的教育狂热地竞相涵盖每一个指定的主题内容，那么，学习的深度会被弱化，广度则会被分散。有人可能希望全局性理解作为一

① 数字是我编造的，但是在做了充分的调查工作后，我认为，无论实际的数字是多少，这个数字已经足够大了。

种完美的解决办法来应对这个问题，并且天真地以为，只要重视全局性理解，我们就可以教授所有的主题内容，或者至少 50% 的内容。

事实远非如此！姑且不论利基理解；应当以有意义的方式来教授的全局性理解就已经为数不少了，而且，甚至就连全局性理解也难以真正地顾全。我们需要作出根本的选择。幸运的是，至少有一些教育者已经清楚如何解决这类内容超负荷的问题：语文教师的选择。我们可以称之为“巧妙地抽样教学”策略。

巧妙地抽样教学（Smart sampling）

这种教学方式并不泛泛地要求学习者必须怎样，相反，它只提供一份建议列表，让老师根据学习者的水平和爱好进行选择，也鼓励老师根据学习者的兴趣和教学时机来选择。

任何一位语文教师都明白，一个特定的时代或一种特定的风格之下，都包含着不计其数的文学作品。语文教学总是与极致的选择有关。例如，本学年，我们无法读完莎士比亚的所有戏剧作品，但或许可以阅读两三篇；本学年，我们不会略读一堆 20 世纪的美国小说，因为只是这“一堆”小说就已经数以千计了；但我们会重点阅读其中几本，或许可以读个 10 本左右。

不仅是教师个人需要面对数不清的杰出文学作品，很多语文教学指导框架也会面临相同的情况。在调查了世界各地的语文教学指导框架范例之后，我们发现了一种强有力的实践模式。这类框架并不泛泛地要求各年级学生或各组学生必须阅读哪些作品。相反，它提供一份建议列表，请教师根据学生的水平和爱好进行选择。而且，它也鼓励教师选择列表以外的作品，鼓励教师依据学生的兴趣和教学时机来选择。其中，作品的质量是选择的标准之一，此外还有风格的多元化、体裁、文化与政治内涵等标准。总之，语文教师所采用的这种实践模式是我们应对教学内容超载的有效策略。

下面，我将超越语文学习的范围，中肯地总结在巧妙地抽样教学时具体应当怎样做。

- 丰富的个体选择
  - △典型——选择本领域内具有典型代表性的作品、范例、概念或技能。
  - △通俗易懂、能够激发共鸣——选择易于理解的、有意义的、相关的内容，以及能够激发学生和教师追问的思想。
  - △从特殊到一般——选择其自身有价值，而且能够以有意义的方式呈现包罗万象的跨领域主题的内容。
- 在总体范围内选择
  - △风格类型、体裁——选择不同风格类型和体裁的内容。
  - △贴近出发点、向远处拓展——从选择熟悉的、标准的内容开始，过渡到选择比较少见的内容。
  - △不同观点——选择不同的声音、观点和思想倾向。

让我们问问自己，具有类似特性的选择策略是否也可以运用在其他学科之中？例如，历史。相较于提供特定地区或年代的具体叙事而言，或许巧妙地抽样才是更好的办法。我们可以从不同的时代选取一小部分具有代表性的、值得关注的事件来进行深入分析，这能帮助学习者更好地理解人们发现了什么、原因是什么；谁获胜了、原因又何在；哪种新产业或新观念得到了发展、原因是什么。

有些科学领域显然也遭遇了类似的“内容超载”问题。例如，深入地研究特定文化和特定时期使人类学得到了繁荣的发展，但是，在教学的时候应该选取哪几种特定文化、哪几个特定时期呢？生物学的一个重要部分就是细致探讨不同生物在生理和行为方面的适应表现，那么，教学时又应该选择哪些生物呢？

乍看之下，物理科学遇到的这类问题较少。传统的物理课程总是自称涵盖了所有的基础物理知识。但我认为,这只是迷惑人的小把戏。在传统课程中，物理学习是围绕重要的理论阐释而展开的，而且，理论比实际运用要少。但是，单纯的理论几乎没有任何意义，它只有在与其所解释的丰富而重要的实例相结合的背景下才有意义。如果这些实例丰富多样，而且能够呈现理论的各种复杂细节，那么，这类理论也会更有价值。而问题是，应当选择哪些实例呢？

让我们面对现实吧：任何一个学科都存在着内容超载的情况，就算这门学科已经确定了全局性理解的重点也一样。所以，我们都应当效仿语文教师早已采取的行动，放弃囊括一切重要观点、范例和作品的企图；恰当的策略就是巧妙地抽样，而非仓促地涵盖。有时候，我们也会觉得，涵盖所有内容也并非完全不可能，但绝对是受到了教材和课程指南确定的各种选择（且通常都不是什么好选择）的蒙蔽，才会产生企图涵盖所有内容或大部分内容的妄念。丰富的全局性理解并不会自动凝练成易于把握的内容，这完全取决于我们是否能够学会巧妙地抽样教学。

讨论主题：讨论适合于学习者和具体情境的全局性理解。

探索 1 辨别具有生活价值的学习

具有生活价值的学习，这是一种很棒的说法！任何一个关心教育的人都会觉得这种说法很有吸引力。但它究竟是什么呢？我们可以这样来建构它：从很大程度上看，全局性理解是搭建具有生活价值之学习的模块，其体现为深刻见解、行动、伦理道德和机会，并因此而在学习者可能的生活中具有全局性。这 4 点能够引导我们讨论“教什么”和“学什么”的问题。

全局性理解在人们的生活中有什么好处呢？全局性理解可以帮助人们：

- 在直接体验周围世界或者通过媒体接触世界时确定并保持自己的方向；
- 审慎地思考当下的状况，从而作出决定、建构理解；
- 在目前已知的平台上追寻更深入学习。

注意全局性理解与利基理解的对比。利基理解主要体现在特定的学科中，但是，它更多的是向内探寻学科的奥秘，而非外化学科知识，为我们的生活提供信息。应当讨论防止这类理解阻碍课程发展的策略。

探索 2 选择具有生活价值的学习

现在，我们遇到问题了。即便不考虑利基理解，在基础教育中，甚至在一生中，可以学习的全局性理解已经多得令人应接不暇了。但我们仍有希望。出于必要，一些教育者已经设想出了思考这个问题的方法。巧妙地抽样教学，源自丁语文学习的一种策略，为我们提供了解决问题的途径：丰富的个体选择（例如，具有代表性的作品、概念等；通俗易懂、能够激发学习者追问的内容；从特殊到一般等）；在总体范围内选择（不同的风格类型、体裁；贴近出发点、向远处拓展；选择不同的声音、观点和思想倾向等）。

探索 3 为具有生活价值的学习而教

全局性理解并不能保证有效的教学。但是，它与生活的各个方面有着丰富的联系，所以能够为有效的教学创造良好机会。

探索 4 建构具有生活价值的课程

全局性理解和巧妙地抽样教学适用于所有层面，从一节课到一个单元、到一套课程，再到整体的跨学年课程。对此进行讨论，有益于为不同的课程结构做好准备。

FUTURE WISE

EDUCATING our CHILDREN for a CHANGING world

03

点燃创造力的开放性问题

如何超越既定的知识和已知的学习？

传统教育中，问题常被归结为方法，而答案被归结为内容。而开放性问题改变了这个局面：问题也可以是内容，并且具有独特的生活价值。普利策奖得主、诺贝尔物理学奖获得者伊西多·拉比（Isidor Rabi）说，大部分母亲在孩子放学回家后都会问一句："你今天学到什么了吗？"但他的妈妈当年问的却是："拉比，你今天有没有提出一个好问题？"

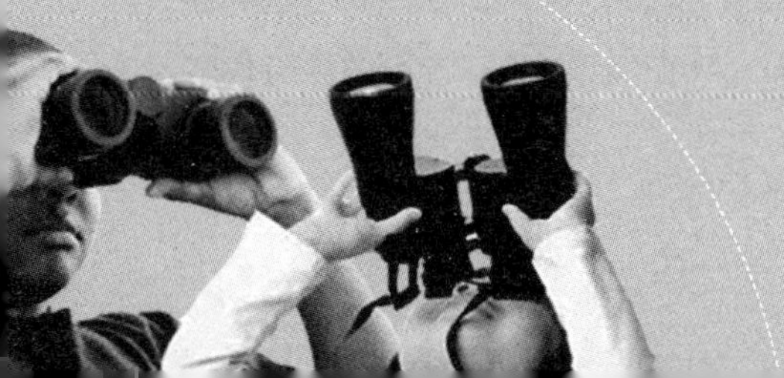

“为什么你们会有那么多物质财富（cargo）？”

这是若干年前，来自新几内亚的亚利（Yali）向贾雷德·戴蒙德提出的问题。戴蒙德因创作了《枪炮、病菌与钢铁》一书而获得1998年的普利策奖。亚利的问题成了该书根本的动力线索。在新几内亚方言中，“cargo”专指新几内亚白人生活中丰裕的物质财富。“为什么你们白人有那么多物质财富，而我们新几内亚人却几乎没有呢？”亚利很想知道答案。为什么欧洲人和亚洲人能够在世界各地获得如此巨大的成功（至少从财产的角度来衡量）？

亚利的经验让他自然而然地提出了这个问题，并引起了贾雷德·戴蒙德的兴趣。很快，他抛弃了所有与欧亚人固有的文化优越感有关的想法，开始大力赞扬新几内亚人的独创性和他们的生活方式。戴蒙德探究了欧洲人和亚洲人比其他种族在世界发展过程中发挥着更关键的作用，并且积累了更多物质财富的种种原因。他把亚利的问题概括称为“历史的开放性问题”（the biggest question of history）。

在这里，我们的重点是亚利之问的特点，而非戴蒙德的答案。假如你还没有读过这本书，我先归纳一下戴蒙德的解释：他并没有将原因归于纯粹的运气或技术方面的天赋，而是归于欧洲和亚洲大陆在地理、生态方面的独特优势，正是这种优势支持了欧亚大陆一波又一波的大规模发展。多样化的植物为欧亚人提供了耐储存的粮食作物，多样化的动物种群则让欧亚人开始驯养家畜，这是世界其他地区无法企及的，由此，人们可以建立村庄，并不断发展联合形成大型城邦。同时，欧亚大陆的人口基本呈东西分布，而非南北分布，这就便于农业和动物饲养业的改革在气候相似的地区扩散。虽然，戴蒙德的解释远远不止于此，但这几句话足以说明，地理和生态便利所产生的影响不断积累，最终促成历史发展的趋势。无疑，戴蒙德的解释肯定会备受争议，但它仍然是回答开放性问题的一种深思熟虑而且充满想象力的尝试。

亚利之问只是众多开放性问题中的一个。又一次，具体的经验和事例彰显了开放性问题的力量。在此，我不由得想要重述一个众所周知的例子：另一位普利策奖得主、1944 年诺贝尔物理学奖获得者伊西多·拉比的亲身经历。他说，大部分母亲在孩子放学回家后都会问一句："你今天学到什么了吗？"但自己的妈妈当年却问："拉比，你今天有没有提出一个好问题？"

开放性问题，获得闯荡世界的激情与力量

亚利的问题，"为什么你们会有那么多物质财富"是一个很有力的问题，它让我们开始思考人类境况的根本。贾雷德·戴蒙德对这个问题的回答充满了关于社会发展的全局性理解，但这些观点既不可能是表面的，也不是亚利之问的直接答案。可以说，亚利之问带领我们到达了一个非常重要的位置。

未来智慧洞察
FUTURE WISE

第 2 章高度认可了全局性理解，强调了它的生活价值及其在"为未知而教"中的重要性。回忆一下自行车的比喻，全局性理解给人的感觉就像是已经准备好出发去某处的自行车，它和我们要求学生学习的许多内容不一样。开放性问题（big questions）与全局性理解并驾齐驱。它们都具有生活

价值，在学习者未来可能的生活里都十分重要。

在理解周围世界的根本要素以及自己在其中的位置时，你肯定会遇到不少开放性问题。

小测试 FUTURE WISE

回忆最近一段令你印象深刻的经历，从中找到一些开放性问题。

开放性问题并不难找。我们只需要后退一步，对几乎所有事情进行一次全盘扫描，开放性问题就会在我们好奇心的观照下脱颖而出。下面是几个例子：

- 我们从哪里来？（可以从进化论、宗教、社会发展、神话传说等角度来回答这个问题。）
- 宇宙从哪里来、到哪里去？
- 我们将到哪里去？（这需要我们更好地感知即将发生的事情：运用我们的推测、预言，甚至是志向，它们能够将我们带到目的地。）
- 和平与战争背后的力量是什么？我们如何才能更好地控制和平与战争？
- 我们如何才能解决基本的全球问题，例如贫困、过度开采自然资源等？

只要稍加用心，我们就能不断延长这个问题列表。许多开放性问题能够鼓励我们为未知而教。

许多学生的学习经验往往是平面化的，部分原因在于课程中的开放性问题太少。当然，学生从来都不缺问题。罗恩·理查德（Ron Ritchhart）曾观察了不同的课堂教学，记录传统的课堂和强调思维培养的课堂上教师提出的问题。通常，教师每分钟会提出一个以上的问题，但是，会提出哪种问题呢？理查德将问题分为 5 类：**回顾性问题，回顾知识和信息；程序性问题，用以指导班级练习；以及其他 3 类以不同方式培养学生探究能力和理解能力的问题。在传统教育的课堂上，回顾性问题和程序性问题占据主导地位；而重视思维培养的课堂则完全相反。**

开放性问题涉及人性、世界、宇宙等特定主题。此外，几乎任何背景下都会存在笼统的开放性问题。孩子问的“为什么”是科学家、艺术家、历史学家问出“为什么”的前奏。相似的，孩子问的“怎么做”，也是为工程师、政治家或工匠做好准备。人们广泛地探索“那是什么”的问题，几乎触及了万事万物，从人体细胞的内部结构到黑洞的内部。在最平凡的日常情境中（有时只是需要信息的场合，但有时则是更广泛的生活场景），我们经常使用一些基本的疑问词，“为什么、是什么、哪里、何时、如何、是否”，以及早已过时但仍然很重要的“去往何处”（whither）。之后，我会再介绍这类问题如何有效地分流，支持人们探究和解决问题。现在，只要意识到日常生活中出现的开放性问题背后潜藏的力量就够了。

> **开放性问题**（Big questions）
>
> 开放性问题涉及人性、世界、宇宙等特定问题。

我们会用“为什么”“如何”之类的词语列出典型的问题，但不可否认，我们常常也会抛开这些词语，直接提出问题，例如，用不完整的句子来表达疑问（第一步是……）或者用标题引出接下来的观点（我知道的是……我想知道的是……）从而有效地提问。基本上，大多问题都需要得到某种“填补”，通常可以用疑问句式来表达，但也有例外。

那么，是什么让开放性问题具有开放性呢？和全局性理解一样，我们可以从深刻见解、行动、伦理道德和机会 4 个方面来判断和解释，例如，亚利的问题、戴蒙德的回答、我们自己的深入思考共同为理解当今世界提供了一种启发性的观点（深刻见解），有助于思索适合于本时代的社会结构（行动），并培养了对周围世界和人际社会的道德参与感（伦理道德），而且这些主题都可以在我们的生活中不断得到体现（机会）。

未来智慧洞察
FUTURE WISE

在大部分情况下，教育者倾向于将问题视为方法的一部分，无论这个问题是否有效。通常，问题常被归结为方法，而答案被归结为内容。传统教育中，教师通过提问来检查学生是否知道答案，但在探究式教学中，教师则通过提问来启发学生寻找或探索答案，偶尔，通过提问来引导学生自己创造问题。目前为止，这些做法都很好，但是，问题仍然只被视为了一种方法。

而开放性问题改变了这一局面。问题也可以是内容，并且具有独特的生活价值。了解开放性问题，使之在你的思想中生动形象，并且不断发展提问的技巧，这意味着获得闯荡世界所需要的一种特别的激情和力量。

带着好奇心去发现，学习更要知其所以然

亚利的问题当然是一个令人困惑的问题。欧洲人和亚洲人究竟是如何在当今世界占据主导地位的？这是一个值得像贾雷德·戴蒙德在《枪炮、细菌和钢铁》中那样进行探究的大难题。任何人都可能在理智上对亚利提出的问题感到好奇，但很显然，这个问题对亚利来说意义更深远。他看到了外来的白人和他们巨大的财富、精密的技术设备、蔚为壮观的交通工具。亚利觉得，这真是太神奇了，但同时也很令人气馁，自己的民族所采用的那些中规中矩的手段根本无法望其项背。在亚利眼里，这些外国人在世界上占据的地位让他不知所以然。

大部分人很难像亚利那样对欧洲和亚洲文化的主导地位产生强烈的惊奇感。本书的许多读者（希望不是所有）可能完全浸泡在欧亚文化中，并且认为

欧亚文化占主导是理所当然的。从理智上看，我们有可能会对亚利提出的问题产生好奇，因为它彰显着当今世界的一大特征，但是，只有刻意地换位思考，我们才能发现其中的神奇之处，并像亚利那样感到惊奇。

FUTURE WISE 学习的智慧

正如我们熟悉的谚语常说的，鱼不懂水。水是一种非常特别的物质，值得探究；但是，试想一下，一条聪明的小鱼要对周围的水感到惊奇不解，那就得是换位思考的大飞跃了。甚至对于人类来说也是如此，我们在各种不同的场合都离不开水，但仍然很难对这种无所不在的万能液体感到好奇。

许多令人困惑的事情显然也可以令人好奇，尽管我们需要从全新的视角来看待熟悉的事物才能发现其令人好奇的一面。回顾之前提到的问题，例如，“我们从哪里来”这样的困惑让我们对人类这种奇特的、聪明的、有适应力的生物感到好奇，而不是理所当然地接受自己；进而追问人类如何从生物圈的大杂烩中诞生。又如，对“和平与战争背后的力量是什么”这样的问题，你可能会简单地将战争视为人类发展史中可悲的黑暗面，但是，我们还可以更进一步，对这种造成恐慌的破坏现象、对 5 000 多年前大型城邦出现以来战争给人类带来的困扰感到好奇，同时，对现代全球化世界所具有的特征是否能够缓和尖锐的战争产生困惑。

这些例子也呈现了令人惊奇不解的事物包含哪些要素。令我们感到好奇的往往是意外的、印象深刻的、神秘的或者神奇的。教师可以通过巧妙而充满激情的设计来展现这些特征。而且，在涉及个别内容之前，学生可以通过对某个主题的自由猜想来发现这些特征。这类特征具有情感性，但又不止于情感。辨别意外的、令人印象深刻的、神秘的或神奇的事物需要从认知方面来把握其重要特征，而不只是感受其魅力就够了。

世界的阴暗面也为我们保留着产生好奇之心的空间。对“猛虎，猛虎，火焰似的烧红”[①]的意象；对我们认为不该出现在成熟的文明中，但却难以根除的人性弱点（它甚至是由所谓“成熟”的文明所造就）；对本性邪恶的人物（如希特勒）；对核武器大决战所带来的末日威胁；对地壳主要断层带中潜藏的大地震威胁；或者对国家、种族、宗教的主要分歧所产生的威胁……我们都会产生疑惑。

并不是所有的疑惑都能从好奇的态度中得到动力。通常，我们更容易对日常的实用性问题产生困惑，例如，怎样才能按时提交个人所得税申报表等。即便如此，强烈的好奇心仍然能够为开放性问题的兴盛发展提供更加有效的动力。

感到困惑与心生好奇相生相伴。开放性问题为我们提供了困惑的对象，但如果仅仅只有困惑，那我们的探究，尤其是学术性较强的探究，就会变得像在漫长的山路上麻木地跋涉。就像儿歌里唱的，“小熊翻过山岭，小熊翻过山岭，小熊翻过山岭，他能看到什么”。小熊看到了什么呢？“另一片山岭，另一片山岭，另一片山岭，就是他看到的全部”。真是无趣至极！

开放性问题是可以深入分析的，但是，如果没有好奇心的支持，它就不可能鼓舞人心。假如我们提问：“引发工业革命的3个因素分别是什么？”逻辑上看，这确实是一个开放性问题，工业革命神奇地改变了世界，但是，问题的形式却湮没了对此的好奇与不解。问及“3个因素”意味着只求一个确定的答案，而非自由流畅的探究。

小测试 FUTURE WISE

如何重新组织这个问题（即，引发工业革命的3个因素分别是什么），使之更能引起人的好奇心？

① 英国浪漫主义诗人威廉·布莱克（William Blake）作品《虎》（*The Tiger*）中的诗句，选自徐志摩翻译版。诗人用“虎”的意象来表征激情、暴力、革命、力量冲突等。——译者注

稍好一些的提问方式是："你认为，引发工业革命的原因可能有哪些？"这种问法更有引导性，但鼓舞性还不够。或者，我们可以通过更长的问题，增加一些好奇的感觉来完善它："全世界上下几千年的历史中，有许多文明的成熟程度令人印象深刻，它们也有高度发达的经济体系、突出的科学成果，甚至产生了大量巧妙的装置。那么，为什么工业革命没有发生在那些文明之中，而是出现在这个特定的时期、特定的地区呢？"

未来智慧洞察
FUTURE WISE

好奇心鼓舞并引导着我们对于未知的困惑。未知没有起始和终结，也没有东西南北之分。而且，坦白说来，许多未知的事物并不那么有趣，大约就像"小熊翻过山岭"一样乏味，并非万事万物都是奇妙的。但正是对于未知的好奇，让我们找到了关注的方向，并且为开放性问题之光提供了可以照耀的空间。

这也许就是伊西多·拉比的妈妈在问他"今天有没有提出一个好问题"时，意图培养的思维方式。每个人都能提出带有充满好奇心的好问题，这可不是学者的专利。想一想亚利提出的"为什么你们会有那么多物质财富"的问题，提出它的人既不是学者，亚利甚至也没有受过多少教育，只是一个普通人。他在看到了世界上存在的巨大而令人不安的谜之后，不过是以一种寻常的方式明确地提出了自己的问题。

不要认为好奇心与困惑感的存在是理所当然的，事实上，随着时间的推移，传统学校的学生都有失去这种敏感性的危险。这种感觉似乎是组成普遍的、显而易见的学习动机形式的一个部分。许多教育研究者曾经调查过学生从幼儿园或小学一年级到小学、中学毕业过程中的学习动机形式。图表结果指出，学生的动机水平呈现出几乎完美的直线下降趋势，大部分学生每一年的学习动机都低于前一年。当然，多种多样的原因交织在一起，共同导致了这样麻烦的现象，但是，其中一个可能的原因是：学生在不断遭遇诸如“引发工业革命的 3 个因素分别是什么”之类的问题和信息后，逐渐丧失了最初的好奇心。

那么，为了回到正确的道路上来，我们应当更关注探究取向的学习，使用“基于问题的学习”“基于项目的学习”“基于案例的学习”“工作室学习”或“社区服务学习”之类的探究性学习范式。但即便如此，这类学习也可能将时间耗费在解决“困惑”上，而未能充分地激发好奇心及其探索过程。事实上，当学习者感到某些问题很吸引人的时候，这些问题就已经带有了“好奇”的光环，并且将激励学习者解答自己的困惑。

发现事物奇妙的一面并不是一件寻常的事情。虽然几乎每个人都会对午夜漫天的星斗、对日落遍地的余辉、对恐龙的销声匿迹感到好奇，但我们只有在积累了一定的知识和理解力之后，才会对错综复杂的量子物理学、对莎士比亚式独白的悲壮文采产生同样的感觉。理想的情况是，知识和理解除了在目前已知的范围内扩展之外，还会不断创造出让人感到困惑和好奇的新领域。

然而，仅仅是提供信息和观念并不一定能够实现这一点，除非整个过程中贯穿了活跃的好奇感。事实上，几十年前的研究已经动摇了教育事业中问题与答案之间的平衡关系。

例如，认知科学家、教育家马琳·斯卡达玛利亚（Maarlene Scardamalia）和卡尔·贝雷特（Carl Bereiter）让学龄儿童围绕正在学习的主题提出一系列问题，之后再统一评价这些问题的趣味性和重要性。研究的结果很有鼓舞意义：学生们的表现都很好，他们很容易对某事感到好奇或困惑。但比较各班学生在学习该主题之前与之后提出的问题，结果却令人忧心不已：学习该主题之前，学生提出的问题更深刻、更有趣；而正式的学习似乎湮灭了这一主题带给学生的神秘感。

未来智慧洞察
FUTURE WISE

回到自行车的比喻：开放性问题就像是自行车，可以载我们去向远方，它清晰地指明了我们的困惑所在，支持我们探索答案。但是，我们仍然需要扶稳自行车的车把、踩好脚踏板；仍然需要良好的方向感和到达目的地的强大意愿。而这正是好奇心所发挥的作用。明智的教育者应当帮助学生从学习的主题中发现意外、悖论、技巧、戏剧性、幽默、令人好奇不已的特性。

苏格拉底式问答法的利与弊

哪怕只是粗略地概述开放性问题，我们也很难忽略其根本源泉：苏格拉底式问题以及苏格拉底问答法的艺术。但这里似乎存在着一个悖论：**苏格拉底式问题被认为是探究式学习的最有效、也是最无效的途径。**为什么会存在这种悖论呢？我们先简要地重温苏格拉底的方法，从中寻找答案。

在短短的几段话之内，很难公允地评价苏格拉底问答法的丰富内涵，但是，我们可以有一个总体概念。向学习者提出问题并且诱发他们的问题，这个巧妙的过程不仅有助于学习者深刻地理解相关主题，而且能够帮助他们批判性、创造性地思考该主题以及其他主题内容。经典的苏格拉底式问题与获取信息式或积累知识式的问题完全相反，它提出问题、迫切追寻证据、挑战肤浅的结论。

苏格拉底式问题的说法来源于公元前 4 世纪初，古希腊哲学家柏拉图所写的对话集，其中，柏拉图详细地描述了自己的导师苏格拉底与别人的讨论。例如《美诺篇》（*Meno*）中，苏格拉底与从色萨利（Thessaly）来雅典的美诺讨论美德的本质，其中有一个著名的场景。苏格拉底向美诺证明，我们已经具备了真知的基础：确定的知识是与生俱来的；在某种意义上看，我们只要通过推理、利用自己已有的资源，就能“重新回忆起”它。在这个场景中，苏格拉底通过一系列问题引导美诺的一个未受过教育的奴隶完成了复杂的数学推理，解答了“什么样的正方形面积是给定正方形的两倍”的问题（答案是，以给定正方形的对角线为边，就能够得到所要求的正方形）。

苏格拉底首先通过一连串巧妙的问题说服这个奴隶，他最初的想法是错误的；之后，开始引导这个奴隶获得真正的知识。这个过程即苏格拉底对美诺说的：“注意，现在就是进一步的发展了，我将只向他（奴隶男孩）提出问题，而不教授他什么东西，他将和我一起探究。你可以仔细观察，看看我有没有告诉他什么、向他解释什么，还是仅仅询问他、激发他心里的想法。”然后，苏格拉底转向奴隶男孩：“孩子，告诉我，我画的是不是一个边长 1 米的正方形？”

这里的概念是：如果要将这个边长 1 米的正方形扩大为边长 2 米的正方形，那么，应当以边长 1 米的正方形的对角线为边作图。苏格拉底通过一系列的问题和详尽的描绘使得奴隶男孩确认了每一个步骤。所以，男孩不仅学到了将正方形扩展到两倍大的具体方法，也发现了这背后潜藏的必然逻辑，意识到了自己最初想法中的错误。

稍后再回来继续讨论这个片段。我们有必要先了解一下能够推动学习者获得理解的各类苏格拉底式问题。苏格拉底式问题要求澄清或说明。例如：“你可以再解释一下你的意思吗？”“你可以举个例子吗？”“你如何比较这两种观点？”苏格拉底式问题要求追寻证据。例如：“你为什么可以这样说？”“你有什么证据？”苏格拉底式问题能够触及其他观点。例如：“持不同意见的人们会怎么想？”“不同国家、民族或职业的人可能会怎么想？”苏格拉底式问题还将挑战一般化。例如：“你能举一个反面的例子吗？”“这样似乎不可行，你有什么想法？”

就算是这样简略的描述就足以指导我们在方便的场合就适宜的主题提出苏格拉底式问题了。（如果你愿意学习更多的这类技巧，可以在网上或者相关图书中找到大量资源。）现在，让我们再回到此前提出的困惑，即苏格拉底式问题是促进学习的最有效、也是最无效的提问方式。

有课堂教学经验的人都知道，从时间管理和大班授课方面来考虑，苏格拉底式问答存在非常现实的隐忧。这种问答方式极其耗费时间，而且在小组中开展比在集体中开展更有效果。但这些还不是我担心的问题，也不算非常棘手的问题。比如，在时间管理上，我们可以有选择地使用苏格拉底式问答教学；没有人规定我们必须从始至终、事无巨细地使用这种方法。而至于规模较大的群体，我们至少可以集体示范苏格拉底式的问答过程，然后，由学生自主开展小组问答，这是解决途径之一。

我担心的问题的关键在于：**如果发挥得好，苏格拉底式教学法将会非常有效，但我们很难始终如一地发挥最佳水平。**

苏格拉底式教学法所具有的实时性特征就是其影响因素之一，它类似于即兴的戏剧表演。采用这种方法的教师需要在提问的过程中，依据学习者不断涌现的想法来创造新问题。苏格拉底式教学法是著名的“儿童哲学”（Philosophy for Children）研究方法的活力之源。借助这种方法，教师以苏格拉底式的探索性对话来引导儿童，回答有关逻辑、观点、真理检验、法律、道德和科学等方面的问题。一些优秀的实践者运用这种方法得到了令人印象深刻的成果。但我也想到了其发起人马修·李普曼（Matthew Lipman）的抱怨：教师很难提升这方面的技能，很难达到理想的高度。他断言，有的教师永远都无法实现这个目标。

这种方法中存在着一个特别的陷阱：过度引导。按照柏拉图的描述，苏格拉底很有可能已经深陷其中。在《美诺篇》中，苏格拉底几乎已经告诉奴隶男孩如何得到一个面积是给定正方形两倍的新正方形，他只是以问题的形式来呈现自己的观点，并不断征询奴隶男孩的认可而已。如果沿着对话的逻辑进行，可以认为奴隶男孩的“赞同”是他的真实表现，这很能令人信服。但是，仅仅依据奴隶男孩每一步都有所示意，我们无法断定他已经获得了可以推广到其他场合的“推理”的概念。而且，这个男孩也没有找到自己的思考方式。所以，我们并不清楚，通过与苏格拉底对话，这个奴隶男孩是否学会了在有所变化的场景中按照近似的方式来思考。

这种方法所带来的另一个挑战，是“以问题作为教学方法”与“将问题本身作为学习者可以利用的内容”之间的转换（这也是本章的主题之一）。**苏格拉底式的提问者们很容易固守自己的主导地位，不断地提出好问题并提取经过推敲的答案，但却从不将话语权交给学习者。缺乏这种“提问－回答”身份转换的平衡，学习者或许可以形成与主题有关的见解，但却不能灵活运用这些问题，或很好地利用提问的过程。**

我希望大家不要将此视为对苏格拉底式教学法的否定，在最佳的状况下，它仍然是促进学习的绝妙途径。只是要记住，开放性问题可以在完全保留澄清、询证、挑战现有观点等苏格拉底式目标的前提下，以一种不同的方式来支持学习；同时，不要求非常复杂的临场发挥。下面是与此有关的一些观点。

“有生命力的问题”由谁来提

苏格拉底式对话以快速的问答交流为特点，但同时也因我们所谓的“有生命力的问题”（living questions）而繁荣发展。**有生命力的问题即指能够为对话提供焦点和重要意义的一些探究性主题。**例如，在柏拉图的《美诺》篇里，有生命力的问题就是“美德的本质”。

有生命力的问题，这个观点源自于近代哲学家威廉·詹姆斯，他在著名的《信仰的意志》（*The Will to Believe*）一文中区分了有生命力的假设与无生命力的假设。有生命力的假设（living hypotheses）即指，一个人在对自己而言具有真实性的问题中所发现的、值得尝试的各种可能性。例如，在宗教背景下，无论是对虔诚的基督教徒还是对纯粹的无神论者而言，上帝的存在都不是具有生命力的假设，因为答案已经确定了，上帝要么存在、要么不存在，非此即彼。但是，对于保持中立的人，无论是正在与自己的信仰抗争，或者是希望找到一种信仰，他们都会将上帝的存在视为一种有生命力的假设——或者说，一个有生命力的问题。

在正式的教育情境中，我们不能指望每一个开放性问题对所有学生而言都是有生命力的问题，但可以选择对大部分参与者来说极有可能变得有生命力的问题。而且，可以通过培养好奇心和让学生参与提问等方式来增加成功的概率。此外，必须承认，表述的方式也十分重要。在今天看来，柏拉图提出的美德问题似乎有些老套，就像“美德”这个词本身一样，表述的古典意味太浓了，但是这个问题却始终与我们息息相关。

教育者可以通过多种方式来强调有生命力的问题。下面将具体描述 4 种方式。

方式一，“中心线索”法。其中一种比较接近“为理解而教”的方式，涉及“中心线索”的概念。中心线索包含一系列广泛的探究主题，通常以问题的形式出现，学习者可以对此进行长时间的探究。随着学习者不断掌握更多内容、反思自己的理解，各单元教学也可以重复回顾若干条中心线索。而且，我们可以把与中心线索相关的问题呈现在墙饰中、讲义或笔记里，这样，学生就可以随时重温。

> **中心线索（throughlines）**
>
> 中心线索包含一系列广泛的探究主题，通常以问题的形式出现，学习者可以对此进行长时间的探究。

洛伊丝·赫特兰（Lois Hetland）提供了另一个恰当的例子，她在“为理解而教”项目的初期进展中发挥了关键作用。事实上，“中心线索”就是由她命名的，她借鉴了康斯坦丁·斯坦尼斯拉夫斯基[①]戏剧理论中的一个概念，在戏剧中，“中心线索”意味着贯穿一部戏剧全程的中心主题。赫特兰整合了多门人文学科来教授殖民时期的美洲史，她在整个学年中坚持使用了若干条中心线索来作为检验教学的标准，例如，有的中心线索涉及殖民史上人们如何理解“土地”概念的问题。

- 人们如何看待土地?
- 人们如何改变土地?
- 土地如何塑造了人类文化?

也有一些中心线索问题涉及历史真相的复杂性质：

- 我们如何才能找到发生在很久之前或者发生在遥远地区的事件的真相?
- 我们如何才能破除偏见、看透本源?

方式二，要素式问题。第二种方式涉及的概念源于要素学校联盟（Coalition of Essential Schools）的思想内涵，该联盟由西奥多·赛泽（Theodore Sizer）创立，为各所进步主义学校提供网络支持，参与者以及其他采用进步主义范式的人们都提及“要素式问题”：教师应当围绕着大概念（即题干本身已包含答案的各类问题）而非答案来组织课程与教学。各个层面的要素式问题，从最广泛的全校性问题到某一门课程、某个单元的具体问题，应当对培养学生自主批判性思考方式有所影响。

要素式问题（Element questions）

教师应当围绕着大概念（即题干本身已包含答案的各类问题）而非答案来组织课程与教学。各个层面的要素式问题，从最广泛的全校性问题到某一门课程、某个单元的具体问题，应当对培养学生自主批判性思考方式有所影响。

---

① 康斯坦丁·斯坦尼斯拉夫斯基（1863—1938），俄国人，蜚声世界的戏剧艺术革新家。——译者注

要素式问题通常涉及提纲挈领式的主题，例如，我们可以在要素学校联盟的网页上找到下述问题，纽约东中央公园中学（Central Park East Secondary School）借助这些问题的不同版本来组织教学：

- 我们从谁的视角来看、读、听？从什么角度、什么观点出发？
- 我们如何得知自己已经知道了某事？证据是什么？这种证据是否可信？
- 不同事物、事件和人是如何彼此联系的？产生联系的原因是什么？效果如何？它们如何互相适应？
- 某种说法中，哪些部分是新的？哪些是旧的？我们之前接触过这种观点吗？
- 为什么这种观点很重要？它意味着什么？

要素式问题也可以集中体现为针对特定单元内容的形式，例如，针对植物学单元的问题：

- 幼苗发芽后，茎干是否始终向上生长、根部向下生长？设计一个实验来验证你的答案。（什么是植物的向性运动？）
- 种子发芽需要具备哪些环境要素？植物如何感知这些要素？（提前选好一些参考资料备用。）
- 这是不是导致幼苗茎干产生反应的唯一因素？（设计一个实验，证实答案是否有效。）
- 茎干的哪个部分接收刺激？哪个部分对刺激作出反应？根部是否也对这一刺激有所反应？

我个人的想法是：这些具体的问题很好地强调了教与学的过程，但却丧失了开放性问题的魅力。所以，我更倾向于先提出一个提纲挈领式的问题，激发学生惊奇不解的感觉，例如下面这个问题。

- 植物不同于动物，它们没有感觉系统。那么，植物的各个部分怎么“知道”应该往哪里生长呢？

方式三，增殖性问题。第三种运用有生命力的问题的方式源于以色列教育家、改革家约拉姆·哈帕兹（Yoram Harpaz）的理念，他发起了名为“思考社群”（the community of thinking）的教学模式和学校教育范式。在这类社群中，增殖性问题激发了学习的过程。增殖性问题是指，最初由教师提出问题，在学生积累一定经验后，也会提出相应的问题。理想的增殖性问题是开放的、破旧立新的、丰富的、彼此联系的、有深意的、现实的，它应当同时兼具上述特征，这个标准确实很高，但并不是所有问题必须尽善尽美。

> **增殖性问题（fertile questions）**
>
> 最初由教师提出问题，在学生积累一定经验后，再由学生提出相应的问题。

开放性问题没有唯一确定的答案，总体上具有开放性的问题往往很有趣，这不仅仅是因为答案尚待发掘。柏拉图关于美德本质的问题显然也是一个开放性问题，我们所能想到的任何一种经验性或分析性的方法似乎都不能为它提供一个永恒的答案。但是，这并不意味着它是一个完全不可解决的问题。有的观点肯定更接近真理，而且，这个问题的开放性也反映出美德在不同社会、不同时期灵活多变的内涵。又如，亚利的问题也是一个开放问题，当然，贾雷德·戴蒙德已经贡献了自己极富挑战性的真知灼见，但仍有人提出质疑。无论如何，这类宽泛而大胆的问题肯定更欢迎百家争鸣。

从另一个标准来看，增殖性问题也具有破旧立新的特点。在柏拉图的传统里，破旧立新的问题能够动摇最初轻易得到的解释，并且激发更深入的探究。哈帕兹主张，在向学生介绍新知识时，既应当变陌生为熟悉，也应当化熟悉为陌生，颠覆并挑战朴素的概念和肤浅的答案，这是一个微妙的过程，一旦激起了学生的彻底抗拒，就必须停止。

下面是以色列、澳大利亚、新西兰的教师在“思考社群”项目中提出的一些增殖性问题：

- “新中东”（New Middle East）有可能实现吗？（地理）
- 人类基因组计划：是福是祸？（生物）
- 参与第一次世界大战（所谓“结束所有战争之战”）的那一代人为何在20年内又发动了第二次世界大战？（历史）
- 人为什么要结婚？（社会学和人类学）
- 什么是爱？（社会学、生物学、心理学和历史学）
- 奥运会是否改善了我们的价值观？（跨学科）

开放性问题的要旨在于鼓励学生提出并追寻增殖性问题。丹·罗斯坦（Dan Rothstein）和鲁兹·桑塔纳（Luz Santana）所写的《老师怎么教，学生才会提问》（*Make Just One Change: Teach Students to Ask Their Own Questions*）一书将此放在首要的核心位置上。他们用副标题“教学生提出自己的问题”来说明需要作出什么样的改变。

方式四，找到问题的焦点。两位作者推荐了一种精心设计的提问技巧（也即第4种具有生命力的问题形式）。教师可以从提供一个问题的焦点开始：即提供一个主题、题目或者对象，不一定以问题的形式呈现，但要十分详细，具有真实性和启发性；在挑选这个焦点时，应当顾及更宏观的学习议题。书中也有很多实践案例，包括“细胞内部结构”“始终遵循科学方法”等。由问题的焦点展开，学生通过集体讨论来收集问题，将封闭性问题与开放性问题区分开来，并在二者之间进行转换，最后提出可能是最重要的诸多问题。教师和学生可以通过各种方式来利用最终的重

> **问题的焦点（Question focus）**
>
> 教师可以从提供一个问题的焦点开始：即提供一个主题、题目或者对象，不一定以问题的形式呈现，但要十分详细，具有真实性和启发性；在挑选这个焦点时，应当顾及更宏观的学习议题。

要问题列表。例如，教师可以围绕着选定的问题来安排接下来的教学活动，学生可以借助问题来明确家庭作业或项目活动。

我们可以合情合理地问一句：有什么能够确保所提的问题具有开放性吗？答案是：没有。围绕着问题的焦点和学习目标，学生们很可能总结出一些利基问题，这些问题在见解、行动、伦理道德和机会方面都不具有开放性。但是，要在这种提问技巧中体现开放性并不难。教师可以在强调全局性理解的前提下选择问题。学生在按照重要程度来整理问题时，也可以参考与见解、行动、伦理道德和机会有关的标准，关键在于：**让学习者负责提问。**

我还可以继续论述，但是中心线索、要素式问题、增殖性问题、以开放性问题为导向的提问技巧（即问题的焦点），这 4 个概念已经充分地强调了具有生命力的问题。尽管名称各不相同，尽管它们分别在更广泛的教学领域内占有自己的一席之地，但这类问题发挥着同样的作用。

“假如不是呢？”设计问题包扩展理解的界限

在教学与研究中，我们经常会提出非常普遍的、适用于大部分情况的问题。这类问题都具有生活价值，因为它们往往既有用、又有启发意义。例如，有一些问题虽然形式不同，但都是为了寻找证据：你为什么会这样想？你可以解释一下自己的理由吗？事情的另一面是什么样的？这件事情有何利弊？我们理所当然的想法是什么？这一系列常见问题可称为“问题包”（a question kit），即针对特定目标的一组问题。获得这样的问题包很有用，它们也属于有效的知识。

有的问题包具有叙事性的特点。常见的例子包括以下两个问题：这是怎么一回事？你为什么这么说？

不同情景下，具体问题有所不同，例如，你可以询问正在欣赏艺术品的人：

“这幅作品讲的是什么？你看到了什么才会这样想？”事实上，这两个问题拥有一段有趣的历史，它们最初源于欣赏菲利普·耶拿温（Philip Yenawine）和阿比盖尔·豪森（Abigail Housen）的作品时产生的疑问。这样的问题被刻意设计得更有亲和力，不强求欣赏者说出他们并不具备的专业知识，甚至也没有啰嗦地追问判断的依据，而只是请欣赏者清楚地描述自己在看到作品之后的想法，以及产生这些想法的原因。事实证明，无论欣赏者的经验丰富或贫乏、年长或年幼，这类问题都能有效地帮助他们周全地、参与式地欣赏艺术作品。

你会发现，这两个问题几乎没有涉及任何具体的艺术知识。事实上，在跨学科领域和超越学科领域中，它们的效果同样显著。它们只是众多问题包中的其中两种，可称为“思维习惯”（thinking routines），这个术语是我和同事在“形象思维”项目（Visible Thinking）（涉及整体思维与基于内容的学习）中提出的。例如，假设学生正在观察日食（或是观看日食的录像），你可以提问：“发生了什么？我们看到了什么才会这样说呢？”或假设我们正在追踪某只股票上涨和下跌的轨迹，或假设读者在阅读报纸时不理解一个民族的抗议为何会愈演愈烈、甚至上升为全面内战，这两个问题同样适用。在罗恩·理查德、马克·丘奇（Mark Church）和卡琳·莫里森（Karin Morrison）的著作《哈佛大学教育学院思维训练课：让学生学会思考的20个方法》（*Making Thinking Visible*）以及本章引用的其他文献资源中，读者还可以找到更多类似的讨论。

我们可以为类似的思考设计有用的问题包。罗伯特·斯沃茨（Robert Swartz）、阿特·科斯塔（Art Costa）、巴里·拜尔（Barry Beyer）、丽贝卡·李根（Rebecca Regan）和贝娜·卡利克（Bena Kallick）在《基于思考的学习》（*Thinking-Based Learning*）一书中提出了许多实用的策略和案例。例如，娴熟的决策可能与下列问题有关：

- 为什么必须作出决定?
- 我有哪些选择?

- 每种选择可能会有什么后果?
- 这些结果有多重要?
- 为了得到这个结果，最好的选择是什么?

该书作者向我们展示了如何利用类似的各种问题包让学生参与探究，从而巩固基于内容的学习。

另一个问题与“创造性思维”有关。正如有许多种途径来引发争论、寻求证据，我们也有多种方式来鼓励学生超越起初显而易见的事实、深入挖掘这些事实，或者看到事实的另一面。类似的问题如：“我们甚至无需辨识就理所当然地接受的事实是什么？”“还可以有哪些异想天开的选择？”“怎样才能将两个截然不同的想法整合在一起？”

我个人比较青睐的问题是：“真正的问题是什么？”假设学生正学习“有限的能源资源”这个主题，他们仔细探究各种令人恐慌的结果，希望知道为什么当今世界能源的消耗状况就像是搭乘前途未卜的疾驰列车一样危险。他们会集思广益，提出许多“真正的问题”以求更深刻的理解，并探讨可能的原因。

小测试 FUTURE WISE

思考，人类不断增长的能源需求以及在这种需求的驱使下，人类是否可能在特定的时间内彻底耗尽所有可获得的能源类资源。其中，真正的问题是什么？收集一组可能的问题。

真正的问题也许是整个社会都毫无远见：人们过分关注短期效应而忽略了长期发展；或许是我们在新的可再生能源资源方面的投资还不够；或是消费社会的滚雪球效应已经导致人们所消耗的远远超出了真正需要甚至享受的；或是缺乏强力的管理机制，例如，缺乏严苛的碳排放税；又或者，根本没有真正的问题。有些人认为，人口增长已经趋于平缓，虽然我们最终仍然会耗尽化石燃料，但是到那时，或许已经开发出了其他的资源来满足人类需要。所以，车到山前必有路，当我们不得不面对这个问题时，它肯定可以迎刃而解。

即使是这样一个简单的例子也表明，试图探寻“真正的问题”似乎有些离谱。上面提到的各种问题，似乎都只是对核心问题的影响因素而已。在寻找“真正的问题”时，我们并不指望得到唯一的最佳答案，这个答案可能存在，也可能不存在。**“真正的问题”的价值就在于，激励我们探究某个问题情境的多种表述方式，从中寻找能够提供真知灼见和解决问题的具体办法。**

有关创造力的大量研究促使人们探究“真正的问题”。面对问题时，我们往往自然而然地希望解决问题。所以，不需要太刻意，我们会自发产生问题意识，并且积极寻找解决办法。不过，这样迅速而自发产生的问题通常也是狭隘的、守旧的或者是错误的，几乎不能带来任何进展。而且，令人诧异的是，无论是复杂的开放性问题（例如，能源资源问题），还是界限明晰的问题（例如，数学或科学教材里的问题），似乎都会陷入这个圈套。其中，最常见的误区是：最初对问题的理解就是错的。

既然提到了数学，那么，可以补充一下，在创造性的问题包中，另一个重要问题来源于数学教育者斯蒂芬·布朗（Stephen Brown）提出的：“假如不是呢？”布朗发现，**传统数学教育几乎只关注解决问题的过程，但是，解决问题天生伴随着“提出问题”或“发现问题”，而传统教育常常忽视这些。**在学校的数学课上，绝大部分问题都是由教材或教师提出，很少由学生提出。这显然不是现实世界中数学家、工程师、科学家或经济学家等运用数学的方式。他们所从事的工作，几乎有一半都是“以恰当的方式提出有价值的问题”。

“假如不是呢”是一种普遍适用的有效提问方式。例如，学习者可能会遇到一个经典定理：三角形内角和为 180°，已有许多证据证实这个有趣且令人惊讶的结论。但是，如果你的思考到此为止，那就不是数学家的思维方式。也许，学习者可以通过提问“假如不是呢”来扩展理解的界限。

假如不是“什么”呢？假如不是三角形，而是四边形或五边形，还可以得出相似的结论吗？假如不是平面三角形，而是球面上的三角形呢？假如讨论的不是平面图形而是飘浮在空间的三维图形，例如，假如是四面体呢？在这些不同的情况下，还可以得出有关内角和的任何结论吗？假如是同一顶点各边组成的部分是立体的角呢？相应的法则是否也成立？**“假如不是”的问题让学习者能够不受目前直接面对的任务所限制，思考各种不同的情景，并且更进一步探究相关问题。**

“……讲的什么、我们看到了什么才会这样说”这两个问题源于艺术领域，但适用范围十分宽泛。同样，“假如不是”的问题也可以广泛运用，差别仅在于它源自数学领域而已。例如，如今，人们的寿命大多不到100岁，假如不是呢？假如大部分人都能活到150岁或者300岁呢？这将令世界产生什么样的变化？或者，假如又不是呢？假如由于某些基因疾病，人类的平均寿命锐减至30岁左右呢？又如，今天，人类繁衍后代很大程度上是一种基因的博弈。假如不是呢？假如我们能够设计希望后代遗传的特征呢？在目前基因知识不断进步的前提下，实现这一前景并非完全不可能。我们应该这样做吗？我们会这样做吗？保留哪些遗传特征呢？如果这样做了，世界会有什么变化？

关于这类常见的问题，我们还可以滔滔不绝地谈很久。在教授各种思维技巧的项目中，也有很多不同领域的系列问题，例如，关于理解、检验真理、创造力、决策等。此前提及的“形象思维”项目便是其中之一。

“那么，答案呢？”提问和寻找答案的技巧

那么，答案是什么呢？在此，这是一个很好的问题，而且，不难理解这个问题从何而来。开放性问题的汪洋大海在我们眼前翻腾滚涌，疑虑重重的家

长们往往会四处逡巡，把各种各样的问题放到最重要的位置上。那么，答案呢？它处于什么位置？

未来智慧洞察
FUTURE WISE

第2章解答了这个问题，全局性理解处于最中心的位置。全局性理解就是这里所谓的"答案"，具有生活价值的答案，对学习者未来可能的生活而言最大、最重要的答案，无论在深刻见解、行动、伦理道德，还是机会方面都具有全局性。

当然，这并不意味着全局性理解总是能提供最终的答案。有时，我们能够怀着高度的信心来认识某些全局性理解，例如，已经确定的科学概念和理论，哪怕新的发现会对此形成挑战。但有时，全局性理解显然是暂时的、富有争议的，就像贾雷德·戴蒙德对亚利问题的回答一样。全局性理解几乎总是不完善的，有待进一步的细致描绘。

所以，答案是否具有全局性，这一点十分重要。**学习者受到问题的驱使，主动探寻答案，这个过程也很重要。**但这并不能很好地服务于传统教育的目的，即无法直接为所有学生提供大型教科书或庞杂网络中的最佳答案（"为未知而教"尤其做不到）。导致"学习者受自己问题的驱使而主动探寻答案"无法满足传统教育目的的原因如下。

首先，学习者对问题的积极主动的追求会促进更好的学习。我们真正理解的答案往往是由自己主动探究并掌握的，而非他人告知的。同样，有些开放性问题始终会令人感到困扰。从更深的层面而言，只提供唯一确定的官方答案并不符合教师的职业道德。（在此，必须承认，有的人更青睐唯一确定的官方答案，因为他们认为这样的答案更加安全，而不管这答案多么缺乏扎实的根基。）

其次，以全局性理解的形式出现的答案通常会带来更具体的开放性问题。例如，如果民主是如此这般的形态，那么，我们的国家将会是什么样？如果对能源施以这样或那样的广泛压力，那么，我们的社区会怎么样？如果牛顿定律描述了物体运动的轨迹，那么行星轨道呢？可以说，假如不借助更深入的追问、思考和观察将其转换为适用于具体情境的答案，那么，全局性理解所提供的普遍答案就完全无用。

再次，重要的不止是得到答案，无论你理解得多么充分，关键更在于学习提问和寻找答案的艺术和技巧。很显然，不实际尝试，学生就无法学会这一点。需要补充的是，寻找答案肯定不是指根据异想天开的偏好和个人幻想来编造答案。我们始终需要证据和论证，有时候，我们所能收集到的最佳证据和论据仍不能完全解决问题，即便在这种情况下，也不能胡乱地臆测。

最后要记住，按照苏格拉底式提问的传统，提问的任务就是动摇某种观点，至少是暂时的，而非确定某事。本书中最具开放性的问题——“什么知识值得学习”，也是如此。**有时，在前进之路上，最大的障碍不是出现在我们毫无头绪的地方，反而出现在我们过于自信、认为已经掌握了正确答案的节点上。**

讨论主题：依据学习者和具体情境的需要，将开放性问题作为学习的一部分。

探索 1 辨别具有生活价值的学习

当我们想到学习的内容时，首先浮现在脑海里的可能是集体知识和公众的理解：答案，而非问题。但是，具有生活价值的学习所期待的却不仅仅是答案。开放性问题与全局性理解相伴而生。开放性问题通常能够导向全局性理解，更进一步的开放性问题则能够超越现有的全局性理解，激发更深入的探究。开放性问题应当成为我们讨论的话题之一。

开放性问题与利基问题（niche questions）相反。利基问题，类似于利基理解，在学科领域内的学习中发挥重要作用，而开放性问题却能突破学科的界限，探索各学科如何在人们可能的生活中发挥启迪作用。

开放性问题，类似于全局性理解，与深刻见解、行动、伦理道德和机会有关。它不仅能令学习者对事物产生困惑，更能令其产生好奇心；它不仅能培养智力方面的好奇心，也能培养面对世界之奥秘时的好奇心。我们应当探讨如何在教学中强调好奇心的作用。

探索 2 选择具有生活价值的学习

正如有多种不同的全局性理解，我们也面临着选择的巨大挑战。就像全局性理解一样，在基础教育阶段，事实上，在整个人生之中，都有许多开放性问题等待解决。

但是，这并不会让选择所带来的挑战变得比全局性理解的挑战更加严峻。大部分情况下，开放性问题和全局性理解经常并肩出现。从彼此捆绑的开放性问题和全局性理解中进行巧妙地抽样，获得丰富而广泛的样例，这种策略十分有效。在此，语文的巧妙抽样教学为我们的讨论提供了依据。

此外，有很多普遍的开放性问题，例如，“为什么”“怎么回事/为什么这样说”“真正的问题是什么”“假如不是呢”等，值得我们学习与使用，因为它们能够有效地运用于几乎所有场合。

探索 3 为具有生活价值的学习而教

我们都应该学着珍惜开放性问题，它们常常为具有生活价值的学习提供力量和方向。苏格拉底式的提问就是一个经典的例子。相应的，教师应重视具有生命力的问题——即学习者真正认为有问题的、值得探究的问题，有一些这样的问题可能就是学习者自己提出的。这类问题体现为中心线索、要素式问题、增殖性问题、问题的焦点等形式，这类问题可以覆盖整个单元或者跨单元。

探索 4 建构具有生活价值的课程

我们往往将课程内容视作一大堆概念、技能、信息的合集。但是，开放性问题也是重要的内容。试着讨论下述话题：基于开放性、具有生命力的问题（例如，中心线索类的问题）而开展的课程，或许会比完全依据概念、技能和信息等“答案”而开展的课程更能提供学习的方向和动力。

FUTURE WISE

EDUCATING our CHILDREN for a CHANGING world

04

真正的学习

如何让值得学习的知识在生活中融会贯通？

只是学习了民主的知识，并不意味着你的理解就足以支持你读懂一篇有关“新的民主形式似乎倒退回独裁体制”的报纸文章；只是学习了概率论的知识，也不意味着你的理解足以帮助你在需要选择医疗方案时了解手术风险的不确定因素。只有将不同知识联系在一起，并用于指导实践，这样的学习才是有生活价值的。

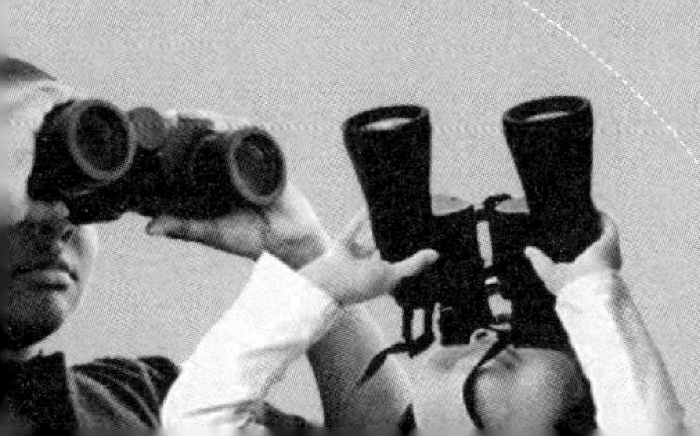

> 假设你是特洛伊城的守门士兵，你匆匆瞥了一眼城外：那是什么？一匹巨大的木马：它是从哪里来的？我们可敬的敌人——希腊人留下的，你这样猜测。他们那优雅的作品！当然，希腊人也可能在耍诈。但是你四处侦查，并没有发现任何希腊人潜伏在石头后面。没有任何人在！嘿，朋友们，让我们把这匹木马拖回城里，庆祝一下吧！

讲到这里，估计你已经知道接下来会发生什么了：午夜，躲藏在木马腹中的希腊士兵悄悄溜了出来，从城内打开了特洛伊的大门。

但是，如果仔细阅读荷马所著的最初版本就会发现，故事似乎发生了我们并不熟悉的转折。

> 等等！有声音吗？卫兵同胞们，你们听到了吗？这声音似乎是从木马腹中传出的。但是，不可能，简直是瞎胡扯！我们还是把这木马拖进城里吧！

当然，特洛伊人理应知道这可能是一场骗局。当然，细想之下，他们也应该知道这木马有足够的空间容纳一些士兵。但是，他们并没有联系起来思考。

这个经典的例子源于一段经典的历史，出自于芭芭拉·塔奇曼（Barbara

Tuchman）的《愚蠢进行曲》（*The March of Folly*）。塔奇曼的主题是描述历史上一些愚蠢的重大抉择。**她极力主张：当关键人物已经掌握了充足的信息、可以再进一步行动，但却没有这样做时，具有讽刺意味的蠢事就会立刻发生。**她详细地描述了许多例子，包括英王乔治三世（King George Ⅲ）一意孤行地激化在美国殖民地的矛盾冲突最终导致美国独立战争爆发，以及美国发起的越南战争等。但是，塔奇曼却用特洛伊木马的故事作为引子，公开讨论各种“愚蠢的选择”。她也承认，这则轶事很可能是杜撰的。“这并不重要。”她说。

“这些愚蠢的特洛伊人，”我们会说，“如果我是守卫，情况就会不一样了。”我们想当然地认为，当某些事情之间可能有联系时，我们总是能够把它们联系起来。

想法总是很美好。现实却是：**也许我们已经获得了充分的具有生活价值的学习，但除非能够立刻把不同的事物联系在一起，否则这种学习对我们而言仍然没有什么意义。**就像特洛伊人一样，他们能轻易地获得相关信息，但没有将这些信息整合起来。

对于通过正规的学校教育学习获得的知识，以及主要通过做题、写正式的作文而掌握的知识来说，上述问题可能更突出。只是学习了“民主”的知识，并不意味着你的理解就足以支持你读懂一篇有关“新的民主形式似乎倒退回独裁体制”的报纸文章；只是学习了“概率论”的知识，也不意味着你的理解足以帮助你在需要选择医疗方案时了解手术风险的不确定因素。

未来智慧洞察
FUTURE WISE

事实上，大体掌握有价值的知识并不等同于能够实践运用，二者之间的差别至关重要。后者必须拥有自己专门的名称，与“生活价值”相对应，让我们称其为“为生活做准备”（lifeready）。如果具有生活价值的学习在特定的场合中能够被整合起来，帮助我们解决问题、做决定、做计划、接纳并享

> 受一段经历，或者只是理解外部世界，那么，它就能够为我们的生活做好准备。否则，这种学校对我们而言仍然没有什么意义。

如同生活价值一样，“为生活做准备”也有程度高低之分。然而，要点在于：**即使某项学习内容在生活中是有价值的，也并不意味着它自然而然地能够为生活做准备**。所以，教育者必须更广泛地把握需要综合哪些要素，才能使我们的学习为生活做好准备。

在这里强调教与学的过程似乎有些跑题，毕竟，本书的主旨是回答“什么知识值得学习”，而不是解决“如何学习”的问题。①尽管教学过程在此并不是重点，但是，由于面临着“为生活做准备”的挑战，我们还不能完全忽略它。事实上，为了使具有生活价值的学习在学习者可能的生活中充分发挥作用，我们不能再沿袭传统的教学方法。

这带来了两个开放性问题（这些问题真正关乎我们生活中的学习）：

- 问题 A：什么样的全局性理解（或开放性问题）有助于我们为生活做好准备？
- 问题 B：什么样的教学能够使全局性理解（或开放性问题）为生活做好准备？

学习即理解，理解即思考

一种全局性理解应当是什么样的？首先，它必须是真正的理解。

几年前，我和一些同事开始探究玛莎·斯通·威斯克（Martha Stone

① 读者如果对我近期提出的教学观点感兴趣，可以阅读我另一本著作《全局式学习》（*Making Learning Whole*）。

Wiske）编著的《为理解而教》（*Teaching for Understanding*）一书中阐述的“理解”的概念。探究的主线之一涉及对普通学生进行访谈：在他们眼中，不同学科领域的“理解”意味着什么？学生的反应发人深思。他们认为，理解意味着熟知各种事实和程序，例如，如果一个人能够正确而熟练地完成各种分数运算，就说明他已经理解了分数。

我们很快就发现了这种看法存在的误区：它没有体现出真正的理解。正确而熟练地计算分数是否意味着学习者真的理解了分数？如，他们是否理解为什么以分数为被除数时需要取倒数、做乘法？或者，首先是否理解以分数为被除数的意义？他们是否一定能理解分数的不同含义——例如，分数即整体的一部分；与“每”有关的分数（如，公里 / 小时）；表示比例的分数（如，理工院校中男女比例为 2∶9）；表示概率的分数（如，某事发生和不发生的概率比为 3∶7）？很显然，答案是：“不一定能理解”。虽然也有例外，但是，学习者往往擅长做分数运算，却不一定理解分数。

那么，如果这种“理解就是熟知事实和程序”的概念不可行，我们应该采用哪种概念呢？答案似乎是**“理解即思考”**（understanding as thinking）。回想我们在第 2 章所举的例子，当被问及“你真正理解的知识是什么”时，有人回答“欧姆定律”。他进一步说明自己如何运用欧姆定律来理解其他事情，包括自家的供暖系统问题。通常，当人们谈到自己真正理解的事情时，无论是维持友谊、烤馅饼还是做运动，他们几乎都会提到一系列思考活动：计划、有策略地思考、解决问题、做决定、解释、教授相关内容（无论什么主题）等。

再回到“分数”的例子上来，如果真正理解了分数，就可以运用它来思考。你可以理解“理工院校男女比例为 2∶9”之类的概念，并且可以运用这一信息来进行推论。或者，再举一个人文学科的例子。怎样才算真正理解代议制民主（即由选举产生的少数派代表民众呼声）的两难困境？显然，只是能够背诵教科书里对其概念的解释还远远不够。真正的理解意味着：你应当能够分辨代议制民主在哪些特定的问题上行不通，并解释原因；推测可能的解决途径；思考在当前的技术时代，有没有一些实用的办法，让我们至少在某些问题上不必依赖“由选举产生的少数派代表绝大多数民众”的制度。

更加困难的是，能够达到“理解”程度的思考往往十分微妙，不易捉摸。最广为人知的例子或许来自科学教育领域。研究者们发现，**哪怕是作业和考试成绩优秀的学生也仍然抱有大量的错误概念。**例如，在《超越教化的心灵》（*The Unschooled Mind*）中，霍华德·加德纳通过指明科学教育中的错误概念、数学教育中对运算的严苛要求、人文艺术学科中有限的几篇作品和陈词滥调，描绘了目前科学及其他领域教育的全貌。而蒂娜·格罗泽（Tina Grotzer）则通过《在复杂的世界认识因果关系》（*Learning Causality in a Complex World*）一书来探究人们对不同情况的因果判断为何会误入迷途。

此外，我也在《全局式学习》和若干篇论文中试图描述各种棘手的知识可能会带来的挑战，包括：只是走过场、装样子的形式化知识；只在考试时才有用的僵化知识；只会令人感到荒唐古怪，并且被排斥的外来知识；被人们认为不重要的内隐知识；包含的概念过于晦涩的知识等。

未来智慧洞察
FUTURE WISE

> **有效理解某个主题，必须做到透彻地思考这个主题、考虑主题相关的内容、利用主题进行发散性思考。如果所有人只能做到背诵或解答明确的习题，或者轻易地被错误概念和刻板印象绊住脚步，那么，这就不是真正的理解。**

这些问题说起来似乎很简单，但实际上却很容易被人遗漏。关于“理解”的日常用语几乎和“思考”毫不搭界。我们常常随口就说：“我有一种理解”，仿佛它就是储存在脑海中的档案；或者提到“获得了一种理解”，仿佛它是可以收获的物件；或者宣称“达成了一种理解”，仿佛它是可以到达的目的地；

或者用“看”来表达理解——“我看到你想表达的意思了”，仿佛理解是随意一瞥就能形成的[①]；又或者将理解当作可以整体把握的全局，例如“你要么懂了，要么没懂”。

这些说法背后隐喻的内涵与根据已知来“思考”毫无关系。相反，它们只和“占有”“发现”“储存”“到达某一点”有关。这种表达方式的确很方便、讨巧，但却忽略了“理解”对我们的重要意义。

未来智慧洞察
FUTURE WISE

现在，让我们回顾问题 A：“什么样的全局性理解（或开放性问题）有助于我们为生活做好准备？”一部分答案是：在某种意义上有效的理解。有效理解，意味着能够根据已知的内容来思考，而不仅仅是知道标准答案或者正确而熟练地完成常规程序。

培养思考能力，等于加深学习的理解

理解即思考是一个简洁有力的观点。在“为理解而教”的研究中，我们最终称其为理解的“行为表现观”（a performative view of understanding）：人们通过形成和展现“理解”的各种行为表现，包括解决问题、预测、基于已知来解释未知等，从而形成并表达自己的理解。

围绕着这种行为表现观，我们也设计了相应的教学方式。在此，细节不足称道，但基本原则非常简单：为了理解一个主题，学习者必须进行大量思考，而不只是按惯例来背诵或运用。蒂娜·布莱思（Tina Blythe）及合作者编著的《为理解而教指南》（*The Teaching for Understanding Guide*）一书结合许多案例，对此进行了系统而实用的介绍。

---

① 原文为“see”，意为“明白”，但作者此处强调的是“看”的意思。——编者注

有人会认为，年长的学生可以做到这一点，但在年幼的学生群体中无法实现。事实上,已经有很多教师将为理解而教的课程框架运用在低年级教学中。我们只需要调整思考的水平，使之适合年幼的学生即可。令人高兴的是，很小的孩子通常也会表现出惊人的深刻见解。

《全局式学习》中提出了“初级版”的概念。例如，我们希望年幼的孩子思考一个物理概念或者历史发展中的因果模式，但他们不必竭尽全力地学习各种等式，也无需绘制出10条历史影响线索。在适宜的水平上，借助于真正的理解而切入主题，这往往体现为一种“初级版”的学习形式，只涉及完全真实的初级表现水平，而不同于学习者稍后会遇到的“复杂版”。

同时，该书也说明了“什么知识值得学习”的问题。我们的学习常常因为没有呈现出有意义的整体而流于肤浅。例如，学生掌握了历史事实，但却不能学会从历史的角度来思考，或者甚至没有学会批判性地思考自己读到的史实；他们掌握了数学运算程序，但却没有学会如何处理简单的数学模型，或者进行数学探究。

当然，我们也必须重视一些具有挑战性的元素，这也就是该书指出的：加强困难的部分。但是，更多的时候，学习者只局限在各类琐碎的要素上，没有形成丰富的全局观。

一般而言，建构主义的教学方法强调按照特定的模式来思考即将学习的内容——在他人的指导下重新发现、分析、批判、广泛运用学习内容。此外，过去几十年来的思维能力运动也为我们提供了有用的资源，大体上可以归于“浸入式”的标签下。这类教学生思考的方法主张，将有关思维的教学融合到具体内容的教学中，这样，学习者既能形成更好的思维能力和倾向，也能加深对学习内容的理解（详见本书第8章）。

未来智慧洞察
FUTURE WISE

所以，对问题 B，即："什么样的教学能够使全局性理解（或开放性问题）为生活做好准备？"普遍看来，答案就是：能够培养学生的思考能力，从而增进理解的教学。只有当学习能够促进思维发展时，理解才能为生活做好准备。否则，我们甚至无法解答教科书中或课堂上提出的更复杂的问题。

学习即运用，把你的理解和思考用起来

为什么此前说出欧姆定律的那个人如此确信自己已经理解该定律呢？因为他可以灵活地运用这个定律。因为他可以借助欧姆定律来考虑其他事情，而不是只思考定律本身。他甚至可以依据欧姆定律来设计供暖管道，而不只是解决电路问题。透彻地理解某个主题本身是一回事；而理解某个主题、以它为工具来思考其他问题、在各种场合运用它来理解同类事情，这完全是另一回事。

第 1 章展示了教育的传统层级结构图（图 1-1）。图中,各个学科彼此割裂、信息只由"教师 - 教材"单向传递给学生、学生之间缺少交流、所学的知识未与更广阔的世界建立联系，这样的结构相当于把"理解"封闭在狭小的盒子里，远远脱离了实际运用（例如，设计供暖管道）。但是，同样在第 1 章呈现的延展性教育网状结构图（图 1-2）却相反，它欢迎诸如设计供暖管道、厨房水槽，了解土豚、齐柏林飞艇之类的应用性知识，并且能够支持我们发展在复杂的全球化社会必需的见识、行为和伦理道德。

甚至一个非常独特的案例也可以被广泛运用，我们不应局限于理解本身。如之前提到的法国大革命一例。那个人之所以很珍视学习法国大革命的经历，是因为这赋予了他分析当代形势和历史事件的透镜。还有一个相似的例子：越南战争。

FUTURE WISE
学习的智慧

大部分美国人都知道，越南战争是一次很有争议的军事纠纷。大约 30 年后，2003 年，美国再次陷入了另一起矛盾冲突，伊拉克战争。最开始时，许多评论人员就已经发出警告，伊拉克问题很可能演变成“另一场越南战争”，成为一次代价昂贵的鲁莽行动，而且一旦开始，美国就难以自拔。如今，调查研究表明，绝大多数美国人，更不用提其他国家的人民，都认为伊拉克行动是一场灾难，美国付出了很多人的生命和经济资源，陷在进退两难的困境中无法脱身。

甚至连一直拒绝将伊拉克战争与越南战争比较的美国前总统乔治·W. 布什，在 2007 年终于也使用了越南战争的类比，尽管他只是用来宣称美国不应当畏惧伊拉克问题。他认为，随之而来的将是血腥的大屠杀：“越南战争中，从前的亲美人士、政府工作人员、知识分子、商人都被送到了战俘集中营，成千上万的人葬身在那里。”不仅布什运用了越南战争的类比；之后，广大公众和评论员也迅速加入了自己的评判，让人意识到伊拉克战争就是另一场越南战争。

这里的关键并不是你对这种类比的立场，无关你支持或反对布什，抑或采取微妙的中立；重点在于你如何在伊拉克战争和越南战争之间建立类比关系，并实际运用它。这再一次提醒我们，**全局性理解所提供的不仅是思考的主题，更是可以广泛运用的思维工具。**一些抽象的概念主题，例如，欧姆定律、能源观点、民主概念、风险的逻辑和心理学等，都应该成为这种思维工具；同样，越南战争、法国大革命等具有全局性理解性质的、直指核心的案例也应当如此。

我们可以把全局性理解视为一系列的意义建构。它给予我们的不是一个单独的概念，而是一整套概念和案例，借此，我们可以理解当前的形势，并决定采取什么样的行动。它不仅仅是能够体现全局性理解的民主、能源或风险的抽象概念，更是全套的概念、子概念或案例。

难点在于，如何把主题转变为工具？可以尝试对比：将法国大革命和越南战争作为理解的主题，或作为理解其他形势的工具；将民主作为理解的主题，或作为理解国内外时事和评价政府系统的工具；将风险的逻辑学与心理学作为理解的主题，或作为理解个人境遇、个人决定和公共事态、公众决策的工具。

未来智慧洞察
FUTURE WISE

再回到问题 A：“什么样的全局性理解（或开放性问题）有助于我们为生活做好准备？”答案是：能够支持思考的、能够广泛运用的、能够将主题内容转变为分析工具的全局性理解。然而，这也给传统教育带来了挑战，因为传统教学往往重视主题内容，而不常将此转换为可以运用的工具。

学习即注意，不是“过度联想”而是“未曾联想”

拿着铁锤的人，看什么都像是铁钉（即“情人眼里出西施”），这是我们耳熟能详的谚语。但也像其他格言警句一样，它只说对了一半。的确，你可能碰巧发现，弗洛伊德的狂热崇拜者们看什么都具有性器象征意义、都有恋母情结。（虽然弗洛伊德本身可能告诫过：“有时候，雪茄只是雪茄而已，没有什么象征意义。”）或者，你会发现，在阴谋论者看来，所有事物，从氯化作用到肯尼迪遇刺案，都包藏着天大的颠覆阴谋。但这只对了一半，相反的情况时常会发生。我们来看看这条谚语的反面：拿着铁锤的人，看什么都不是铁钉（即“当局者迷”）。

这听起来十分荒唐。但是，它却比前一种说法更贴近真实。“看什么都不是铁钉”恰如其分地形容了我们所学到的大部分知识的消极面。许多人虽然了解弗洛伊德、阴谋论、法国大革命、越南战争、民主、能源或风险的一些知识，但却没有注意到，在纷杂的生活中，某些时刻可以运用这些概念。**这里的问题**

不是“过度联想”，而是“未曾联想”。我们的失败也并非“用铁锤敲打的压根不是铁钉”，而是“遗漏了应当被敲打的铁钉”。

回想特洛伊木马的例子。守卫并没有觉得特洛伊木马是场骗局，哪怕他们已掌握了充足的信息，并有理由产生怀疑，此时，特洛伊木马就是一根被遗漏的铁钉。生活中的很多笑话或深刻的问题都与这种现象有关。

小测试 FUTURE WISE

> 脑筋急转弯：我成长于缅因州的一个小镇。不久前，村里的一位男士在 3 年的时间里分别“marry”了 3 位不同的女士。他既没有和任何一位女士离婚，3 位女士也都尚在人间，这位男士也并没有违法。
>
> 为什么会这样？

答案稍后揭晓。我们可以用一个术语来描述这种现象——“僵化知识”（inert knowledge），这个概念最早由怀特海（Alfred North Whitehead）[1] 提出，后由认知心理学家约翰·布兰斯福德（John Bransford）等人进一步完善。**他们认为，我们依原则了解的、与当前状况有关的概念和观点，往往总是僵化的。**

现在来看看脑筋急转弯的答案：这位男士是一名牧师。“Marry”了 3 位不同的女士不是说他和这些女士“结婚”了，而是他为 3 位女士及她们的未婚夫“证婚”。如果你已经猜出了答案，那么，恭喜你。有人能想到答案，但大部分人做不到。这个脑筋急转弯的关键之处就在于，我们太过关注“marry”的主要释义，即“与某人结婚”，而遗漏了它的另一种释义，即“为某人主持婚礼”。这就是僵化知识。

① 怀特海（1861—1947），英国数学家、哲学家和教育理论家，著有《过程与实在》、《教育的目的》等。——译者注

从这个例子可以看出，我们多么容易遗漏自己原本知道的知识。然而事实是，僵化知识无处不在，不只限于脑筋急转弯或玩笑中。你可能以为，概念的理解和概念性技能一类的知识还算比较生动（详见第 8 章有关 21 世纪必备综合能力的相关讨论），但是，它们也都存在知识僵化的问题。

理想情况是，我们能够在需要的时候几乎可以不自觉地运用任何一种思维技巧，但事实并非如此。几年前，我和莎莉·狄西曼（Shari Tishman）、罗恩·理查德等同事开展了一系列思维能力的研究，探讨限制有效思维发展的瓶颈。我们将此界定为思维倾向性的调查：必要的时候，人们倾向于思考到什么程度？以 4~6 年级的小学生为研究对象，考察他们在解决问题、做决定和发明时的思维状况。我们的关注点是一些简单的思维步骤，例如，考虑事物的另一面或者思考另一种选择。我们想通过研究来验证：学生是否由于无法执行各个思维步骤、没有想到这些步骤与问题有关、甚至没有注意到自己可以利用这些思维步骤，因而无法如预期那样很好地思考、回答我们提出的问题。我们设计了一种试验方法来厘清这三类不同的瓶颈。

研究结果发现，所有被试都展现出了我们所要求的思维技能。但是，大部分被试压根没注意某个思维步骤（例如，考虑事物的另一面或思考另一种选择）可能与问题有关。当我们要求学生判断某个思维步骤是否与问题情境有关时，只有一半的被试表示肯定。**换句话说，他们完全没有充分地利用自己已拥有的思维工具**。他们拿着锤子，却看什么都不像铁钉，找不到落锤之处。

前些年，我们的团队还开展了另一项研究，观察人们在看待公共问题和解释自己的立场时是否会考虑对立面的观点。结果发现，哪怕我们提供的时间相当充足，并且鼓励被试详细阐述，他们仍然很少提及对立的观点。但是，如果直接让被试列举反面观点，他们都能轻松完成任务。这些被试包括了高中生、大学生、研究生以及有或没有大学学历的公司职员。也有文献介绍了类似的研究结果：人们明显没有充分利用自己已有的常规思维工具来进行批判性、创造性的思考。

为什么会这样呢？有时，周围世界会向我们“大声宣告”它的问题，哪怕我们耳目不够聪敏，也能发觉并采取行动，因为这些问题昭然若揭，例如，轮胎漏气、小偷、你视为挚友的人蓄意诋毁你、配偶不断抱怨等。但是，如果周围世界“喁喁私语”，我们就可能压根不会注意到，或者完全不予理会，就像特洛伊士兵们忽略了木马中的声音一样。

例如，关乎伦理道德的问题，如种族侮辱、平等待遇、知识产权问题经常悄无声息地出现在日常活动中。政客们言过其实，但我们却毫无注意（特别是当我们拥护这些政客时）。大大小小的国内外事件不断发生，只要我们能够发现它们与历史事件之间的联系，通过对比就能看得更透彻；但我们却很少像比较伊拉克战争和越南战争那样建立起类比联系。日常人际交往可能存在受到刻板印象影响、过度反应或者缺乏信任的时刻，只要我们能够察觉并警惕这些时刻，就能实现更有效的交流；有关概率和风险的简单知识能帮助我们决定治疗方案、选择保险、作出购买决策，只要我们发现可以运用自己所学。但是，我们却常常做不到。

未来智慧洞察
FUTURE WISE

> 回到问题 A：“什么样的全局性理解（或开放性问题）有助于我们为生活做好准备？”这样的理解，必须能够令我们注意到，在纷繁复杂的生活中，哪些时候可以运用所理解的知识；哪些时候这些知识能够赋予我们真知灼见、支持我们的行动，并提供伦理道德观点。

学习即感兴趣，全局性理解源于发自内心的渴求

理解即思考、理解即应用、理解即注意——目前为止，这些都是理智方

面的。但是，一种理解要能够为生活做好准备，还必须超越冷冰冰的理智。我们必须珍视它所展现的内涵及其价值。否则，我们在日常生活的各个时刻都无法真正发挥理解的作用。

诺埃尔·恩特威斯尔（Noel Entwistle）和维尔达·麦丘恩（Velda McCune）极有说服力地阐述了这个观点。

未来智慧洞察
FUTURE WISE

> 他们提出了“为自己而理解”（understanding for oneself）的思维方式，并认为这是优秀学习者和思考者必备的品质。理由很明显。只有当你发自内心地希望理解某事，而不是试图囫囵吞下打包好的知识，才能更好地形成全局性理解。而且，只有当你出于自己的意愿希望理解某些状况时，才能更好地运用全局性理解来应对你面临的状况。

所以，根本问题就是：如何才能让我们的理解能够源于兴趣？

我们提到的很多例子中已经隐含了一些相关线索。或许你并不是欧姆定律的爱好者，很可能你压根不关心它。但是，在欧姆定律的例子里，那位男士就对它很感兴趣，而且不只局限于关心欧姆定律本身。你还记得他如何基于这条定律，思考更广泛的问题吗？（就像第 2 章提到的那样。）或许这种全局性理解仍然无法让你对欧姆定律青睐有加，但是，与“蜷缩在电路的技术角落”中的欧姆定律相比，它却更具有生活价值。

相似的，你可能对越南战争毫无兴趣，但是，很显然，把越南战争作为类比工具要比战争本身更具有启迪意义。你可能仍然不喜欢通过越南战争来分析其他危险，但至少你可以看到这种潜在的可能性。

我们在这里谈论的一切都始于前面提到的自行车比喻。借助自行车这一工具，我们可以到达某地；同样，我们也希望可以借助知识和理解的工具达到某种目的。全局性理解的定义正是产生于这种精神的基础之上。

回顾一下全局性理解如何发挥 4 大优势：产生深刻见解、行为、伦理道德规范和机会。见解即指认识和理解周围的世界，这是一种大有益处而激动人心的经历。行为即指根据自己的兴趣、责任和现实需要采取有效的行动，这也是一个很有价值的议题。伦理道德规范则指导我们理清在工作、家庭、社会生活以及其他人际关系中不可避免的道德权衡问题，这同样既能满足个人兴趣也能实现社会需求。相应的，深刻见解、行为、伦理道德规范又使得全局性理解不仅仅令人感到困惑，更会令人产生好奇感，进而引发开放性问题。最后，还要看“机会”。除非我们有机会经常接触或运用这些见解、行为和伦理道德规范，否则，全局性理解也无法生效，不具有真正的生活价值——它必须有机会在学习者可能的生活中发光发热。

当然，每个人都有自己的兴趣和个人需求，每一个学习者会将自己的热情倾注在不同的主题领域中。**除了提供见解、指导行为、规范伦理道德和带来机会之外，全局性理解并不能一视同仁地激发每个人的积极性或者兴趣。**我们必须承认每个人都有特殊的偏好和憎恶，这是构成自我的重要部分，应当珍视并充分利用它。

《全局式学习》一书研究了个人感兴趣的或者具有普遍吸引力的各类主题。这里，核心的要点并非“每个人都应当同样地热爱万事万物”；而是“应当为学习者提供大量的机会，让他们有可能对‘如何在生活中运用所学的知识’产生浓厚而生动的兴趣”。否则，我们何必学习这些知识？何必紧紧抓住这些知识？又何必随时想着发挥它们的作用？

未来智慧洞察
FUTURE WISE

> 最后一次回到问题A："什么样的全局性理解（或开放性问题）有助于我们为生活做好准备？"有一些要素能让我们源于自己的兴趣建立全局性理解，重视这些要素，全局性理解才能真正为生活做好准备。我们不能天真地认为对某事感兴趣是理所当然的。

每天，成千上万的学生毫不知情地学习潜在的全局性理解，但是，他们的学习方式既没有体现其全局性，也没有对此加以重视，更没有凸显全局性理解如何带来深刻的见解、有效的行动、良好的伦理道德和丰富的机会。他们木然地学习具有生活价值的内容，但却没有掌握生活价值的概念，也没有对此产生热情。而没有热情，任何一种具有生活价值的内容都无法为学习者未来的生活做好准备。

学习即融会贯通，你能用欧姆定律解决供暖管道问题吗

通过具体的案例，我们可以更清楚地理解上述观点。我已经多次提到，"民主"属于全局性理解、开放性问题的范畴。那么，以"民主"为例，如果我们希望通过教学激发服务于生活的学习，应该怎么做呢？

首先，我要先对之前的内容做个小结。如果，你已经掌握了一种能够为生活做好准备的全局性理解，那么，你就已经准备好：以它为思考工具、运用它、注意它，并对它感兴趣。为了使行文简洁，我在论述时主要采用了"全局性理解"这个术语，但同样的论点也适用于开放性问题。如果你已经掌握了能够为生活做好准备的开放性问题，那么你就要准备好以它为工具来进行思考、能够运用它、在不同的场合中注意它，并对它所引发的新问题和答案感兴趣。

稍微了解学习科学的读者可能会发现，这4种特征都与所谓的"学习迁

移理论”（transfer of learning）有关。“迁移”意味着学习者在某处获得的知识和技能可以运用到完全不同的领域（也即融会贯通）。例如，运用欧姆定律来解决供暖管道的问题。

许多教育者都希望学习者可以自主地将学到的知识应用到相关场景中。但是，大量研究表明，这种迁移多半会失败。以色列心理学家、教育家加夫里尔·所罗门（Gavriel Salomon）和我都曾多次撰文指出知识迁移的困难。但是，我们都认为，**知识迁移本身并不难，而是传统的教学过程没有让学生准备好迁移知识。其中一个问题是：知识的迁移要么需要高端的反思性学习，从而实现有意识的、深思熟虑的迁移；要么需要低端的大量实地练习，从而实现无意识的、自动的迁移；而迅速串讲学习内容的教学方法无法满足上述任何一种要求。另一个问题是：传统教学忽视了学生的学习兴趣，因而无法培养学生钻研学习内容、广泛地联系学习内容所必需的敏感性和倾向性。**

当然，对知识的迁移及其难点的解释还有很多。这里，我们再列举一种在实践中具有广泛寓意的观点。兰迪·恩格尔（Randi Engle）和同事们对比了两种不同的教学类型：局限的结构（bounded framing）与拓展的结构 (expansive framing)。在局限的结构教学中，教师设计各种学习任务都服务于现在、本节课、本单元，并以完成作业和考试为目的。在拓展的结构教学中，教师设计的内隐或外显的学习任务服务于今后、恒久的意义、多元的联系。恩格尔和同事们提供了若干证据表明，局限的结构教学与拓展的结构教学所产生的效果差异悬殊。

未来智慧洞察
FUTURE WISE

再回到问题 B：“什么样的教学能够使全局性理解（或开放性问题）为生活做好准备？”从广义而言，问题 B 的答案非常简单：学习的过程中应当包含思考、运用、注意、感兴趣的体验。不在滑雪场上迈出第一步，就永远学不会滑雪；不爬上峭壁，就永远学不会攀岩。相应的，如果你不在学习的过程中真正地尝试一下，就永远学不会思考、运用、注意某个主题内容或对它产生兴趣。

然而，学校在教授某个主题时通常无法完全实现这 4 点要求，甚至半点也做不到。学生获得了某个主题的信息，但却没有思考这个主题；或者认真地思考主题内容，但却只是专注于主题本身，而没有拓展运用；或者在其他地方运用了主题内容，但也只是遵从教师或教材的要求来做，并没有发现真正的运用场合，所以，他们也没有学会注意。有时，即便上述 3 点要求都实现了，但这种主题的信息却没有激起学生发现或自主的感受，它仅仅只是一种练习而已，学生并不感兴趣。

考虑到这些，我们来设计新的方法来教授“民主”的概念。目前，所有的教学方法都包含了导读部分。通过阅读，对比经典的民主（雅典式民主）、稳定的当代民主（历史悠久，多少还算顺利运作）、脆弱的民主（相对较新的民主，展现出不同形式的倒退，更具独裁色彩的体制，各个强大的派系争夺统治地位而非互相合作）。

在这样的导读中，雅典式民主或稳定的当代民主都不是理想的范型。例如，相关的内容会质疑参与度较高的雅典式民主的冗繁特点，尤其是如果在当代的大国（而非雅典的小城邦）运用这种民主，就会显得很累赘。

此外，相关内容也探讨了目前的代议制民主中存在的公民参与度不高的问题，除了代表每个阶层的当选官员，大部分普通公民并没有机会再参与。至于脆弱的民主制度中派系之争的问题，相关内容会指出，稳定的民主中仍然会存在政治、宗教、劳工阶层以及其他形式的派系分化，然后探寻其中的含义。

> 小测试 FUTURE WISE
>
> 一种丰富的学习体验应当是什么样的？要注意“为生活做好准备”的学习，在你的脑海里大致描绘一下（你可以参照下面的观点来进行比较）。

下面是我们设计的“民主”主题教学的不同方法。

基本方法。学习者从阅读该章内容开始，然后教师发起讨论，回顾章节内容。每个学习者选择一个特定的话题，例如，派系分化、参与度与代表制的问题；然后，写一篇论文，归纳所选择的话题在三类民主中如何体现，引用该章中的不同论点来支持自己的论文。

进阶 1。学习者从阅读该章内容开始，之后开展延伸讨论，分析章节中批判的问题，寻找可能的解决方略。单元结束前，每个学习者选择一个特定的话题，例如，派系分化、参与度与代表制的问题，写一篇论文，围绕三类民主来详细分析自己选择的主题，并结合在讨论中产生的观点，基于论据和论点来归纳出概括性的观点。

进阶 2。开始的部分类似于进阶 1。学习者阅读章节内容并且进行延伸讨论。在单元学习进行到 2/3 时，教师引入第 4 类民主案例：自称采用了民主体制的国家，学习者需要借助网络或其他资源来研究这个国家的民主实践。通过比较前三类民主制度，每个学习者都形成了一些想法，然后以这些想法为工具，评论第 4 类民主制度的优缺点。每个学习者都要结合证据和论点，写一篇具有概括性观点的论文。

进阶 3。开始的部分类似于进阶 1 和进阶 2。在进阶 3 中，学习者要在网上关注国际新闻，从民主的角度出发，寻找自己感兴趣的事件（或者是戏剧性的、有启发意义的、令人不安的事件）。学习者要在日志中简要记录自己的观察和反思。之后，教师让学习者从日志中选择一个适合用课上讨论的观点来解释说明的案例。每个学习者选择并分析一起事件，结合论据和论点提出概括性的观点。

我希望，这些方法能够带来更合理的学习体验，其中任何一种方法都不应当只是空想。我们还可以设想更多元的方法，如在章节开始前就开展讨论活动；以小组研究取代个人学习；不止探究民主概念，还要思考“作为公民，我应当做什么”等。你还可以尽量完善这些方法。

关键在于：“为生活做好准备的学习”在这些方法中的体现千差万别。基本方法只要求学生归纳总结，无需建构批判性的观点，没有体现“理解即思考”；进阶 1 要求学生批判性地思考主题内容，但没有要求他们在其他情境下运用这些内容；进阶 2 涉及了其他情境，这当然值得称赞，但却是由教师规定了不同情境；“理解即注意”只出现在进阶 3 中。

那么，“理解即感兴趣”呢？从进阶 1 到进阶 3，学习者逐渐参与越来越丰富的活动中，有助于在见解、行动、伦理道德和机会方面产生回报的不同选择也更多了，相应的，学习者对学习内容产生兴趣的可能性也逐渐增加。明智的教师肯定会有很多办法，鼓励学习者认识这个丰富的主题所能够带来的好处，并激发学习者的兴趣。

知识不只是知识，学习中的实践运用最关键

那些特洛伊人明明已经掌握了对当下生活非常有用的知识，但却没有利用这些知识为应付狡猾的希腊人做好准备。如今，我们对学习已有所了解，也大致知道自己需要做什么，而能够为生活做好准备的学习与思考、运用、注意和兴趣有关。

但这样的学习却仍然罕见，原因十分明显。一方面，人们普遍都天真地相信，学习可以灵活运用到其他领域。依照这种信念，知识就只是知识。人们相信，只要学习者知道了某事，他就可以轻易地将它与各种情境联系在一起。然而，事实并非如此。

要想为生活做好准备，我们就需要付出额外的学习，而这让教学过程的结构变得麻烦而复杂。我们可以把基本方法与进阶 3 对比一下。进阶 3 涉及相当多的计划、课堂安排，当然也占用大量的时间！自然，教师和学生都希望让教学过程简单一些。但是，简化的教学不可能满足我们的需要。

如今，在世界各地的诸多学校里，正开展着更加强势的教学。我们应当辨认这些教学形式，并且警惕它们偏离正轨的可能性。

有许多教学框架都会在结束时设置类似“实践运用”的部分。如果学生能认真地花时间来完成这个部分，那确实很有好处。但是，可能的危险是：如果把实践运用部分放到最后，作为象征性的结束，简短而粗略，教师经常就会因为课时安排的压力而跳过这个部分。所以，我们应当在单元教学中的某个部分转而关注实践运用，而不是把它留到教学课时的最后一天或者最后一小时来解决。请将这一准则铭记于心：**在教学课时的中途就要想到最后的运用部分！如果到最后才开始重视结束的部分，那就太迟了。**

有的学科通常会强调工具性运用。例如，我们往往会从工具性的角度来教授数学，当然，学生应当学习数学计算的过程，但他们也花费了大量时间，通过计算来解答应用题（如时间 / 速度 / 距离问题、混合问题），偶尔还有各种刁钻古怪的问题；而在学习物理时，学生常常需要运用欧姆定律之类的理论来解答各种例题；语文学科的学习则经常会介绍一些分析工具（如典型性格、背景、情节等），并要求学生在理解文学作品时提炼这些要素。上述这些实践活动已经向“运用”迈进了一大步。

但是，危险仍然存在。常见的问题在于，我们提供的只是小规模的练习，而不是成熟复杂的实践场景。学生们倾向于只将此作为习题，仍达不到“理解即感兴趣”的水平。此外，由于这些问题多半列在教材或作业里，所以，学生也不太会留意它们。许多数学老师也表达了另一种担忧：传统课程过于关注“解决问题”，而缺少“发现问题”。而且在传统教材中，最后的习题部分总是与适才介绍的解题方法放在一起，只要运用本章中有限的几种方法就能够解答每一章后面的习题，所以，学生在做题的时候，常常只查阅自己确定有用的一些工具。而当需要解决的问题出现在书中其他位置时，如果学生不能很便捷地在问题前后文找到恰当的方法，那么，他们就有可能完全不知道应该选择哪种工具来解题了！

另外，还有形形色色的教学组织方法，它们以不同的名称而广泛流传，包括：研究型学习、问题导向型学习、社区服务型学习、案例型学习、工作室型学习等。在此，这些方法的异同并不是重点。**对我们来说，值得借鉴的是这些教学方法的常见组成部分：为一种复杂的、开放性的挑战，找到可拓展的、经过深思熟虑的解决办法。**例如，这种挑战可以是“设法缓解社区水资源长期短缺状况”“判断引发一起国际争端的原因”或者“思考现代科技是否能够以及如何提供新的民主参与方式”。

未来智慧洞察
FUTURE WISE

这种类似于研究项目的学习通常包括了思考、运用、注意和兴趣。它强调的重点是在各类问题和项目的激发下，将某些观点作为实际运用的工具。而且，由于研究的项目比较复杂，所以，学生面对的挑战不止是找到“正确的”工具或工具包，而是将不同的工具整合起来，并在学习的过程中不断扩展工具包。

小测试 FUTURE WISE

研究型学习、问题导向型学习等，似乎非常符合我们的目的，无论是追求具有生活价值的学习，还是为生活做好准备的学习。那么，你认为这类学习可能的缺点是什么呢？你能找出一两个漏洞吗？

这个问题肯定会有许多答案。**我的观点是，研究型学习、问题导向型学习等，都不是解决“为生活做好准备的学习”所带来的挑战的捷径，教育者们必须要正确掌握所有细节才行。**例如，有的研究项目过于结构化，也就是说，为了确保成功，教师会直接告诉学生每一步应该怎样做，而学生就无法获得靠自己找到概念工具的经验，也无法熟悉具体的运用实例。同时，学生的时间会浪费在那些与主要学习目的无关的研究任务上。在多年的教学生涯中，我经常会遇到这类情况。有时，学生面临着与技术性知识有关的研究项目，于是，他们不得不花费大量的时间奋力解决技术性问题，而这类问题却通常与真正的学习目的无关。

所以，这也是利弊两开的事情。好的一面是，我们大致知道了要想通过学习为生活做好准备，必须怎样做；我们掌握了诸如研究型学习、问题导向型学习、工作室型学习等教学策略，这些策略很好地整合了需要做的事情。坏的一面是，这些策略都耗时良久，并对组织过程要求苛刻。虽然许多教师毫不犹豫地迎难而上，而且表现优异；但是，我们也需要一种办法来降低挑战的难度。

数字技术，推动学习的主要力量

现在，我们就来详细谈谈数字技术的作用。数字技术主要被包含在我们正在探讨的“学习内容的危机”之中。正如我已经指出的，数字技术是当前知识爆炸、小世界悖论、教学组织模式从层级结构向网状结构转移的主要推动力量之一。**如今，数字技术作为全局性理解和开放性问题而发挥着重要的作用，它体现在各种更新后的学科领域中（见第 7 章）、体现在对综合能力和技巧的各种设想中（见第 8 章）**。

数字技术还发挥了第三种重要的作用：作为学习的工具。我非常推崇数字技术的各种贡献。事实上，我曾多年在哈佛大学教育研究生院教授“技术、创新与教育”（TIE）这门课程。当然，即使没有数字技术，我们也可以归纳得出“理解即思考、理解即应用、理解即注意、理解即感兴趣”之类有助于为生活做好准备的普遍观念，但是，数字技术却可以为我们锦上添花。

2010 年，美国教育部出版了《变革美国教育：以技术推动学习》（*Transforming American Education: Learning Powered by Technology*）。这份经过认真汇总的文件收录了许多教育者对于技术的反思，文件详细描绘了借助数字技术促进更广泛、更深刻的学习的多种途径（读者可以从网上获得全文）。这份文件的执笔者之一，哈佛大学教育研究生院的克里斯·德迪（Chris Dede）倾向于强调各种广泛的可能性。谈及用数字技术辅助学习，我们往往会想到学生从网上获得信息或者在电脑上做练习；而德迪认为，这种想法太过局限，我们还可以巧妙地利用社交媒介，通过讨论、合作、评论反馈等形形色色的方式使学习者互相联系。

此外，还有浸入式的虚拟环境、虚拟世界，借此，学生能够以玩电脑游戏的方式来巩固自己对学习内容的理解、形成重要的思维模式。克里斯·德迪自己的研究以及与蒂娜·格罗泽等同事合作的研究都致力于开发科学学习的虚拟环境，并由此培养学生的科学思维，例如，多用户虚拟环境生态学项目（The EcoMUVE Project）就用来教授中学生有关生态系统和因果模式的知识的。

更进一步的方法则采用了半浸入式的增强现实（augmented reality）技术，这是德迪的另一个兴趣点，也是对多用户虚拟环境生态学项目的延伸。也即，学生利用移动设备探究周围真实的环境，而相应的技术则实时提供与特定地点、物体一致的信息和概貌图，从而带来更丰富的学习机会。

除了对“为理解而学习”有所贡献之外，数字技术也有助于解答我们在探讨“什么知识值得学习”时产生的一些系统难题。此前，我已经强调了“业余的专家”的重要意义，也强调了不应该强迫学习者掌握他们永远不会用到的、冷僻的专业知识。但是，我们必须承认，支持精力旺盛且对此感兴趣的学生探究这类知识仍然是很重要的。当代数字技术使之成为可能，这是前所未有过的，学习者不必再寄希望于本地学校里的老师碰巧知道些什么，他们可以自己在网络上获得需要的专业知识。

这只是数字技术解决的其中一个难题。查尔斯·赖格卢特（Charles Reigeluth）和珍妮弗·卡诺普（Jennifer Karnopp）在其短小精悍的著作《重塑学校》（*Reinventing Schools*）中指出，如今的教育者们必须做到从工业时代范式转变为信息时代范式。他们提出了三大核心理念：以目标达成情况为基础的教育系统（每个学生不断钻研自己正在学习的任意内容，直到对知识的掌握达到了令他们满意的程度，而不是因循旧制、步调统一地逐次完成各项学习任务）；以学习者为中心的教学方法（学习的过程极富个性化）；延展的课程模式（例如，本书探讨的课程）。

如果不运用一些数字技术，上述理想将难以实现。数字技术可以支持个性化的教学，帮助教师依据学生在不同阶段的需要来完成复杂的学习内容编排。事实上，赖格卢特和卡诺普还提出了另一个核心理念，即：重视数字技术的贡献。让我们充分发挥数字技术的作用，用它来解决由它造成的小世界悖论吧。毕竟，我们绝不希望看到如今的学习者们像特洛伊人一样走向末路！

讨论主题：依据学习者和具体情境的需要，让具有生活价值的学习能够为学习者将来的生活做好准备。

探索 1 辨别具有生活价值的学习

我们必须承认，辨识具有生活价值的学习只是第一步。要想真正发挥实效，具有生活价值的学习就应当能够为生活做好准备，在机会浮现的那一刻传达见解、指导行动、提供伦理道德规范。

探索 2 选择具有生活价值的学习

选择需要重点关注的具有生活价值的学习只是第二步，如何让这类学习为生活做好准备的难题仍然存在。

探索 3 为具有生活价值的学习而教

为具有生活价值的学习而教，它需要能够让学生为生活做好准备的教学过程。在此，关键的论题是探究如何实现这一点。

一般来说，为生活做好准备，意味着我们需要引导学习者思考已经知道的和即将知道的内容，从而增进他们的理解。如果这对于年幼的学习者而言难度太高，那么，我们可以简化年纪较大的学习者可以完成的复杂思考，为年幼的学习者提供“初级版”的思考任务。我们也可以引导他们真正思考简单的问题，而不是只提供某个理论的事实和规则。

更具体地说，能够为生活做好准备的学习，意味着不仅要培养学生学会主动思考学习主题本身，更要支持他们以主题内容为工具来进行思考——理解即应用、即注意、即感兴趣。然而，大部分学习只关注对主题内容本身的思考，而不重视将其作为思考工具。在一定限度内，这样的学习还算可行，但却达不到为生活做好准备的水平。有些学习单元在最后为实践运用留了一些空间，但是，教师们或学习者通常不太在意最后的部分，或者因为时间不够而干脆置之不理。所以，更好的办法是：在课时中途就开始注重运用。

只要有黑板和纸笔，每一位教师在自己的课堂上都可以做到上述要求。但是，如果借助数字技术的各种帮助，就能更轻松地、更广泛地实现上述目标。

探索4 建构具有生活价值的课程

我们必须勇敢地面对事实：要想引导学生通过学习为自己的生活做好准备，必须付出大量的时间——远远多于传统教育分配给各个主题内容的课时。这就意味着我们必须巧妙地抽样教学，更有选择性地建构课程。与简单直接地呈现具有生活价值的学习相比，这种教学拥有的空间更小，但是在学习者的思想中，它却能神奇地让各类知识为生活做好准备。

FUTURE WISE

EDUCATING our CHILDREN for a CHANGING world

05

把千斤顶放进工具箱时，请把《尤利西斯》也放进去

传统教育的分科还有用吗？

也许，有必要将现实的实用性与超越现实的实用性区分开来。现实的实用性包括修理轮胎、准备面试、检查你打算购入的房屋有没有闹白蚁等；而超越现实的实用性则涉及我们如何投身于世界之中，包括接触这个世界上的艺术、人、历史、未来、最大的不幸与希望。超越现实的实用性影响了我们大半的人生，并且关乎生活的质量，所以，它似乎也不那么“超脱”。今天，有学习价值的知识往往都超越了传统的分科，那么传统的学科划分能不能带来令人终生受益的学习呢？

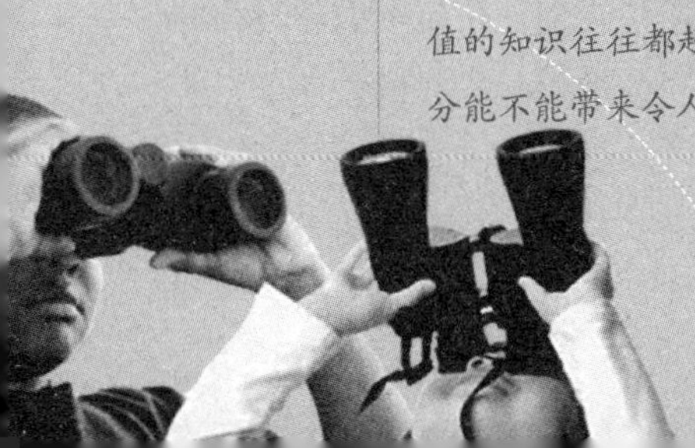

你可以逐个说出7大海洋的名称吗？“7大海洋”众所周知。但是，如果你发现列出这7大海洋的名称有些棘手，那也不用感到意外。或许，并没有官方意义上确定的7大海洋。维基百科中说，所谓的“7大海洋”常常并非只有7个，如它可能包括亚得里亚海、爱琴海、阿拉伯海、黑海、里海、地中海、红海、印度洋、波斯湾，再加上大西洋、太平洋和北冰洋。

那么，你会把所有的这些信息放到哪一个学科的“筐子”中呢？你可能会想，地理学或者海洋学。要么，干脆让这些海洋的知识自成一派好了。而这正是我们在教育中最常做的事情之一：把学习内容划分到不同的学科范畴中——地理、数学、历史等。每个范畴都拥有一整个如海洋般博大的知识世界，外延宽阔、内涵深刻。

当然，正如海洋不止有7个，进入大学前，传统教授的学科也不止7门，除了地理、数学、科学、语文、历史之外，我们还可以加上经济学、视觉艺术、音乐、体育等。这只是大概的分类，其中的大部分学科还可以进一步细分，例如，科学被分为物理、生物和化学等。高等教育阶段之前，传统的教育分科系统组织化程度较高，对学习贡献斐然，且划分学科能够确保教育的秩序。

未来智慧洞察
FUTURE WISE

在若干年的传统教育中，各个学科构成了完整的学习支架，并引导学习者获得成为公民所必需的、最基本的信息和知识。而且，每个学科及其子学科都代表了一种独特的认知方式，它们有自己的重点关注范围以及特定的论证和解释模式。我们必须承认传统教育分科的贡献。

但是，我们也必须时刻谨记萦绕在本书每一章中的问题："什么知识值得学习？"我们必须追问，常见的学科划分能不能带来具有生活价值的学习？前文中，我已经喋喋不休地抱怨了"二次方程""有丝分裂"等主题在生活中没什么用；我也指出，在当今世界被人们认为有学习价值的知识往往都超越了传统的分科。或许，你很可能因此就断定传统分科已经过时了。我并不这样认为：我将赞颂各个不同的学科，而不是葬送它们。尽管，在传统的教学中，各学科都充斥着利基理解和利基问题，但是，它们仍为全局性理解和开放性问题提供了广阔的海洋。

当然，即使我们愿意承认划分学科是有效的、恰当的，但仍然存在更进一步的问题：有没有其他分科体系，以别的方式来有效地组织知识或者使之与传统分科相辅相成？这个问题留待第 8 章解决，本章将尽量以巧妙地抽样的方式，重点介绍各个学科的优点。

学习诗歌有什么好处

这样毫无益处：当个闲散国王，
深居山岩中，坐在静静的炉旁，
由老妻陪伴，向一个野蛮民族
发布各种奖惩法令，他们只知

贮藏，吃睡，却不知我是谁。①

这寥寥几句便是英国文学史上最著名的诗歌之一、19 世纪诗人丁尼生的佳作《尤利西斯》的起笔。作者用 70 行诗句，娓娓道出了荷马史诗《奥德赛》和《伊利亚特》里的英雄，畅游 7 大海域、无惧风浪的水手尤利西斯在暮年返乡后的未酬壮志。他不安于室，往日冒险的回忆仍然在脑海中栩栩如生，无论如何、无论去哪，他渴望再度踏上征途。尽管修正主义评论家们认为诗中充满了反讽和自欺欺人，但这首诗歌至少还算直白易读。

考虑到具有生活价值的学习，丁尼生的《尤利西斯》为我们提供了一个发问的好机会："诗歌有什么好处呢？"有的人可能会希望一锤定音："半点儿好处都没有！一个 3 000 多岁的虚构人物口中，吟诵出一大堆 19 世纪的比喻句会有什么实际用处？不管是这首诗，还是其他的任何一首诗，对我们找到好工作、修理漏水的龙头、发射宇宙飞船、商定合约都没有一点帮助。"

这类怀疑论者总是会想当然地臆断，全局性理解和开放性问题必须是实用的。有时候的确如此，但有的时候，至少对于最底层、最不堪意义上的实用而言，情况并非如此。**事实上，能够洞察世界运转规律的真知灼见也可以算是具有生活价值的。**但这并不意味着，任何一首诗歌或者诗歌赏析都一定能重构整个世界观，我们只是不想把美之女神缪斯拒之门外而已。

我曾经在一学年的课程中围绕着《尤利西斯》陆陆续续地组织了一项活动，主要目的是以此为例来说明教学法中的要点，这段经历对于全局性理解而言也十分宝贵。如果你愿意，也可以尝试一下。（你会用到丁尼生的《尤利西斯》全文，你可以在网上很容易找到这首诗。）

① 诗歌节选自英国桂冠诗人丁尼生的作品：《尤利西斯》，采用何功杰译本，摘自《英诗选读》。——译者注

小测试
FUTURE WISE

阅读《尤利西斯》，挑选出你觉得特别有力的、真正令你感到震撼的诗句。根据下列提示思考为什么这些诗句会让你感触良深：

- 因为与“我是谁”有关。（具体是什么？）
- 也许因为它和人类的自然天性有关，主题恢宏。（什么样的人类天性？什么主题？）
- 也可能是因为丁尼生的行文措辞大气豪迈。（他是怎样营造这种效果的？）

这是一个直截了当的练习，围绕的核心问题就是开放性问题。参与者们丰富多彩的回答让我非常意外。他们两两结对，仔细推敲彼此的想法并主动剔除过于个性化的回答，然后自告奋勇地在小组中分享自己的想法。他们深刻而极富表现力地叙述了《尤利西斯》令自己感动的地方，并说明了原因和自己是如何被打动的。

这个例子以及其他各类分析文学作品的方案都让我深信，诗歌里面蕴藏着全局性理解，哪怕诗歌在今天的美国文化中被认为是“最没用的”，被人们普遍忽视。我并不是说，仅靠阅读和思考一首诗歌就能获得恒久的全局性理解，仿佛诗歌是贩卖智慧的自动售货机似的（投入 50 美分的注意力，就会弹出智慧）。相反，是否能够从诗歌中有所感悟，取决于诗歌本身、阅读的方式、由阅读体验产生的思考光芒以及这种体验重现的频率。但是，这种可能性仍然存在，并且呼之欲出，**关键在于我们能不能找到其中的典型范例**。例如，法国大革命、越南战争之类具有代表性的例子，这类范例为我们提供了拓宽思路的机会。在此，《尤利西斯》就是普遍地或个性化地思考诗歌艺术以及人类境遇的试金石。

对诗歌的整体性思考很难回答“应该选哪一首诗”的问题。《尤利西斯》是不是绝对的佳作？我们是否应该选择《雪夜林边驻足》(*Stopping by Woods on a Snowy Evening*)① 或摘选一些《草叶集》(*Leaves of Grass*)② 中的诗歌，当然还要有荷马的作品，或许还可以加上一两首莎士比亚的十四行诗，再来点儿叶芝（William Butler Yeats）③、奥登（Wystan Hugh Auden）④、威尔伯（Richard Wilbur）⑤ 和平斯基（Robert Pinsky）⑥ 的诗作？这样可以吗？如果要跟上潮流，不如再选些蕴含智慧而又坚定的说唱歌词，或者艾拉·格什温（Ira Gershwin）⑦、保罗·西蒙的歌词？

这样够不够呢？事实上，这一大堆诗作明显带有强烈的性别和文化倾向。最终，正确的选择已经悄然而逝了。

显然，“应该选哪一首诗”这个问题并没有放之四海而皆准的答案。这又回到了第 3 章的观点，我们需要像语文老师一样进行巧妙地抽样教学。不同学科的典型范例本质上都属于全局性理解，而且，不同的范例基本都可以发挥近似的作用——虽然可能不够精确，但每个范例都有其令人印象深刻的独特之处。此时此刻，我们将越南战争作为愚蠢战争的典型范例，但换个时间、换个场合，我们或许就会有别的选择。选择、品位和背景环境息息相关。所选择的范例是否可能引起强烈反响？所提供的背景环境是否可以激发广泛共鸣？

在恰当的背景环境中，探究诸如《尤利西斯》或越南战争等文化标志具有实际的价值，这与生活直接相关，并且还能增添一些文化意蕴（可谓一举两

① 美国当代诗人罗伯特·弗罗斯特（Robert Frost）备受赞誉的诗作。——译者注
②《草叶集》，19 世纪美国作家惠特曼的浪漫主义诗集。——译者注
③ 威廉·巴特勒·叶芝（1865—1939），爱尔兰诗人、剧作家和散文家。——译者注
④ 威斯坦·休·奥登（1907—1973），英国诗人，被称为“奥登派”或“奥登一代”的诗人。——译者注
⑤ 理查德·威尔伯（1921— ），第二届美国桂冠诗人得主，两次获普利策奖。——译者注
⑥ 罗伯特·平斯基（1940— ），美国诗人、文学评论家，美国桂冠诗人得主。——译者注
⑦ 艾拉·格什温（1896—1983），美国抒情诗人，百老汇歌舞剧作家，作曲家乔治·格什温的兄弟。——译者注

得）。**但仅仅只依赖文化标志仍然会有风险，因为文化标志几乎都反映了过去的文化，并且实力雄厚，它恰恰挡在了我们创造明天、鼓励为未知而教的湍急河道中央。**

未来智慧洞察
FUTURE WISE

也许，我们有必要将现实的实用性与超越现实的实用性区分开来。现实的实用性包括修理轮胎、准备面试、检查你打算购入的房屋有没有闹白蚁等；而超越现实的实用性则涉及我们如何投身于世界之中，包括接触这个世界上的艺术、人、历史、未来、不幸与希望。超越现实的实用性影响了我们大半的人生并且关乎生活的质量，所以，它似乎也不那么“超脱”。或许，你在把千斤顶、卸胎棒放进自己的工具箱时，也会愿意将《尤利西斯》及其同类一起放进去。

学习代数有什么好处

既然，连不实用的诗歌都能够在全局性理解的暖炉边拥有一席之地，那么，把代数等令人敬畏的学科冷落在瑟瑟寒风中真的公平吗？但是，涉及代数，我们面对的挑战就不太一样了。诗歌艺术经常会出现在我们的生活中：一首诗、歌词或者说唱词。而且，诗性的表达方式也常包括暗喻、明喻、类比等。诗歌传递着人们的世界观以及人类在这世间的位置。然而，在大多数人的生活中，代数的出镜率就不那么高了。

注意，这种让人忧虑的现象并不存在于基础数学领域。如果要测评使用频率的话，基础算术绝对可以顺利过关。同样，各种数学表达式也经常会被用到，例如计数、数据表格、图表等。如果不能扎实地掌握这些内容，我们可能连报纸都看不懂；更别提完成纯应用的或者实际运用的任务了（比起诗歌好不到哪里去）。而且，一些相对抽象的数学概念也并没有在生活中销声匿迹，例如“质数”概念、“无限”概念等。事实上，它们比《代数》课本中那些几乎所有人学完之后就没机会再用的花哨主题更常用。

那么，光明的前景在哪里呢？你可能还记得，二次方程也不一定像我们最初以为的那样冷僻偏窄。第 2 章讲述了塔斯马尼亚教育部那位女士的经验，她认为，如果将二次方程作为看待增长模式（当代极其重要的一类全局性理解）的途径，那么，它就更具有学习意义。我们也可以期待，为更多的代数知识找到类似的运用方式。那么，应用在哪些领域中，这类代数知识才能真正为学习者可能的生活作出贡献，并且创造更多的“第三类接触”呢？比如，增长模式、经济波动、商业和工业流程优化等领域。

虽然我们可以聚焦于具体个案，但暂且还是先从大局入手。让我们以数学模型为例，代数可谓数学模型的根本所在。最初，你面对的会是一个庞然大物。或许，你面对的是一种增长现象，例如，疾病传播或经济扩张。你希望能够把握它，知晓其来源，所以，你用代数公式来表达实际的情况，通过代数计算来进行推断、寻找解决的途径或者作出预测。之后，再回首起初的庞然大物，凭借着数学提供的依据，你可以说：“这就是它可能的发展方式，我们可以如何来应对呢？”或者：“这就是我们需要的，那么该从哪里寻获呢？”

建构数学模型的丰富过程就是一种全局性理解。乍看之下，它似乎属于复杂的数学：代数学或微积分等。但是，在最初接触数学时，伴随着初级的算术，建立数学模型观念就已渐渐成形了。假设一位木匠打算利用周末的时间来建造一座小狗屋。他先画出了狗屋的草图，草图本身就是一种模型，用平面图的形式呈现出狗屋的蓝图。木匠在图上标注出狗屋的各个面，并且注明了数字尺寸：这里多长、那里多长，木板宽多少、长多少。之后，他草草记下狗屋需要的各类木板长度，加和求出总值，再去本地的木材店买回需要的材料就可以开工了。**整个建模的过程包括：源于生活、转化为草图和数字注释、计算数字、得出结果、回归生活。**

算术和代数类的应用题都是数学建模的问题。它们从真实世界的场景出发，要求有数学表征的过程和计算过程，从而得到特定结果后再回到真实世界。然而，数学建模的重要理念，即“生活 - 数学表征 - 数学计算 - 计算结果 - 生活”的有效循环并没有得到人们明确的认可与重视。我们似乎没有将它看作最基本的、充满魅力的、卓有成效的过程——至少在传统的学校数学教育中是这样的。幸而，仍有一些先进的数学教学法能够慧眼识珠。

未来智慧洞察
FUTURE WISE

> “代数有什么好处？”最明显的一点，它让我们能够以更进一步的、更丰富有效的方式发挥数学模型那非凡的开拓作用，而这也是学习者理应从低年级开始逐渐熟悉的。所以，我们大有可为！当然，只有当全局性理解的主线始终贯穿在数学学习的过程时，我们才有可能实现这一点。

而且即便到那时，我们也必须像“以二次方程来表征增长模型”那样改造代数的学习内容，围绕着有可能在生活中发挥作用的数学模型来重新组织内容。也许，我们无法指望这样的情况时时出现，但至少应该可以从代数领域中挑选出人们在 10 年内偶尔会使用的内容，而不是那些永远用不上的知识。

为了更好地应对这个挑战，我们需要在各类科学领域中辨析与数学模型有关的“第三类接触”式的学习——包括理论研究和实际应用，哪怕是相对不太正式的应用也好（第 6 章谈到认知的不同方式时，我会再详述）。

学科 A to Z，最有生活价值的学习主题有哪些

诗歌有什么好处？我分享了一个答案；代数有什么好处？我给出了另一个答案。那么，现在是时候谈谈总体要点了：我们所熟悉的 7 大“学科海洋”

中具有生活价值的学习。在此，我不打算无休止地反复重申什么知识具有生活价值；当然，我也会尽量拓展，超越人们非常熟悉的学科（这些稍后再谈）。让我们先来看一些信手可得的全局性理解和开放性问题。

我们可以采取一种很有趣的办法：按照字母表顺序，从 A 到 Z 跳跃穿梭，挑选出各个不同学科中广泛存在的、具有生活价值的学习主题。这简直就是小菜一碟！或许，你也已经跃跃欲试了。

小测试 FUTURE WISE

从 A 开始，接着到 B，再到 C。你可以止步于此，也可以按自己的想法继续前进，只要列出你熟悉的、凭直觉认为能够带来全局性理解和开放性问题的任意学科主题——对于学习者可能的生活而言，在见解、行为、伦理道德、机会 4 个方面具有合理的全局性和开放性。你会发现，这种列举方式轻而易举：各个学科的海洋中，物产相当丰富！

下面是我的尝试。当然，这些建议都是我的个人喜好，就像你列出的主题也有你的喜好一样，没关系的，我们并不试图建构一个“标准列表”，而是只要探寻各类主题之丰富。让我们开始欢乐时光吧！

A 可以代表字母表（Alphabet）及其意义，或者更进一步，代表书写的价值。书写是有史以来最伟大的发明，它在欧洲、亚洲和美洲的文明历程中占据了主要的位置（相关学科：阅读和书写）。这里所包含的深刻“见解”是：书写在人类历史上发挥着重要的传承功能。那么，涉及的“行为”呢？我们可以找到一个不太明显的方面：我们通常将书写作为一种交流工具来教学。能不能由书写而思考其他问题呢？答案是：形形色色的书写，包括概念图、列表、辩论表等各种图表都可以作为探究、决策、解决问题和学习的有效工具。然而，教育几乎从不曾直接触及这些方面，而且，不是每一位学习者都能自动养成与书写有关的各项有效技能的。

或者，A 也可以代表审美（Aesthetics），但不是渊博的哲学意义上的美学，而是最基本的审美体验，并且通过欣赏各类作品来培养自己的开放性见解以及敏感性——从鲍勃·迪伦（Bob Dylan）[①] 的民谣到瓦格纳（Wilhelm Richard Wagner）[②] 的歌剧，从安迪·沃尔霍（Andy Warhol）[③] 的波普艺术到约翰内斯·维米尔（Johannes Vermeer）[④] 的古典写实画作（相关学科：艺术、文学）。也许仍有人觉得审美欣赏是华而不实的追求，没有生活价值，但请想一下，人们倾注了生命中多少时光来直接或间接地参与到各式各样的艺术活动中。可见，这又是“超越现实的实用性”的体现了。

B 可以代表基础物理原理（Basic Machines of Physics）：经典的杠杆原理、滑轮系统、斜面、螺杆等；它们如何体现了最基本的物理现象；在我们的生活中发挥着哪些生活价值；我们如何才能随时随地根据需要来调整这些原理，从而解决实际问题（相关学科：物理）。

C 可以指凯撒大帝（Caesar）、俄国沙皇（Czar）、征服者（Conqueror）、强权主导（Coercive Leadership），还可以指魅力型领导（Charismatic Leadership）或“灾难型领导”（Catastrophic Leadership）（相关学科：历史、社会研究）。这类知识对行为的影响表现为：追随、支持谁，原因是什么；其在伦理道德方面的影响也是显而易见的。

姑且用 D 来代表达尔文主义（Darwinian）的进化观，即：在自然选择的

① 鲍勃·迪伦（1941—），美国著名摇滚、民谣艺术家。——译者注
② 威廉·瓦格纳（1813—1883），德国作曲家，著名的古典音乐大师，代表作《尼伯龙根指环》等。——译者注
③ 安迪·沃霍尔（1928—1987），美国艺术家，被誉为 20 世纪艺术界最有名的人物之一，是波普艺术的倡导者和领袖。——译者注
④ 约翰内斯·维米尔（1632—1675），荷兰最伟大的画家之一，被视作“荷兰小画派”的代表画家，画风古典、精致、写实。——译者注

过程中，低级的生命形式逐渐进化为复杂的高级生命形式，比如人类（相关学科：生物）。这种思维方式已经远远超出了单纯地理解“有机体发展”的范围，而且变异、选择、遗传的总体模式也正是千百年来人类语言发展、风尚传播以及政治和实践革新普遍化的重要机制。进化论者理查德·道金斯（Richard Dawkins）在《自私的基因》（*The Selfish Gene*）一书中创造了一个术语来描绘在人类社会中传播和进化的思想，不是基因（genes），而是“模因”（memes）。当前出现的“人群搜索（众包）”（crowdsourcing），例如，发动各方力量搜寻有效的药物等，都与所谓“工程版”的达尔文主义范式有关。

至于E，富有时代特色的选择就是能源（Energy）了，它既是一个科学概念，也具有重要的社会意义。我们可以从科学的角度来探讨由能源产生的能量问题，也可以从社会角度讨论迫在眉睫的能源问题，以及寻找可再生的新能源（相关学科：物理、化学）。

用F来代表金融体系（Financial System）怎么样？这是人类文明的大厦中最根本的要素。它包括了金融系统的动态、经济问题、破产、财政责任以及如何避免卷入经济纠纷等内容（相关学科：经济、历史）。

G指政府（Government）以及各类体制——民主、独裁、共产主义、社会主义或任意一种“主义”，它并不是枯燥乏味的术语，而是具有可操作性，包括真正地参与其中，甚至有所创造（相关学科：历史、社会研究）。G也可以指细菌致病理论（Germ Theory of Disease），它能够在个人健康护理方面为我们提供深刻的见解和应用途径（相关学科：生物、健康）。又或者，G可以指地心引力（Gravity），这是物体在下落过程中持续加速的关键原因，也是“为什么落得远的物体着地时的冲力更大”“为什么要用更多的力才能把物体扔得更远”以及“为什么上了轨道的卫星能够始终待在轨道中”的原因（相关学科：物理）。G还可以指体操（Gymnastics）或体育馆（Gymnasium）——我们的身体可以做什么以及身体具有哪些潜能（相关学科：体育、健康）。

至于H，让我们从丁尼生的《尤利西斯》往前追溯两个半世纪，将崇敬之情献给希腊诗人荷马（Homer），而非美国的卡通人物（即动画片《辛普森一家》中的霍默·辛普森 [Homer Simpson]，虽然他也算是一种文化标志），赞颂荷马谱写的两部伟大史诗及其所揭示的人类共性和诗歌内涵[①]（相关学科：文学、历史）。

但如果荷马并不是你所处的文化或惯常思维状态的源头，那么，你可以选择另一种能用“H”来代表的知识，哪怕是辛普森也行。或者，考虑一下更崇高的主题：人权（Human Right），这个概念大约在5个世纪前才出现并被人们认可，随着联合国的建立和《世界人权宣言》的发布而获得了长足的发展；同时，人权概念不断地得到完善，并且引发了各种各样的讨论，它是关乎人类和当今世界之奥义的哲学和法律基础（相关学科：社会研究、历史）。

字母“I”，不如选择易燃性（Inflammable），它是与火有关的基础化学知识，推动了早期的文明发展，它是生锈的根本原理，是人体内产生能量的基本化学机制。我们很难再找到比它更基础、更普遍的了（相关学科：化学、历史、生物）。

字母“J”，拜托，千万别选“开膛手杰克”（Jack the Ripper）[②]，请选择“正义”（Justice）。正义是一项复杂的人类创造，它涉及对人类文明至关重要的伦理道德和法律，但是，它往往处于勉强维系的险境中（相关学科：历史、社会研究）。无论从哪个角度来看，最早的正义宣言都是在公元前18世纪上半叶、由古巴比伦国的统治者汉谟拉比颁布的《汉谟拉比法典了》。在卢浮宫的美索不达米亚平原文化部分，《汉谟拉比法典》被镌刻在一块巨大的黑色石碑上，展示着对婚姻、契约、遗产、罪行、法律程序等内容的规定。那么，对于

① 我们在第4章曾回顾了荷马笔下特洛伊木马的故事。

② “Jack the Ripper”是1888年8月7日到11月8日间，于伦敦东区的白教堂（Whitechapel）一带以残忍手法连续杀害至少5名妓女的凶手代称，至今，他依然是欧美文化中最恶名昭彰的杀手之一。——编者注

当时而言，你还可以想到什么样的正义？如今，你又期待什么样的正义？今天的境况是否比往昔更好？（这取决于你所处的地区和你的身份。）

K 可以代表千克（Kilograms）等。各种测量方式对一切事物而言都是十分关键的，无论是家庭木工还是工程设计，都需要运用测量的知识，但测量的基础知识却常常被年轻的学习者们误解（相关学科：数学、相关的各类科学、经济学、工程）。

L 可以指逻辑（Logic），论证、争论，探究正式或非正式的推理模式，这些模式让我们能够从已知出发更进一步,而不是止步于表象（相关学科：读写、口语交流）。“这很简单，亲爱的华生”[①]，是这样吗？不，一点儿也不简单，如果我们希望最大限度地利用最初获得的知识和信息，那就必须效仿福尔摩斯的风格（即推理），而不是依靠运气。

M 如果是指数学（Mathematics），未免太过宽泛——这就不是一种全局性理解了，而是无数种全局性理解的集合。所以，我们可以再一次选择数学建模（Mathematical Modeling）的基本循环（相关学科：数学）。我们还可以增加一些建模的方法，例如，制图法、模拟法、心理运算模型等。我们所拥有的最伟大的能力之一，就是建构各种不同形式的数学模型。M 还可以是比喻（Metaphors）：什么是比喻，作为想象力的引擎，它如何发挥作用（相关学科：文学）。但是，仔细想来，在科学和其他学科中，比喻也很常见，它也可以被视为一种模型。

字母 N 或许可以选择民族主义、爱国主义（Nationalism），这是国内、国际政治的基本动力（相关学科：历史、社会研究）。它包括了从激进（如纳粹主义）到温和（在面对他国事务时，相应的态度则更加宽容）的渐变。我们很容易认为，民族主义始终是政治中的一个坚实的组成部分，但事实并非如此。

① 侦探福尔摩斯在破案时常常对搭档华生说的话。——译者注

人类有史以来第二个千年纪的中叶，民族主义观念在西欧国家诞生，当时，政府出于军事和经济方面的原因，希望增强国民的忠诚度。之后，在充斥着暴力战争的20世纪，甚至在核武器出现前，民族主义如雨后春笋般迅速涌现。如今，考虑到全球化的力量，有人认为，民族主义所发挥的功能越来越小，它将渐渐被淘汰；当今世界的诸多问题，例如，能源问题、生态退化问题等，究其本质，都带有国际性的特点。或许会是这样吧，让我们拭目以待。但无论如何，民族主义的主题和相关问题仍然能够激发人们思考，并且十分重要。

字母O可以并列提出东方（Orient）与西方（Occident），东方世界与西方世界，二者差异悬殊的历史；它们内在的复杂性；在如今经济与文化交融的背景下，东西方如何以特定的方式彼此融合（相关学科：全球化研究、历史、社会研究）。“东方与西方”这个主题打破了人们看待世界时那种讨巧而狭隘的观点。我们可以列举其中一个很有说服力的子主题：社会心理学家理查德·尼斯贝特（Richard Nisbett）指出，从大体趋势来看，东方人与西方人的思维方式存在着微妙的区别，东方人不太倾向于总结各类事件、归纳出事物的基本原则和性质特点，而更擅长于辨识事件之间复杂的相互作用。

P可以指范式（Paradigm）：托马斯·库恩（Thomas Kuhn）提出的科学范式观点认为，各种不同的科学方法不时地发生转换和变革，在这样的浪潮中，科学会不断进步（相关学科：各类科学）。此外，这其中还需要加入对库恩观点的批判意见。范式指出了广义的科学学科的作用机制。推此及彼，我们也可以将相似的观点运用在其他学科中。其中的策略是什么呢？这样的问题很有价值，我们将在第6章中具体阐述。

字母Q，我不打算推荐量子力学（Quantum Mechanics），它虽然是物理世界的基础概念，并且在专业技术方面非常重要，但只能运用在原子和亚原子领域，没有更广泛的用途。所以，我们最好从了解性知识中来选择，挑选只需要熟悉而无需深刻理解的内容。（或许，我还在等待另一位“塔斯马尼亚教育部的女士”再度现身，像运用二次方程那样来解读量子力学。）还是用Q来指代“寻找”（Quest）吧，例如，《亚瑟王和圆桌骑士》（*Quest for the Holy Grail*）中的寻找圣杯或者其他英雄人物寻找遗失的、藏匿的、被偷窃的或者传说中的财宝（相关学科：文学、文化研究）。在各类歌谣和文学作品中，“寻找”向来都是基本的叙事主题。当然，《巨蟒与圣杯》（*Monty Python and the Holy Grail*）之类经过改编的喜剧版本也可以包含在内。

R就指事实（Reality）本身。什么是真实的？为什么？它如何变化？原因何在？（相关学科：数学、科学等）例如，负数、0，甚至1都不算是真正的数字，它们最多只算是方便计算的符号。如果今天看来，这几个数字似乎都是真实的，那么，无限数和虚数呢？数学已然包含了这两类数字，它们是真实的吗？或者，数字3呢？它是真实的吗？在什么意义上可以判断它是真实的？如果和你提到的一颗小石头相比，3大概就不算是真实存在的。从过去到现在，什么算是真实？由谁决定的？通过这些问题，我们能够了解自己如何在概念上、在想象中建构每天都生活于其中的世界。那对你而言，什么是真实的？

S可以指统计与概率（Statistics and Probability），我在前文已经极力主张将此作为一种全局性理解了（相关学科：数学）。

T可以指暴政（Tyranny）和悲剧（Tragedy），解释和批判人类境况的另外两种形式（相关学科：历史、社会研究、文学）。或者我们还可以再加上“公用地悲剧”（Tragedy of the Commons），这是一个经济学中的基本概念，有助于理解世界大部分地区的人们所面临的资源管理的严重问题（相关学科：社会研究、经济学）。这里的“公用地”指可以放牧牛羊的公共草地。所谓的“悲剧”即指，只要牧场是公开的，每个人都可以自由使用，那么，人们就会无限度地在公用地上放牧牛羊，直到草场因过度放牧而被破坏殆尽。事实上，从博弈论的分析视角来看，个人作出这样的选择是合理的。（题外话：在字母G的部分还可以加上博弈论[Game Theory]的基本原理［相关学科：经济学、数学]。）只有在利益相关者之间形成集体协议，才能有效回避“公用地悲剧”的必然逻辑，这也适用于渔业资源、水资源、石化燃料、广播的可用宽带等各类资源的过度开发。

字母 U 呢？不如选择“未知”（Unknown）吧——当它在生活中出现时，我们怎样才能找准它的脉搏（相关学科：所有学科）。如果，你觉得这似乎不太可能，那么至少可以先采取这样一个简单的步骤：追踪记录你的“无知”。20 世纪 80 年代，玛丽斯·威特（Marlys Witte）在亚利桑那州立大学医学院开展了一项研究，探讨人们对医学的无知状况。研究的总目标不仅是培养个体对知识的敏锐感知，还培养个体对“无知”的深刻认识；研究的关键工具就是“无知示意图”（Ignorance Map），其中包括了对未知的若干分类：已知的未知（known unknowns），即人们认为自己并不了解的事物；未知的未知（unknown unknowns），即人们不知道自己并不了解的事物；误解（errors），即人们自以为了解，但其实不然的事物；未知的已知（unknown knowns），即人们并没有发现自己其实已经知道了的事物；禁忌（taboos），即危险的、被禁止的知识；否认（denials），即人们认为自己接受不了而拒绝了解的事物。

字母 V，我将选择越南战争（Vietnam War）作为典型范例（相关学科：历史、社会研究）。

W 可以选择财富（Wealth），相关的内容包括：世界上的富裕与贫困并存的现象；不同类型的财富；经济学的主要创立者之一亚当·斯密在 18 世纪创作的经典著作《国富论》；马克思主义的观点及其对革命的诉求；德国著名社会学家、政治学家、经济学家马克斯·韦伯（Max Weber）的深刻见解，他在 20 世纪初就发现了新教徒、清教徒的道德规范与积累式的资本主义文化发展之间的联系（相关学科：经济学、社会研究、历史）。

字母 X 可以指“排外心理”（Xenophobia）。这是我们数千年来遭遇的各种麻烦中过于人性化的危险区域，也即我们对陌生人的畏惧甚至憎恶，是所有灵长类动物根深蒂固的冲动（并非人类独有）。生活在当代的每一个人都应该理解这种心态，并且试着控制它（相关学科：社会研究、全球化研究、历史）。这种敌视心态以我们无法预期的方式潜移默化地影响着人与人之间的关系。哈佛大学的政治科学家罗伯特·帕特曼（Robert Putnam）是一位坚定的自由主义者，并主张保护文化的多样性。他指出：总体而言，如果一个社群中的民族种类较多，那么，公民参与度就会较低，而且邻居间的信任度也较低——哪怕同一民族也是如此；但矛盾的是，似乎不同民族间的冲突也不会很多。人们只是比较冷漠，不愿意参与公众事务而已。

字母Y，让我们选择爱尔兰诗人叶芝（Yeats），他是《在学童中间》（*Among School Children*）及其他许多著名诗篇的作者（相关学科：文学）。你可能会问，这个主题在此算是全局性理解吗？记住，**全局性理解不一定要源于某个概念系统，它也可以由某个典型范例逐渐发展成形**。那么，叶芝及其诗作就是非常典型的范例，向我们展现了诗歌的丰富形式、语调和音乐性。

Z很简单：禅（Zen）。它是一种信仰，但并非西方人能够想象的信仰，也许，从西方意义上来看，它根本不算是一种信仰。它是佛教的变体，是打破逻辑、培养直觉的“公案”的归宿（公案的例子：何谓只手之声）（相关学科：宗教研究、全球化研究、社会研究）。又如，狗有佛性吗？这类知识具有生活价值，它当然能够为我们提供深刻的见解，但却不保证提供伦理道德规范和行为指导，除非你能够意识到一个人是多么容易被与世界的肤浅联系所欺骗。

从A到Z的这些例子是否具有生活价值呢？就这样看来，它们似乎更像是赫希《文化水准新辞典》里的内容（详见第1章），而不像解释清楚的全局性理解和开放性问题。然而，我们目前的任务只是提出各种可能性，而不是细致完善各条知识。那么，它们是否具有生活价值的特性呢？我认为有，但仍然值得讨论；你也可以提出自己的看法。关键并不是列举出每个人都认可的学习主题，而是迅速想到合理的备选主题。

让小孩子学习“悲剧”主题？有何不可呢

或许，对于高年级学生而言，美学、比喻、悲剧等主题都很容易消化吸收，但是对于四年级以下的学生来说，这些主题内容就有些难以消化了，至少有人会这样认为。数学建模？那更是天方夜谭了。全局性理解的整体任务似乎应当有等级的划分，我们或许可以借用电影分级制——选择 R 级（有所限制），而不能选择 G 级（老少皆宜）。

如果真是这样，那就太遗憾了。我们最好不要太确信所谓的“分级”。如果你产生了划分等级的想法，多半得怪我，因为我使用了一些高端的术语（如“Aesthetics”[审美]），并且在阐述各种可能的选择时常常以高年级学生为对象。但是，前面提到的大部分主题内容都有其初级版本，能够转化为低年级学生容易理解的基础知识。

当我想到适合于小孩子的美学主题时，脑海里立刻浮现出黛比·奥哈拉（Debbie O' Hara）的案例。奥哈拉是阿姆斯特丹国际学校（International School of Amsterdam）幼儿园的一名教师。我和同事在开展“形象思维”项目，探寻有助于丰富各学科学习的策略时，曾有幸和黛比以及来自不同学校的多位教师一同合作过。

一天，奥哈拉负责开展了一项活动：欣赏并思考本校 12 年级学生的一幅抽象画作。这幅画非常抽象——巨大的白色帆布背景上杂乱地散落着黑色和灰色的线条涂鸦。孩子们需要“猜一猜这幅画在表达什么，并说说为什么”，即观察这幅画，说出自己的想法和相应的依据。奥哈拉用探究原因的问题来提示学生，例如，“你为什么这样想？”她很重视孩子们的反馈，并简略地记录了每个孩子的回答。在奥哈拉的引导下，孩子们能够长时间、专注地欣赏这幅抽象作品，并且产生了许多深刻的想法，这是大部分成人都做不到的。下面是几个孩子的观察。

> 一个男孩说："我要说的事情很好笑，我想，他画的是跑步。"奥哈拉提示道："还可以再多说一点吗？"男孩回应说："画里面的这些东西都有脚，它们像这样。"说着，他用手指作出了奔跑的动作。
>
> 一个女孩说："我想到了妈妈的头发，是灰色的、白色的和黑色的。"
>
> 另一个男孩认为，画里有很多运动，看起来，画里的东西都在很快地运动。
>
> 另一个女孩说："看上去像是跳跃。""你为什么这样想呢？""因为这些线条让我想起了跳跃，还有快乐。""为什么是跳跃和快乐呢？""我也不知道，突然就这么想了。"

这个例子里面，我们看不到"审美"这个词语的踪迹（尽管我认为它可以出现；成人往往比孩子更畏惧这个术语），但是，与"审美"有关的问题却在孩子们敏感的参与中不断显现。我们如何理解它？我们可以问自己什么样的开放性问题？其中的趣味是什么？我们为什么会有这样的想法？

同样，当我思考适合年幼学习者的"比喻"主题学习时，又一次想到了奥哈拉的学生们：他们似乎很轻易地总结出"它看上去就像是跳跃"之类的话语。此外，我还想到了比亚利克学院（Bialik College，该学院靠近墨尔本，是一所开设了从学前班到 12 年级的独立学院，在它附近还有另一所我曾有幸合作过的教育机构）的基兰·班赛（Kiran Bansai）、内莉·吉布森（Nellie Gibson）和科琳·卡普兰（Corinne Kaplan）。在比亚利克学院，教师们开展了许多活动，引导二年级学生思考自己、思考自我、思考家庭的本质。教师采取的一种"颜色、符号、图像"的策略，让孩子们按照这 3 种方式来解释一个特定的场景，而二年级的孩子们对此毫不畏惧。

一个孩子说：“我选择的颜色是‘浅红色’，因为我喜欢自己脸红的样子，还因为我喜欢奶奶亲吻我，她会涂红色的唇膏，我简直要为她疯狂了。”

另一个孩子说：“如果路上发生了车祸而且有人死掉了，那么这里就会放一个花环，你就会知道发生了什么。这就是我为‘悲伤’选的符号。”

甚至连“悲剧”的主题也并非遥不可及，例如，美国学校中会长久留存一首诗歌，但大家通常都把它视为轻松的娱乐：欧内斯特·泰尔（Ernest Thayer）1888 年创作的《凯西出场》（*Casey at the Bat*）。这首诗完全不同于《尤利西斯》，它以戏谑的方式描述流行的棒球运动中的一个场景，开头是这样的：

那天 9 点，马德维队情势真不妙：
比分停在 2∶4，只剩一局来扳回，
库尼先出局，巴罗斯又跟上，
死亡般的寂静笼罩着球队赞助商。

马德维队陷入了困境，强壮的凯西是球迷们最后的希望，他将在几局后上场力挽颓势，尽管如此，凯西仍然从容无忧：

棒球疾驰，破空而来，
傲慢的凯西只等击球。
棒球擦身而过，健壮的凯西纹丝不动，
“这球不合我意。”凯西说道。
“一振出局！”裁判高声宣判。

之后，凯西同样没有挥棒击打第二个球，只等着打最后一球。最终在第三个球时，他被罚出局了。这真是凯西本人和马德维队的悲剧！仔细想来，这首诗确实和悲剧有关：球队的英雄身负致命的缺陷，那就是骄傲自大，而这给他带来了巨大的灾难。《凯西出场》就是初级版的“悲剧”。

我小时候就读了《凯西出场》。但当时我根本没想到，诗中有着丰富的、简化的悲剧意味可供探究。但是，悲剧的意味恰恰深藏于诗中，等待人们发掘。所以，在向学生展现各种不同的文学形式时，何必非得选择声名斐然的著作为例呢？年幼的孩子也能明白《凯西出场》中蕴含的“骄者必败，狂者必亡”的道理。**我十分信奉发展心理学家杰罗姆·布鲁纳（Jerome Bruner）的著名言论：“通过假设，这种在智慧上十分可靠的方式，我们可以将任何学科教给处于任何一个发展阶段上的任何一名儿童。”**

让幼童学习“悲剧”主题？当然可以，只要是初级版本，又有何不可呢！

讨论主题：根据学习者和具体情境的需求，提供尽可能多的学科知识。

探索 1 辨别具有生活价值的学习

本章的要点既直截明了又令人振奋：我们熟悉的各个学科中都饱含具有生活价值的学习。

探索 2 选择具有生活价值的学习

传统课程大多自负地认定，自己已经择优挑选了各个学科中所能提供的最佳内容。但是，任何一个人，只要仔细想想传统教育的问题，就会对此产生疑问。我们需要更大胆的讨论！事实上，传统课程普遍包含了许多狭隘的内容，同时还忽略了各个学科中极具生活价值的主题。所以，我们有必要进行巧妙地抽样教学，增加学习内容的丰富性和广泛性。

探索 3 为具有生活价值的学习而教

如果对于年幼的学习者而言各学科中的丰富内容难度过高，那么，采用这些主题的初级版本，这一方法很有帮助。

探索 4 建构具有生活价值的课程

我们熟悉的各个学科已经为建构具有生活价值的课程提供了充足的资源和材料，但是这并不意味着我们可以止步于此。第 7 章将强调更新学科、重组学科、探究各学科的变化对设置课程的重要意义。

FUTURE WISE

EDUCATING our CHILDREN for a CHANGING world

06

像 X 一样思考

如何认识各学科背后的认知方式？

理解一门学科的真正意义，绝不仅仅是积累信息或解决代表性的问题而已。在如今这个复杂的世界中，我们已经无法在单独的某个学科中找到解决问题的办法了，相反，只有靠跨学科的对话，才能获得解答。

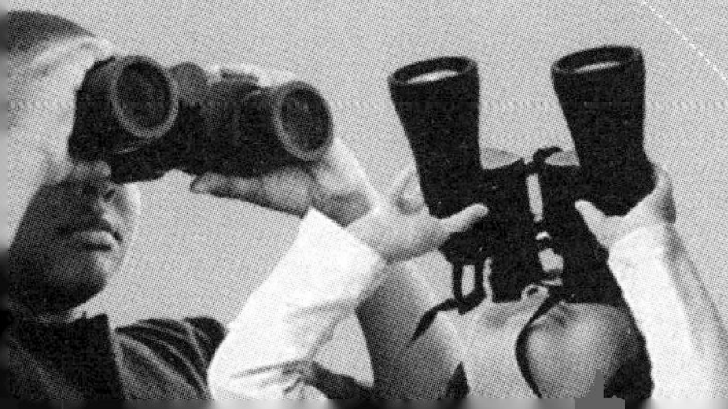

1990 年春天，一门新颖而独特的课程彻底打破了哈佛大学长期以来“一位教授一言堂”的传统。“思考思维”（Thinking about Thinking）这门课程汇集了哈佛大学的三位明星教授：法学院的艾伦·德肖维茨（Alan Dershowitz）、古生物学家斯蒂芬·杰伊·古尔德（Stephen Jay Gould）以及哲学家罗伯特·诺齐克（Robert Nozick）。课程的目标是揭示思维的本质，展现学术研究的深层模式。这门课程源于其中一位教授偶然产生的灵感：德肖维茨教授听了古尔德教授的一节课，发现两人看待问题的方式差异悬殊，那么，为何不公开地讨论这种差异呢？

这门课程最重要的部分就是讨论。每周，教授们都会从哲学、社会学或科学主题中选出一个特别的讨论题目。针对这个题目，每位教授都提出自己的最初观点，分别论述一会儿之后，他们会与听众一同讨论。宏观大气的课程设计和三位标志性的学术人物吸引了大量学生和教授，他们蜂拥而至，享受这学术的盛筵并从中学习。听众如此之多，以至于组织方不得不立刻调整场地，将课程安排在哈佛大学最大的演讲厅之一——B 科学中心（Science Center B）中进行。而且，听众中只有很少一部分是正式选课的学生，更多的人都是慕名而来的旁听者。

事实上，各堂课并没有过多地强调“对思维进行思考”，而更重视对每周话题的思考。三位教授也很少直接讨论“思维”本身，相反，他们从自己的学科视角出发，玩起了思维的游戏，将比较的机会留给了台下的拥趸者们。三位教授亲自展现了法学者、古生物学者和哲学家的思维方式。

未来智慧洞察
FUTURE WISE

> 全局性理解和开放性问题不止与学科内容有关。基于不同学科、不同文化等的思维方式本身在生活中都是有意义的、是值得学习的；所以，哪怕你并非某个学科的专家，只要你试图从周围的世界中汲取深刻的见解、行动指导以及伦理道德规范，就应该在概念上理解这些思维方式，同时在实践中有效地运用之。学科思维和其他思维方式符合大学前各个教育阶段的某类任务要求，即：至少在简单而有帮助的层面，培养学生“像 X 一样思考”，X 可以是科学家、数学家、历史学家、艺术家或者类似的专业人士。

本章的宗旨就是从思维方式的角度探究各类具有生活价值的学习；我们可以称之为“认知方式”（ways of knowing）。具体而言：首先，我们将进一步探讨德肖维茨、古尔德和诺齐克教授的案例；接着，探讨普遍的认知方式，呈现更多的例子，并且间或地加入一些教学理念。注意，我们提供的例子不可能包揽所有值得探究的认知方式，甚至连学术性的认知方式都不可能完全涵盖，否则，就得用一整本书而不是一章的篇幅来讨论了。

不同学科代表着不同的认知方式

4 月 23 日，“思考思维”课程的主题是“解释与因果关系”。在独立陈述时，诺齐克和古尔德分别阐述了自己的观点；之后德肖维茨提出的观点却迅速成为了争论的焦点。他的出发点是刑法学中的一个基本原则：“法律始于命案”，也就是说，罪案发生在前，法律生效在后。如果没有发生罪案，法律就没有任何作用；而只有罪案发生后，法律才能找出主要责任人并且惩罚有罪的一方。

德肖维茨认为，这是合理的，但它并非是维护社会秩序的明智方式。为什么一定要等到有人被谋杀之后才采取行动呢？在他看来，真正的犯罪应当是“风险生成型”的。只要有犯罪的风险，就应当给予惩罚，无论罪犯是否得逞。开膛手杰克产生了谋杀的欲念并计划实施，那么，这就产生了犯罪的风险，他就应当受到惩罚。潜在的杀人犯真正实施罪行之前，我们就应该防患于未然。德肖维茨提醒大家，你可能觉得这种观点很奇怪，但法律已经开始朝这个方向发展了。醉驾和杀人未遂都被视为犯罪，因为即使没有人被撞或者被杀，这两类行为实际上都已经产生了风险。

作为哲学家的诺齐克并不赞同这种看法。他对人们关于有罪或无罪的直觉提出了异议。人们即便只是无辜地卷入了意外的死亡事故，也会觉得自己有罪。显然，对于原因和责任，我们有一种根深蒂固的推理模式，按照这种模式，实际结果起着决定性的作用。古尔德支持诺齐克的观点：在责任感的引导下，人们才知道需要关注和弥补什么。（如今，对非人灵长类动物的大量研究已经证实了基本道德直觉的广泛存在。）

德肖维茨不同意两人的观点。他认为，只要个人没有责任，那么，就不需要有罪恶感。但另一方面，就算没有造成不幸的后果、就算无需承担责任，人们也应该为自己造成的危险感到愧疚。这位法律学者承认，罪恶感提供了某种行为指导，但只是粗略的。

真的是这样吗？另外两位学者表示怀疑。在对话中，古尔德抛出了一则轶事：一位年老的女士正打算穿过哈佛大学的门厅，这时，有人从相反的方向出来，推开门，撞倒了老女士。难道这个人不应该感到内疚吗？

德肖维茨反驳道：“但是，被撞倒的人总是会说：‘没关系，你不用感到抱歉。’”

古尔德回应说："不，你应该感到内疚，哪怕这并不是你的错。"

诺齐克和古尔德站在同一战线上。诺齐克讽刺道："难道我们应该对俄狄浦斯说：'不要因为那是你的父母而感到难过，事情就是这样的？'如果真这样说了，那么，很显然，我们并没有搞懂希腊悲剧。"

诺齐克提到了俄狄浦斯的传说。俄狄浦斯的父亲是底比斯国王，他听闻预言称，自己将死于亲生儿子之手，于是便放逐了俄狄浦斯。俄狄浦斯的养父母在毫不知情的状况下将他抚养成人。成年后，俄狄浦斯最终杀死了自己的亲生父亲，成为底比斯之王，并且娶了自己的母亲。当时，他并不知道自己所犯的罪，尽管如此，众神却因他的罪行而怒不可遏，用蔓延的瘟疫来惩罚底比斯人。当知道真相后，俄狄浦斯自毁双目以惩罚自己。

德肖维茨承认自己并不理解希腊悲剧的意义，他说："俄狄浦斯应该三思而后行。或者，他只要撕裂长袍[①]就够了。他是犯了错，但如果必须靠自毁双目来认罪的话，那就太惨了！"

于是，讨论继续进行，没有也不需要最终的解答。在这里（以及其他各个场景中），令我着迷的是三位学者的讨论方式如何反映出他们各自的学科信念。德肖维茨总是从法律领域的实用主义视角来进行辩论：为了增进社会公益，我们需要什么样的法律？能够规避风险的法律或许比事后补救的法律更有效。

哲学家诺齐克则经常使用具有自然主义内涵的术语，挖掘不同术语之间的细微差别，例如，他在讨论中仔细探讨了道德直觉的概念。

古尔德是一位进化论者，他的言辞中时常涉及思想和行为模式潜在的进化功能。如果不幸的事件恰好与自己有关，那么，我们都会对此感到愧疚，哪怕责任并不在己。这种倾向的背后，就隐含着进化的意义。也许，我们原本可

① 撕裂长袍或衣服是希伯来人表示极度悲愤的一种行为，在此有比喻意义。——译者注

以做点儿什么，让自己更警醒、更思虑周全一些，但却没有做到。这类愧疚的感觉虽然已经超越了直接的责任感，但却有益于种族的生存和繁衍。

三位教授每周的讨论不断地提醒我们：**理解一门学科的真正意义，绝不仅仅是积累信息或解决代表性的问题而已。**每一位教授都以独特的探究和争论风格展现了自己流畅而灵活的思路。从各自的学科视角来看，德肖维茨、诺齐克和古尔德都是“游戏的赢家”。

未来智慧洞察
FUTURE WISE

> 对我们来说，这门课程也是一个绝妙的提醒：在如今这个复杂的世界中，我们已经无法在单独的某个学科中找到解决问题的办法了，相反，只有靠跨学科的对话，才有可能获得解答。

不同的认知方式有什么好处

如果说德肖维茨、诺齐克和古尔德都是“游戏的赢家”，那么，他们是在什么样的“游戏”中获胜呢？纵览各个不同领域，数学、物理、历史、文学研究、人类学、艺术，所谓的“游戏”显然天差地别，正如从数学的角度论证某事物（典型的形式演绎论证）与从历史的角度论证（追溯起源，寻找接近于同时期的证据，调整可能的偏见）或从物理的角度论证（用实证实验来检验假设模型）会完全不同一样。

如果我们对内容与方式进行粗略划分，那么，这里的“游戏”就会更清楚一些。例如，德肖维茨提供了大量的刑法知识——它是什么、过去曾经是什么、从何而来、有哪些不同的形式。其中包括了风险规避型法律的范例，如谋杀未遂罪或醉驾。然而，在这些信息之外，德肖维茨的言谈还涉及了方式的问题——将法律视为服务于社会的功能性设计而探究的方式，以及讨论法律如何生效的方式。除了功能性设计的观点，法学中还包括了“挑选特殊案例”的标志性风格，例如：法律论据以成文法为基础；判例遵循先例原则；通例偶尔具有法律效力；综合考虑这些，人们通过类比和演绎来起诉或辩护。

总而言之，不同的学科和子学科、不同的专业领域，甚至不同的文化，在某种程度上都需要独特的“认知方式”（或者直白地说“弄清楚某事的方式”“探究的方式”）。

为了与此前的讨论保持一致，我也曾在其他文章中使用“认知游戏”或“知识”来阐述这个论题。此外，苏格兰的诺埃尔·恩特威斯尔及其同事论述了一个科目或一门学科的内在逻辑和相应的思维、实践方式；埃伦·柯林斯（Alan Collins）和威廉·弗格森（William Ferguson）则讨论了认知的形式与认知游戏，其中认知的形式涉及常用的知识表征（如数学图表、方程），认知游戏涉及使用这些形式的方法；大卫·夏弗（David Shaffer）探讨了如何运用电脑游戏帮助学生形成深刻的认知理解。

在第4章提及的“为理解而教”课程背景下，韦罗妮卡·伯克森·曼西利亚（Veronica Boix Mansilla）和霍华德·加德纳提出了学科理解的4个维度：知识（对学科内容的良好理解）、方法（学科如何构建和检验知识）、目的（以学科为解释、解读和实际运用的工具）、形式（学科内重要的符号工具系统，例如，数学、文字或艺术的表达方式）。

> **对角线学习（Learning on the diagonal）**
>
> 某学科适宜的知识内容和思维习惯都应当在深度和广度方面同时得到增长，思维习惯的发展不应当滞后。

斯蒂芬妮·麦康纳基（Stephanie McConachie）和安东尼·彼得罗斯基（Anthony Petrosky）编写的《重要的内容》（*Content Matters*）一书，界定了能够促进学生学习的学科素养方法。作者不仅探讨了如何帮助学生理解学科内容，更重视如何支持学生理解学科背后的运作机制，包括如何通过阅读、推理、调查、讲述、写作来学习，以及如何积累复杂的知识内容。他们极力主张通过“对角线学习”来实现这个目的：某学科适宜的知识内容和思维习惯都应当在深度和广度方面同时得到发展，思维习惯的发展不应当滞后。

未来智慧洞察
FUTURE WISE

> 不同的学科、专业和其他实践领域都有独特的甚至对比鲜明的系列工具，借助于此，我们可以建构全局性理解和开放性问题。而且，这些工具本身也包含了值得学习的全局性理解和开放性问题。

当然，我们的三位典型代表，德肖维茨、诺齐克和古尔德并没有各说各话，相反，他们理解彼此的观点，就像音乐家理解同行的音乐风格一样。在对话和争论中，三位教授轻而易举地将自己的认知方式嵌入到整体之中，我认为，这个整体的力量似乎大于各部分之和，哪怕分歧仍然存在——这也是跨学科的动力所在。尽管意见不合，但是，在致力于通过“思考思维”课程达成预期目标时，他们独特的认知方式已大放光彩。

FUTURE WISE

> 不同的认知方式之间也存在着共性，其中之一便是对连贯性和一致性的普遍关注。同时，大部分认知方式都重视争论和证据，强调必须证明某种主张是正确的，或者证实某种模型能够恰如其分地反映“事物背后的道理”——虽然各学科采用的具体论证方法各不相同。

此外，我们也应该认识到，在学术性的各个学科之外，还有一些重要的认知方式发挥着作用（例如，直觉、信仰、感觉识别等），而且也存在不同文化倾向的认知方式。有时，这些认知方式也在学科内部占一席之地。

最后，在学科内也会出现关于“本学科的认知方式是什么”的争论，就像有卷帙浩繁的文献讨论科学知识的各细节一样。然而，要理清所有的这些争论非常困难，所以，我们只关注与部分学科有关的认知方式的粗略概况。

这些不同的认知方式分别是什么样的？它们之间有哪些差异？回答这问题的途径之一就是，**审视认知方式所发挥的 4 种重要作用：描述、论证、解释、应用**。具体而言，任何一种认知方式都能够：

- 依据特定的规则、使用特定的语言来描述事物，强调其特定的性质和表现①。
- 通过其偏好的特定争论、证据和直觉判断来论证一些主张、理论和观点。
- 以同样独特的方式解释其所面临的问题。
- 拥有特定的应用范围和形式。

小测试 FUTURE WISE

选择一个你熟悉的领域，概括这个领域特有的描述事物的方式、论证主张 / 理论 / 观点的方式、解释现象的方式，以及在特定范围内、特定的应用方式。

再次回顾德肖维茨关于风险生成型犯罪观的讨论。其中，德肖维茨是如何描述、论证、解释和应用法律范式的？德肖维茨将“风险生成”作为一种蓄意策划犯罪的方式，用来重新描述必须予以法律干预的情况。这位法学家极力主张：我们不应该从犯罪行为本身开始，尽管这是常见的起点；相反，应该将风险生成视作一类重要的潜在违法行为。德肖维茨从社会功能主义的角度来论证他的观点，这也是立法的常规原则。

① 在此，采用广义“描述”，即不仅包括文字表述，也包含其他类型的表征，如方程、计算机模型、草图或绘画。

在这个意义上，法律也是一种工程科学：社会工程学。至于解释，由于德肖维茨的观点在某些情境中显得很奇怪，如俄狄浦斯王的例子，因此，他必须在不同情境下详细解释之。当然，这些解释也需要论证。如果我们接受德肖维茨的观点，那么对“风险生成型犯罪观”的应用就包括：基于这个概念，进一步建立切实可行的法律。

德肖维茨的论点已经超越了具体的案例，属于法律学术方面的讨论；但事实上，从司法的角度来分析一桩具体罪案，我们也可以从中看到认知方式的体现。描述始于具体罪案（比如一具尸体），调查谁是被害人、谁是罪犯，接下来涉及的法律术语可能是我们在电视剧中或法庭上耳熟能详的了。论证与证词和法医证据有关，一般发生在精心安排的抗辩制诉讼体系中，原被告双方都有机会为自己辩护，而且以无罪推定为核心要旨。解释主要体现为叙事的方式，是一种“犯罪理论”，主要阐述：关键人物是谁、发生了什么、为什么，并以证据为支撑。应用即正式审判的全过程：通过描述、论证、解释等一般模式，得出对具体罪案的结论。类似的过程也适用于其他各类认知方式（详见后文）。

未来智慧洞察
FUTURE WISE

> **那么，这与全局性理解、开放性问题有什么关系呢？很显然，某个学科的认知方式及其所有表现形式，构成了全局性理解和开放性问题，这是学习的重中之重。认知方式提供了一种学科视角，远远超出了简单地掌握学科事实、学科规则或者理解关键概念。在考虑生活意义的前提下，运用和领会学科知识、灵活地在其典型范围之内和之外利用学科知识，学习者需要掌握学科认知方式的诀窍。**

“等等，”怀疑论者可能会反驳，“我又有多少时候会真正需要使用法律的、科学的或数学的思考方式呢？”——至少我们经常会用到初级的版本。当你看法律主题的电视剧、收听与医学发现有关的新闻、阅读关于人口增长风险的文章时，了解相关的认知方式有助于紧跟事实动态。**了解相关的认知方式能够帮助我们理解自己听到的各种观点、结论及其影响力，理解其确定或不确定的方面，而它甚至无需依靠技术性知识；并且它有助于提出开放性问题，进而探寻更多的证据或更清楚的解释。**

了解多种认知方式能够培养更广泛的人类知识观，包括知识的起源、知识的归宿。它还有助于填补英国科学家、小说家 C. P. 斯诺（C.P.Snow）在 20 世纪 50 年代末期提出的“两类文化”——科学与人文之间的鸿沟，并且缓和二者之间彼此质疑和鄙夷的情况。两类文化间的鸿沟是否如此巨大，它是内在的还是具有渗透性，这些问题都会引起激烈的争论。但是，如果不理解与科学和人文有关的认知方式，那么，你甚至连争论本身都听不懂，更不用说参与其中了。

或许，最重要的是，了解不同的认知方式能够为将来的学习做好准备。当你需要获取更多的法律、科学或数学知识时，了解相应的认知方式会大有帮助。在生命的历程中，我们就算没有什么远大的专业志向，也或多或少地需要在这个或那个方面掌握更多知识，所以，了解认知方式至关重要。

最后，当生活吁求我们认真、深刻地思考时，多样化的认知方式彼此交织，共同帮助我们了解当前的情况。因此，必须深入探究认知的方式，评判它是什么样的、有什么好处。

未来智慧洞察
FUTURE WISE

> 了解多种认知方式能够培养更广泛的人类知识观，包括知识的起源、知识的归宿。最重要的是，能够为将来的学习做好准备。多种多样的认知方式彼此交织，共同帮助我们了解当前的情况。

欧几里得式认知

欧几里得几何学就像是课堂教学中的“基地组织”，体量小、威胁大，兼具人们无法理解的哲学观和攻击性倾向。它的形式主义、复杂性以及对学习者洞察力的挑战都可谓“声名狼藉”。我想，抱有这种看法的人们最喜闻乐见的就是欧几里得的方式渐渐从学校中“隐退”。

这可谓一大憾事。欧几里得式认知是一种基础认知方式，借助它，我们可以从顽固而割裂的宇宙碎片中凝聚出真理。当然，只有在谈及数学系统之基础的诸多定义、定理时，数学真理才真正有效。但即便如此，这种相对的真理也因其美丽和严密性而熠熠生辉。在常见的课程体系中，有一些科目为学习者提供了获取这种基础认知方式的机会，而欧几里得几何学正是其中之一（尽管相关的教学方法中存在着严重的局限性）。

欧几里得式认知并不是唯一的数学认知途径，除此之外，还有第 5 章谈到的数学模型。欧几里得为我们提供了形式化的演绎推理：广义上的猜想与证明。一方面，猜想即提出力图证明的观点；另一方面，以定义、公理、已证实的定理、广泛概括的各种数学对象和系统为基础，借助于证明的机制，严谨的数学方才得以建立。关于这种数学发现，一个众所周知的例子就是经典的勾股定理，即：直角三角形两直角边的平方和等于斜边的平方，有许多证据可以证明这条重要的基本定理。

为了更清楚地理解这一点，让我们具体看看欧几里得式认知如何描述、论证、解释和应用。描述始于阐明数学对象逻辑特点的定义，例如：“到定点的距离相等的所有点的轨迹称为圆”。虽然，定义通常会受到关于某个数学对象（如，圆）的日常经验所启发，但它也具有规定性的特点。定义的内容说明了数学对象“是什么”，以便进行形式推理。而尽管会受到直观感觉的引导，几何学者仍然只能依据定义所阐明的特定形式属性来进行证明，别无他法。由此得出的结论通常表现为普遍性命题（如“所有直角三角形……”）或者存在性命题（如“至少有一类非直角三角形是……”），等等。

欧几里得的论证方式包括从定义、公理和已证实的定理出发的形式演绎。由此产生了一个令人费解的后果：**数学中的抗辩和反驳远远少于法律，法律常用的抗辩方法在数学中毫无意义。**如果我们已经通过合理的演绎推理证明了勾股定理，那么就没有必要再听“反方意见”了。当然，演绎推论也可能出错，并且会遭到批判，但这完全不同于权衡正反方论据后获得最佳判断。在具体的论证之外，数学的学术层面也会出现争论，例如讨论哪种方法更适宜，而这样的争论才具有“双方辩驳”的特点。

按照欧几里得式认知，解释与证明的关系特殊。但数学家往往更多地谈及“证明”而非“解释”。格式塔心理学家[①]马克斯·韦特海墨（Max Wertheimer）在 20 世纪 40 年代深入探讨了数学推理和数学理解。他对比了具有解释特点的证明与类似于逻辑游戏的证明（两种论证比比皆是），并且强调，即便是在小学阶段，有意义的数学探究也应当重视提供解释的论据，而非演绎性论据。

最后，数学思维方式的应用范围之广，也令人印象深刻。形式推理的方法在许多领域都十分有效，如物理、工程、经济等。

但是，欧几里得几何学的常规教学却无法帮助学习者进一步发展这种数学认知方式。几年前，数学教育者丹尼尔·查曾（Daniel Chazen）通过一系列的观察发现了问题所在，为我们提供了一个颇具魅力的例子。他向正在学习几何的学生提出了有关几何原理的开放性问题。“假如，我们已经证明了一条定理。那你认为是否可以找到例外的情况？是否可以找到定理出错的例子？”

---

① 格式塔心理学（gestalt psychology），又叫完形心理学，西方现代心理学的主要学派之一。该学派主张研究直接经验（即意识）和行为，强调经验和行为的整体性，认为整体不等于并且大于部分之和，主张以整体的动力结构观来研究心理现象。——编者注

“当然，”许多学生回答道，“如果你真的用心找，可以找到。”

丹尼尔·查曾又提出了另一个问题：“现在，假设我们形成了一种观点，它极有可能被证明成为定理。再假设我们已经用差异悬殊的若干例子来检验这种观点，它都成立。那么，是否真的可以确信这一定理就是真的？”

“当然。”许多学生再次肯定。

任何一个了解欧几里得式认知的人都会发现，这些答案与欧几里得式认知方式背道而驰。首先，逻辑论证的关键在于确定一个经久不衰的命题，如果论证在形式上是正确的，那么就不可能出现例外。

其次，欧几里得式认知的核心要旨是：具体案例不如形式证明。你可能会发现，某个命题在许多不同案例中得到了证实，但之后很快又会出现一个罕见的反例推翻该命题。而形式证明则能抵御这种情况，但需要指出的是，这种危险真实存在。似乎很有前景的概括性命题，往往也会有例外，而形式数学的技巧就包括搜寻这些例外：只要找到一个例外，就表明命题不成立，而你也就不需要再花时间来论证了。

培根式认知

按照欧几里得式认知来看，丹尼尔·查曾所访谈的那些学生可能答错了，但他们并没有胡诌。他们受到另一种认知方式的影响，即实证科学的粗略版本：提出假设、实验验证。我们称其为“培根式认知”，以著名散文家、哲学家弗兰西斯·培根（Francis Bacon）的名字命名。他在1620年发表的著作《新工具》（*New Instrument of Science, Novum Organum Scientiarum*）中提出了这种科学方法。

培根式认知从假设开始，即基于观察和思考提出一个概括性的命题。你认为它可能是正确的，但还不太肯定。“Hypothesis”（假设）这个词意蕴深刻，希腊词根“hypo”意指“之下、低于”（under），例如“hypodermic”意为“皮下注射”。而“thesis”则指人们自信断定的内容，也即命题。换句话说，假设就是未达到命题水平的观点，它需要论据支撑，但目前证据不足。

如果假设可以在许多情景中发挥作用，那么我们可以暂时认可它。但是，必须十分谨慎：我们都知道，之后或许会出现一些矛盾限制假设的应用范围。前面学习几何的学生就是这样认为的——已证实的定理可能会遭遇例外。他们以培根式认知来看待这个问题，即：就算是确信无疑的事物也会出错；而不是按照欧几里得式认知来理解，即：确证的不容有疑。

具体而言，什么是培根式认知呢？大量历史学和科学哲学的研究都旨在解答培根式认知的作用原理或可能的机制，所以，我们在这里的讨论未免有些流于粗浅。

首先，描述。数学基本上通过定义来表述（到定点的距离相等的所有点的轨迹称为圆）；自然科学与人文科学则倾向于描述世界（行星的轨道、原子、黑洞、文化、态度、经济模式）。科学家们借助于测量、方程式、深度描绘和其他表征方式来描述这些事物，但复杂之处在于，科学所涉及的许多内容都并非直接可见、可接触甚至可观察的。例如，我们可以直接观测抛出的球的运动轨迹或是陀螺的运动，但却无法直接观察黑洞、原子甚至行星轨道（这只能透过夜空中光点的位置来推测）。为了解释世界，科学家假定黑洞、原子或行星轨道的存在；而我们也只在相关事实成立的前提下将其视为真实。

这直接导向了论证。不同于欧几里得式认知对逻辑的重视，培根式认知更强调探究世界。借助于这种理论，我们可以预测自己应当观察什么，并尝试是否能有所发现。其中的细节繁琐而散乱，但科学哲学家卡尔·波普尔（Karl

Popper）[1]提出了一条关键原则，即：可证伪性或不可确证性。他在其1934年出版的著作《科学研究的逻辑》（*The Logic of Scientific Discovery, Logik der Forschung*）中指出，建立一种理论不仅需要收集有效的案例，也需要将其置于危险境地，考察由这种理论作出的具体推测不能被证实的情况。相应的，优秀的科学家会致力于通过实验来冲击、挑战自己青睐的理论，而不仅仅是支持这理论的兴盛发展。

通常，科学中的解释表现为：运用广泛的总体原则（如，牛顿定律、相对论、量子力学、心理机制、文化偏见等）进行推理，从而解释具体案例，例如，牛顿对行星轨道的著名解释就是由重力定律和其他原则推导而得的。数学中的论据常常将证明与解释融为一体，而在科学中，二者却是彼此分立的，其中，论证涉及仔细地探索世界，观察事实是否符合预期。

最后，培根式认知的应用范围相当广泛：从简单地解释令我们感到好奇的事物，到获得大量有科学证据支持的工程研究成果。

我曾提到，学习几何的学生们似乎遵循了培根式认知而非欧几里得式认知。但事实上，他们似乎也没有形成十分清晰的培根式认知。与波普尔的“可证伪性”原则相反，有关推理的研究表明，人们在偶尔尝试验证某个命题时，往往只搜寻正面的例子。例如，在本能地倾向于支持某位政客的公民眼中，他们只看得到其政见和策略成功的情形；相反，怀疑者们则只能看到其政见与策略失败的情形。双方都不会从对方的角度来搜寻资料。如果提供20个例子，一半正面、一半反面，那么，拥护者们会重视正例，而怀疑者们则会强调反例，双方要么忽略、要么搪塞另一半例子，并且无法理解对方为何如此轻易被骗。所以，更好的做法就是努力寻找自己青睐的假设的反面证据——同时抱着找不到反例的希望。

① 卡尔·波普尔（1902—1994），奥地利人，英国籍著名哲学家，涉足科学哲学、科学方法论、逻辑学等研究领域。——译者注

学习的方式与认知的方式

那么，学习者如何才能更好地理解欧几里得式或培根式认知方式呢？如何才能突破对此的智力认知而走向主动的实际运用，从而真正为生活做好准备呢？

方法之一，直截了当地应对这类问题。例如，多年来，世界性的教育联盟——国际文凭组织（IBO）的学位课程中一直开设了“知识论”（Theory of Knowledge）这门课，直接解答不同学科的知识特性以及各类认知方式等问题。只要能够在课程中占据一席之地，这种直面问题的方法就会展现出更多元的形式。当然，我们应该为它提供更大的空间。

另一种方法，深化学科教学。在此，有一条诱人的康庄大道，即提供更多的学科内容：更多的欧几里得几何学、更多的实证科学、更多的……然而，这样做的效果并不十分明显。正如丹尼尔·查曾的那些学习几何的学生被试，他们的确可以完成许多几何习题，但显然忽略了一些重要的游戏规则。

未来智慧洞察
FUTURE WISE

> **在课程教学中，这样的问题非常普遍，往往容易出现“只见树木，不见森林”的偏颇。尤其是在基础教育阶段，传统教育只是在不同的“树木”之间逡巡，忽略了整体认知方式的重要特点。虽然常规的科学教育中也涉及“了解科学方法”，但“了解”并不等同于“运用”，甚至不如“认真掌握”。仅仅了解认知的方式，还不足以将学习的主题内容转变为实际运用的工具，更不能使之为生活做好准备。**

虽然，初级几何学习有助于凸显论证方法的中心地位，并为我们提供彼此交融的两列内容：左侧是推理的过程，右侧是定义、定理或已证实的结果，但对于大多数学习者而言，这仍然不够。

相应的，真正把握欧几里得式或培根式认知之后，学习者的关注点就会由“发现”（discovery）转变为“验证”（verification）。正如我此前所说的，我们最好将欧几里得式认知视为猜想与证明的综合，而不仅仅是单独的证明。猜想可能的数学真理类似于假设——二者都是由观察和推测得来。但此后，欧几里得式认知与培根式认知便分道扬镳。按照培根式认知，我们需要通过寻找实验性证据来验证猜想；按照欧几里得式认知，我们则需要通过形式证明来验证。（然而，在试图开始棘手的验证之前，我们或许需要收集更多案例来建立信心。）**为了掌握欧几里得式认知或培根式认知，学习者必须投入到猜想和假设的过程中，而不仅是证明和收集证据。**

第 3 章在讨论开放性问题时提到了数学教育者斯蒂芬·布朗提出的常见问题：“假如不是呢？”假如惯用的前提不成立呢？我们是否可以提出与原始命题相似的任何结论？对此，第 3 章简要地讨论了一条广为人知的结论：三角形内角和为 180°，并指出，“假如不是呢”是一个可以运用于不同学科中的普遍问题。

小测试 FUTURE WISE

试一试提出“假如不是呢”的问题。选择你熟悉的知识领域，并且从中挑选几个明显或不明显的、似乎存在疑问的假设，自问“假如不是呢”，并由此展开推理。

几年前，科学教育研究者朱达·施瓦茨（Judah Schwartz）开始研究几何猜想。他设计了一种计算机辅助程序来支持我们发现几何规律，即“几何猜想者”（Geometric Supposer）。借助“几何猜想者”程序，学生可以准确流畅地探究几何图形、改变图形、插入平行线、绘制垂线并完成其他常见的几何绘图操作；同时，始终能够关注有可能成为定理的一些几何模式。施瓦茨认为，在探究几何问题时，铅笔和纸张并非良选；它们不够灵敏、过于迟缓，而且也不够精确。使用“几何猜想者”程序，学生可以轻松地投入到学习之中，发现可能的定理，探究各定理并建立信心，之后还可以尝试证明。如今，有许多软件程序都能发挥类似的功用。

除了重视猜想之外，我们也应当注意，欧几里得几何学并非欧几里得式认知的唯一归宿。事实上，这种认知方式可以运用到更广阔的数学天地之中，包括代数常用的图形证明方法、统计方法、数列理论等。例如，在自然数集合（0、1、2、3……）简单且重要的特性中，我们可以轻易地探究欧几里得式认知方式。只要有这样的整体观念，我们就可以走得更远。事实上，单靠欧几里得几何学，学习者还不可能真正地理解欧几里得式认知，只有在多个不同的内容领域中运用类似的方式，才有助于更清楚地把握全局。

培根式认知打破了各类科学之间的界限，并且几乎始终能够综合任何一门以实验为论据的学科，例如，人们在进行文学阐释时，不能只关注作品文本和语境中的支持性证据，还必须重视反证，这种观念的转变并不是自然而然发生的。

I. A. 理查兹（I. A. Richards）在1929年出版了一本犀利深刻的著作《实用批评》(*Practical Criticism*)。书中指出，甚至连大学生们也很难应对这种观念转变的挑战，他们或许会深入地解释一首诗中某几句的意义，而忽略诗的其他部分。在某种程度上，他们似乎认为对某几句话的某种解释就已经够好了。这种局限不仅仅是由综合解释造成的，更受到了其意愿的影响——学生们根本不觉得有必要拓宽视野、转换观念。

科学与文学似乎并不搭界，但是，明确地将二者联系在一起，有助于更进一步地理解培根式认知。这个道理正是：**只有从不同的角度多方接触，才能看穿真面目。**

让隐性知识浮出水面：促进学习的基本认知方式

或许，前面所说的这些认知方式比较适合大学生，甚至高中生也可以触及。但对于小学生而言可能过于深奥难懂，是这样吗？

未必如此！我已经反复说过，正如我们希望向年幼的学习者介绍各类初级的知识一样，认知方式也可以有初级版本。即便是“悲剧”这种深刻的主题，只要以初级版本呈现，年幼的学习者就可以掌握——如，通过《凯西出场》这首诗歌理解“悲剧”（第5章）。同理，年幼的学习者也能掌握初级的认知方式。

我曾见过一位教师引导三年级的学生学习数列理论。比亚利克学院的凯蒂·费曼（Caity Faiman）老师设计了一种独特的方式，引导年幼的学生猜想数列模式，共同探究验证猜想的过程。学生的猜想并不复杂，证明的观点及论据也并不高深，而关键就在于，学生开始尝试并且充满热情地投入。

未来智慧洞察
FUTURE WISE

所以，我们确实可以更早地向学生介绍各种认知方式，而且必须意识到，这不仅仅是可能的，更是应当的。在小学教育阶段接触某些重要的认知方式的初级版本，或许对这些学习者来说是一种非常宝贵的学习经历，原因是：首先，初级认知方式并不艰深复杂。事实上，许多学科的基本认知方式比这些学科中的技术性概念要简单得多（通常，学生在进入高中后才会学习技术性概念），例如，基本的数学猜想和证明模式就比二次方程或多元线性回归方程更简单。其次，了解学科认知方式有利于更好地理解整个学科，从而促进学习。

这些看法似乎都是对的，人们却仍然抱有一种普遍的担忧：“的确如此，但是教师自己都不熟悉这些认知方式，怎么教呢？”但有些教师可以做到。许多人的知识是缄默式的，他们并不清楚自己已经掌握了什么，此时他们需要做的就是让这种隐性知识浮出水面。况且，无论如何，上述有关年幼学习者的观点同样适用于教师：基本认知方式并不难懂，只要愿意尝试，并且获得一些指导，教师就能轻松地掌握各类认知方式。而重视认知方式，能帮助学习者从中受益。记住这一点，接下来，我们继续探讨认知的方式。

牛顿式认知

欧几里得式认知只是数学认知的一个方面，除此之外还有数学建模（第 6 章和前几章都曾提及）。数学建模始于具体情境（水资源需求、车流量与交通拥堵、可观测的行星运动、经济繁荣与萧条的模式等），进而试图通过建构数学模型来描述现实情境，并通过数学推理得出各种含义及预测，最后再回归现实生活（如创设一份水资源管理计划、验证交通状况是否符合预期等）。

自然科学大多按这种方式来利用数学知识，例如，17 世纪的数学物理学家牛顿就利用自己发现的万有引力定律来建构行星的运动轨迹模型，所以，我们也可以将此称为“牛顿式认知”。概括而言，牛顿的数学建模方式与培根的探究世界方式交织在一起，共同构成了科学探究。然而，牛顿式认知不仅可以用于建构科学领域中的伟大理论，还适用于工程学、会计学以及其他领域中的具体问题。

总之，学习数学的要点不仅在于掌握便利的算术、几何、代数原理。如果教学方法适宜，那么数学学习就有利于超越具体的内容、超越伟大的欧几里得式认知或牛顿式认知，进而形成极其有效的全局性理解和开放性问题。同时，如果在学习科学中充分重视不同的认知方式，那么，学生也就能更好地理解牛顿式认知或培根式认知。

如果你觉得这类学习远远超出大部分学生的智力水平，那么，请再三思量。

要知道，学生不必非得通过“四色定理”（著名的三大数学猜想之一，多年无解，最近得到证实）之类艰深的内容才能接触到欧几里得式认知。同样，他们也不必通过验证相对论来掌握培根式认知，不必通过建构行星轨迹模型来熟悉牛顿式认知；我们只需要教授包括猜想和证明过程在内的初级欧几里得几何知识，就能帮助学生发现欧几里得式认知。而且，我们也可以通过数学和科学领域的项目学习（也即研究性学习），借助容易操作的适宜内容，支持学生掌握全面的牛顿式认知，例如，请学生建构附近的交通流量模型，或预测社区未来20年的水资源需求。

换言之，正是因为我们倾向于考虑欧几里得式认知、牛顿式认知、培根式认知的最高成就，例如，声名远播的理论或最重要的基础发现，这三类认知方式才会显得高不可攀。实际上，大部分传统课程似乎也是围绕着这些最高成就来设置的。虽然了解经典十分重要，但它们却并非是掌握认知方式规律的最佳途径。

修昔底德式认知

“列克星敦（Lexington Green）发生了什么？”这是在历史教学中很有分量的问题，我时常感叹其巧妙的答案。在彼得·贝内特（Peter Bennett）编撰的历史书中，这个单元的内容强调“响彻世界的枪声”，即1775年4月19日打响的美国独立战争第一枪。其中提出的关键问题是：“哪方先开的火？”

这不算是历史学科的开放性问题，更像是利基问题。“哪方先开的火”这个问题似乎无足轻重。就算回答了这个问题，并不意味着先开火的一方就必须为战争负全部责任；也不意味着如果当天没有人扣动扳机，战争就不会爆发。**问题的真正要点在于引导学生关注历史证据，这是很有启发意义的。**

事实上，我们能够从不同的来源找到这个问题的书面证据。贝内特已经把这些证据罗列在单元内容中了。但难点是，这些书面证据彼此矛盾，很容易引发对立面的质疑。例如，有一份殖民地的解释文件中宣称，率先开火的是英国人；而这份文件却是在列克星敦事件发生50年后才记录的。它有多大的可信度？又如，一份英方文件承认己方率先开火——通常，人们如果承认了与自己利益相抵触的事实，那么大多更可信。但是，我们却发现，这份文件中的英国目击者是在被俘期间指证自己战友的英国人，此时，他的利益诉求可能是讨好囚禁自己的美国人。在不断深入了解列克星敦事件的真相时，学生必然面临这些问题。

在此，培根式认知崭露头角，即强调用实际证据来检验假设：英国人先开枪？美国人先开枪？但要记住，**证明是认知方式中的关键部分，而历史研究的证明与科学证明截然不同。**历史事件发生在无法重现的过去，所以，我们不可能再做实验。同样，历史的声音也不像科学实验室中的试管和电气设备，它有自己独特的任务：服务大众、传递意识形态、否认罪行、维护当权者等。此外，实验室试验可以精确地展现和记录事实，而历史却只能回顾书面的报告文献，这既存在偏见，也容易因感觉和记忆的主观性而歪曲事实。也就是说，历史的认知方式与众不同，我们称之为“修昔底德（Thucydides）式认知”。

与“欧几里得”“培根”或“牛顿”相比较，“修昔底德”这个名字十分拗口，但他可能是现代意义上的第一位历史学家，值得我们纪念。修昔底德生活在公元前5世纪晚期的雅典。公元前431年到公元前404年，希腊备受战争侵扰，在雅典及其盟国对斯巴达及其盟国的伯罗奔尼撒战争中，他投身军旅，成为一位将军。但是，修昔底德却因为一场意外失败的关键战役而名誉扫地，并被逐出雅典（尽管他根本没有参与这场战役，甚至直到战役结束时才赶到现场）。

这样，修昔底德以自由人的身份周游了争战双方的地界（雅典和斯巴达），将自己的厄运转变成机遇，谱写了名传千古的历史巨著《伯罗奔尼撒战争史》（*The Peloponnesian Wars*）。这本史书因为运用了真实的谈话和书面记录而赢得广泛赞誉，它并没有“妖魔化”战争的一方或“神圣化”另一方，而是昭示暴行，并且承认强权政治的强硬做派，因此其客观立场也备受好评。此外，修昔底德努力避免用诸神的介入来解释历史事件，反而从人类俗世中寻找原因。

我已经谈过历史研究中的证明方式了，那么，相应的描述、解释和应用呢？虽然历史和科学都需要实证，但是二者最得意的成果走向却毫无相似之处。科学尽可能地放大宏观，归纳最普遍的法则或原则，历史则尽可能地缩小视角，细致入微地解释关键的具体事件，如：工业革命如何产生、发展，为何发端于西方而非东方；美国独立战争中，美洲殖民地为什么能够击溃强大的英帝国，当时的战况有多么危急等。自然科学运用量化数据来描述世界，历史则借助于丰满的描述：抱着怀疑的态度筛选资料，据此阐述何时、发生了什么、原因是什么，等等。

至于解释，历史的解释当然也能形成普遍原则，例如，经济因素、重要权力集团的影响、区域地理的塑造作用等。但是，这类普遍原则无法与自然法则相媲美。历史解释原则在历史叙事中发挥的作用就像个人动机在小说情节中发挥的作用那般，不是精准地促使事件按照必然的趋势发生，而是阐明为什么事情会如此这般。另一方面，自然科学致力于寻找某个现象唯一正确的解释，哪怕争议不断；历史则承认不同的历史叙事代表了不同的视角和观点，而这些观点各有各的启示，一起复杂的事件不只一种历史记录。从这两方面来看，历史解释更近似于文学或人类学解释，而不似自然科学解释。

应用历史知识来解释当代的政治选择同样也具有“视角化”的特点。即依据宽泛的原则、以高度解释的方式进行类比推断，从而试图洞悉谈判与拒绝谈判、入侵与不入侵、封锁与开放、结盟与不结盟的后果。

然而，传统的历史教学中，修昔底德式认知几乎无踪可循。汤姆·霍尔特（Tom Holt）描绘了历史教学“一切照旧”的迂腐特点，相信大多数人对此都深有体会，套用一名学生的原话，我们学习的是“他人的历史”。霍尔特创作了一本引人入胜的小册子——《历史的思考：叙事、想象与理解》(*Thinking Historically: Narrative, Imagination, and Understanding*)，该书向读者呈现了历史学习的新可能。霍尔特的基本主张即引导学生进行一些合理的历史研究实践。

这种精妙的策略包括：解释原始资料、批判性地探讨其中可能的偏见、拼接多元资料，进而建构历史叙事。历史叙事是历史研究的独特成果，它阐释了历史事件的发生、发展及其原因。当然，每一桩历史事件都有不只一种合理的叙事，而且，模棱两可的叙事反而为历史研究增添了不少色彩。在此，叙事与反叙事都有繁荣发展的空间。

更常见的情况是，学生学习由他人编撰的历史教材，其中的主要事件、发挥关键作用的各个部分都是从重要人物的角度编排，很少触及生活或事件的本质。霍尔特提醒我们，虽然这类资料能够提供精心安排的、中庸的观点，但也枯燥乏味、毫无生气，而这类资料也死板地限制了开放性问题。

为什么会发生这样的事件，而不是那样的事件？这些人确实没有其他选择了吗？如果这个人做了相反的事情，情况会发生什么变化？我们如何才能确信这次行动公开宣布的宗旨就是它的真实意图呢？（**这些问题在历史教材中几乎没有。**）可以说，就算是在最公正无私的历史教材中，也是“陈述句”高唱凯旋之歌，而“疑问句”受阻落败。

霍尔特鼓励我们设想一种完全不同的历史学习——学生面对各种开放性问题，这些问题令史实和事件变得饱满、生动；有助于推测和解释简单的史实；当出现价值取向偏小众的史料时，有助于比较不同价值观之间的冲突；能够充满怀疑精神地审视历史依据；并且不偏不倚地陈述彼此冲突的历史叙事。霍尔特用下面的文字描绘了这样一幅历史学习的蓝图。

如果学生有机会直接考察原始的历史研究资料，并且自己得出对这些“史实”的可靠解释，那么，情况会怎么样呢？假如在学习的过程中，学生必须定期整理支离破碎的、不完整的历史证据，并建构一种问题导向的叙事，进而得出结论，情况又会怎么样？倘若每个学生都像历史学家一样需要面对同一事件的多种矛盾叙事，那又将如何呢？

专业的历史学家能够运用自己的学科直觉和分析能力，从史料的蛛丝马迹中建构起一种历史叙事。我认为，高中学生也可以、并且应当做到这一点。

认知方式的“兔子洞”与“全局式思考”

汤姆·霍尔特的历史教学观十分生动，它贬低充斥着大量史实的教学，褒扬培养历史思维的教学，而且不仅限于历史学科的知识。霍尔特将历史的认知方式放到了前沿和中心位置，并综合了不同的学科，鼓励学习者从科学、数学、文学等角度来综合思考。

那么，坚持按照这种方式进行历史学科以及其他学科的教学，效果会如何？霍尔特向我们呈现了历史学科的图景：学生们深入地思考、加工原始资料，形成自己的解释并为之辩护。数学的希望是欧几里得几何学的新诠释，融入猜想的过程，而不单是证明的过程。科学的希望在于研究性学习，学生需要应对他们可以理解的复杂现象，建构并检验解释模型。注意，这和标准的科学实验室实验相距甚远，后者更多的是按部就班地重复实验、获得近似的结果。

未来智慧洞察
FUTURE WISE

> 此外，我们还有更进一步的议题：熟悉多种初级的认知方式，能够为在课堂内外整合跨学科思考奠定基础。但是，目前在世界各地的课堂教学中，

跨学科整合过于表面化，只是将各学科的内容投入一个大筐中胡乱混合而已。真正的跨学科教育，即便是在初级阶段，也要求学习者充分理解不同认知方式所发挥的作用。

换言之，我们希望学习者能在“做中学”、在玩学科游戏的过程中掌握游戏规则，进而将不同的学科放到一起，综合方方面面为生活做好准备。对此，我有三点看法。

首先，学习者不可能仅凭某个主题的一次经验就掌握一种认知方式。举例来说，如果能够涉足不同的数学范畴，那么，数学猜想与证据、数学建模也将更适宜、更有说服力。如果学生能够在思考各类开放性问题的前提下考察不同时期的若干历史事件,那么其中蕴含的历史认知方式也会显得更加清晰明确。

其次，通过直接的讨论，学习者更容易掌握一种认知方式。例如，我们可以讨论某学科如何描述、论证、解释和应用，而且，对比探究、考察多个不同学科的效果更好，对比各个不同学科能够清楚地呈现多种认知方式的作用机制。

第三，要记住，深植于各学科中的认知方式并不是我们解读世界的起点或终点。除学科认知方式外，与日常事务相关的常识（虽然可能不够普遍）在生活中发挥的作用也不可小觑，例如，宗教和冥想等都有其独特的价值，经验丰富的音乐家、猎人、运动员、谈判专家、画家或舞蹈家等所具有的敏锐直觉也是旁人难以领悟的；这些认知方式同样值得重视。

所以，认知方式的前景十分可观，但它能够走多远呢？我们可以轻易设想，一个保守的怀疑主义者会如何批评霍尔特的观点和类似的理念，比如：

偶尔这样学习历史固然很好，但是大部分学生毕竟不会成为历史学家。我们也确实希望学生成为有知识的、乐于思考的公民，并且期望他们熟悉自己民族崛起的历程，所以，学生应该积累丰富的背景知识并且掌握一些宏观的理念。可如果学生一头扎进历史研究那无边无际的“兔子洞”中，把 90% 的学习时间都用在历史学科上，他们还能掌握多少其他知识和理念呢?

怀疑主义者的这种想法并非无稽之谈。可以想象一下，如果历史、科学、文学或数学课程完全沉湎于实现“像 X 一样思考”的目的（哪怕是恰当的初级版本），那么，有许多以学科内容为中心的全局性理解和开放性问题都会失去喘息的空间，更不用说普遍的背景知识了。研究过于细致的历史资料，如特定事件的目击证词、家庭财产清单、移民记录等，无疑是钻进了具体事件、特定细节的“兔子洞”里。这样，认知方式的确变得更加清楚顺畅了，但能够学到的知识内容却十分有限了。

同样，提出容易理解的科学假设、用简单的设备来验证假设，都需要在细节上投入不少时间。**可以说，掌握一种认知方式，相应的代价就是学到的知识内容有可能受限。**之前，我曾控诉了围绕某学科的最高成就来设置课程的做法，最高成就往往具有很高的技术含量，这妨碍了学生发现并掌握相关的认知方式。但无论如何，最高成就也很重要，我们应当为它提供一些空间。

我无法想象汤姆·霍尔特真的会容忍这种对“兔子洞”式学习的狂热。同样，我也不相信只通过堆砌目击证据、家庭财产清单或移民记录等资料就能教好历史。我们应当在重视认知方式（偶尔需要钻进“兔子洞”里）与强调更全面的内容和思考之间取得平衡，或者甚至将二者交织融合。

未来智慧洞察
FUTURE WISE

如果教育中全是大大小小的“兔子洞”，必须深刻钻研具体细节，那么，学生就再没有机会从整体上熟悉一个学科中最好的那片广袤天地。但是，目前迫在眉睫的问题并不是“兔子洞”过多，而是太少。为了令学生的学习具有生活价值，我们应当继续寻找历史、科学、文学等学科中的“兔子洞”。这不但能使学科知识更有意义，而且能帮助学习者为生活做好准备，进而自如地漫步在广阔的世界中，探索其中的奥秘。

FUTURE WISE

educating our children for a changing world

重新构想教育

讨论主题：理解适宜于学习者和具体情境的认知方式。

探索 1 辨别具有生活价值的学习

除了具体的知识内容以外，各个学科为我们提供了另一种有效的全局性理解：学科的认知方式。每个学科都有其独特的描述情景的方式、论证主张/理论/观念的方式、解释现象的方式以及应用于特定领域的具体方式。不同学科的描述、论证、解释和应用方式差异悬殊。在认知方式的引领下，学科内容和技能可以更好地发挥作用，并且支持更深入的学习。我们必须肯定认知方式的重要价值。

探索 2 选择具有生活价值的学习

在探索“什么知识值得学习”的道路上，我们第一次不需要面对选择的危机，无需作出非此即彼的艰难选择。当然，每个学科内都有存在微妙差异的各种认知方式，对此，复杂的技术性争论层出不穷。不过，基础教育阶段的学生也不必担忧。每个学习者都应该能够了解并适应多门学科的不同认知方式。

探索 3 为具有生活价值的学习而教

更好的消息是：认知方式，至少是初级的认知方式并不复杂，从结构上来看，它比我们期望学生掌握的许多知识内容更简单。例如，在数学领域，基本的建模方式和基本的猜想、证明方式就比初级代数容易理解。另外，一旦学习者了解并适应某学科的认知方式，那么进一步的深入学习也将变得更加轻松有趣。

所以，让我们致力于讨论：在教授某个学科时，老师应如何帮助学生理解集中体现的学科认知方式？这并不意味着完全偏离知识内容、只强调过程，而是意味着学习者在接触某学科的知识内容时，有计划地认识、反思该学科的认知方式，并与其他学科认知方式进行对比。

探索 4 建构具有生活价值的课程

当涉及认知方式时，传统教育往往将其作为高深的学习主题来处理。但是，我们完全不必徒增难度。基础认知方式更简单易懂，而且我们可以在教育的早期阶段就引入适宜的初级认知方式，为学习者今后的进步提供支持和动力。

FUTURE WISE

EDUCATING our CHILDREN for a CHANGING world

07

绕开教育中的“兔子洞”

新的单元体系将为我们提供什么？

如果教育中全是大大小小的“兔子洞”，必须深刻钻研具体细节，那么，学生就再没有机会从整体上熟悉一个学科中最好的那片广袤天地。为此，有必要建立一种新的单元体系，这种单元体系或者有助于在广泛的分类中鉴别值得学习的知识；或者能够指明学习者即将接触的内容；或者可以突破学年的界限，跨学年地组织教育活动；或者实现不同学校之间的教育联盟。

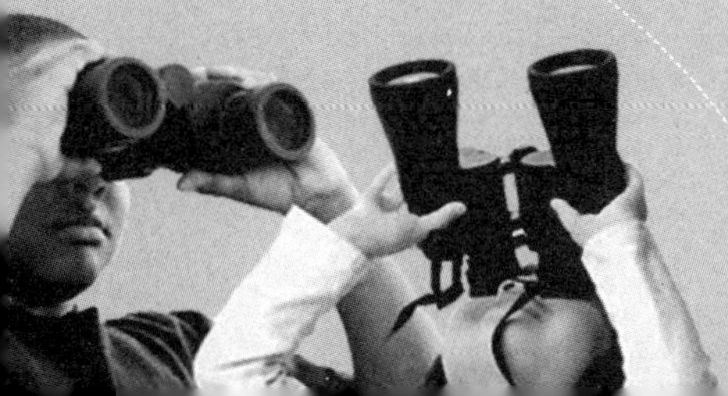

1995 年，纽约大学的传媒理论家、社会评论家尼尔·波兹曼（Neil Postman）吹响了教与学的战斗号角，他称之为“The End of Education”（教育的目的）。这听起来很吓人（这里的“end”有双重含义，可以理解为“结束”），但是，波兹曼保留了自己一贯的幽默风格，他用“end”来表示教育的“目的”（purpose），而非教育的“终结”。

波兹曼创设了一种新的教育形式，并重新设定了教育的目的。他强调，人们过于关注教育方法这个“工程问题”，而忽略了重要的教育目的，教育的根本目的和目标不幸被忽略和混淆了。如今，广泛流行的“为工作做好准备”或者“熟悉技能技巧”等目标都只是“虚假之神”（false gods），只会贬损整个教育事业。

波兹曼的观点与众不同，他的理想是围绕着“宏大叙事”（grand narratives）来重新组织大部分学校教育——在从低到高的各个年级，延续一脉相承的学习与探究过程。宏大叙事为不同学科之间观点的碰撞提供了场所，也为探究与生活和地球有关的根本问题提供了机会。波兹曼为宏大叙事设立的门槛很高：它应当能够解答“我是谁”的问题、为道德问题提供普遍指导，并帮助我们解释最深层的世界奥秘。

波兹曼并没有提供这类宏大叙事的标准列表，而是鼓励教育者自己选择、创造。他只提供了几个具体例子来阐述这个理念。

其一，“地球太空船”主题，通过学习这个主题，学生将认识到人类所面临的集体困境。例如，人类共同生活在一个渺小的星球上，试图友好相处却备受矛盾冲突之扰，同时，地球生态环境日益恶化、自然资源消耗迅速。此外，学生也有机会尝试不同学科视角带来的挑战，形成全局性理解和开放性问题，并受益于二者提供的深刻见解、行动指导、伦理道德规范和实际运用的机会。

其二，“坠落的天使”主题，探讨人性的闪光点以及人类的失败和弱点，如，目光短浅、病态的暴力矛盾和种族屠杀、推断和决策时的严重失误等。

> 让我们来想象这样一个场景：杰克和吉尔中午放学回家，妈妈问道：“今天学什么了？”两个孩子异口同声地答道“坠落的天使”，并且稍微解释了一下。妈妈又问：“那么，没有学数学吗？”“包括在‘坠落的天使’里啦！”“那么，历史呢？”“也包括在‘坠落的天使’里啦！”

不出意料，估计这位妈妈几分钟之后就会给校领导打电话投诉了。波兹曼的想法就是这样标新立异、与众不同，他几乎颠覆了整个传统教育的模式。传统的学科似乎被一个具有重要寓意的陌生主题“诱拐”了。这具体是怎么回事呢？

什么是新的单元体系

无论你怎么看待波兹曼的理念，他都不缺同伴。过去几十年里，许多教育者纷纷建议，应当围绕对知识内容的宽泛分类来重新安排学习者的时间。第5章已经阐述了学校教育中的常见学科如何为我们提供一个“单元体系”。而波兹曼和其他研究者则认为，有必要建立一种新的单元体系，在始终考虑“什么知识值得学习”的前提下，必须再追问：新的单元体系会为我们提供什么？

值得学习的知识范畴不断扩展，这个问题迫在眉睫。本书引言描绘了许多创新学校中涌现的6大超越，这6大超越对传统学科的固定界限形成了挑战。同时，传统教育的层级结构存在很大的缺陷（见图1-1），这也增加了问题的急迫性。在教育层级结构中，有效的学习意味着高效地掌握系统所提供的既定内容，这样，标准单元体系中始终不会体现出对“小世界悖论”的关注。相反，教育的网状结构则重视跨学科的主题以及多元的本土问题、区域问题和全球问题（见图1-2），这样，标准的单元体系是否还能很好地发挥作用就受到了质疑。

所以，单元问题包括：什么是更好的单元体系？我们是否应该满足于传统学科的单元，还是应该探索全然不同的单元体系，或者应该接受类似于波兹曼的观点？在此，好的答案意义深远。想一想，任何一种合理的单元体系可能对教育作出什么样的贡献。它或者有助于在广泛的分类中鉴别值得学习的知识；或者能够指明学习者即将接触的内容；或者可以突破学年的界限，跨学年地组织教育活动；或者将在社区内、地区内、国内实现不同学校之间的教育联盟，这样，学生就不会因为搬家或转学而被迫面对彻底不同的学习环境。

那么，什么是更好的单元体系呢？开始回答这个问题之前，我们先理清与这个问题无关的内容。

我们很容易以为，有先见之明的单元体系能够解决“什么知识值得学习”的问题。事实并非如此！当然，好的单元体系对回答这个问题也有所贡献，但选择有学习价值的知识主要涉及主题层面，并且已经深入到具体单元之中了，而建构好的单元体系需要做的更多。而且，一个十分普通的顶层单元体系中，单元内部也可能奇迹般地蕴含了大量具有生活价值的主题。

我们也很容易以为，在政策和理论层面建构的单元体系可以直接运用在实践中，服务于具有生活价值的学习和能够为生活做好准备的学习。错！哪怕教育部门的领导十分开明，能走出办公室，迈入附近任何一所学校，看看学校的教育实践，他们肯定会失望透顶。理想的状态并没有实际出现，而现实却是对理想的稀释与淡化。

我们更容易以为，批判性思维、创造性思维、合作能力等综合能力（通常被视为21世纪必备综合能力，也是6大超越之首）应该在好的单元体系中发挥关键作用。事实并不完全如此！在此，单元体系是指组织内容的框架，而这类技能通常并不算可以教授的内容，而且，主张发展这些能力的课程框架往往也不会为其设置固定的课时。相反，这些技能渗透在不同单元的广泛学习经验之中，无孔不入。相应的，我们也将在第8章仔细探讨21世纪必备综合能力和相关理念，而不是生硬地把它们塞入本章对单元问题的讨论中。

最后，我们期待找到“最好的”单元体系，这并不现实！正如本书之前提到的，事实上，我们只能找到一些标准和条件，将“较好的”单元体系与“较差的”区分开来，而不能指望找到一种永远处于不败之地的唯一答案。

所以，让我们从讨论直接依据传统学科而设定的单元体系开始，进而探索以不同方式重新描述和组织传统学科的单元体系，接着研究重视完全不同于传统学科的分类的单元体系（即尼尔·波兹曼的建议）。之后，我们就能够退开一步，在整体上进行对比了。

更新传统学科的知识内容，建构新交叉学科

那么，什么是更好的单元体系呢？第5、6章已经强调，应当充分利用不同学科。只要稍事加工，常见的学科也能为我们提供一个颇具吸引力的单元体系。传统学校教育中的学科安排往往是“旧瓶装新酒”，结构雷同、老套，而且比以往更难应对。同时，在学术研究的世界中，随着交叉学科不断涌现，一些学科已经发现了新的观念源泉和兴奋点。所以，除了不断在教学中加入近

10 年来有价值的新发现之外，我们还需要做更多，那么应该做些什么呢？

近来，美国教育界推进了“共同核心课程标准计划”（Common Core State Standards Initiative，简称为“共同核心”），这是我们为更新学科知识内容而作出的最明显的努力。其主要理念是创设从幼儿园到 12 年级共同的学业成就标准，涉及英语语言文学和数学。目前，该标准已经确定，我们可以找到相应的考试测验，而且美国许多州也已经署名参与。“共同核心”并不是一个包含了许多材料的课程，也不同于一系列课程计划或具体的教学实践。但是，该标准确实详细地规定了在英语语言文学和数学两个目标领域中，学生应该学习的广泛内容。

英语语言文学标准包括听、说、读、写以及语言本身，它要求师生关注古典和当代文学，并挑战跨学科的文字信息材料。其中，最重要的是提炼中心思想、整合观点、判断文章结构、组织交流、应答与表述、理解与建构解释和讨论、开展研究等能力。人们可能会质疑其中的许多细节（很多人已经开始质疑了），例如，各个阶段的适宜内容是什么、文学是否得到了充分的重视、与标准挂钩的考试是否真的能够帮助学生获得更好的成绩等。但我认为，英语语言文学的标准似乎已经强调了在如今的生活中很有生活价值的态度和能力，而且，这个标准已经相当接近 21 世纪必备综合能力的许多内容了。

数学标准的风格则完全不同，它保留了一些传统课程的特点。标准强调一系列常见的数学实践：理解问题、坚持性、抽象推理和数量推理，理解、建构、批判论点，运用数学模型等，其中也包括了更重要的统计与概率论，这也是我们已经确定具有生活价值的学习内容。而且，在该标准中，需要深度学习的主题内容相对减少了。这一切似乎都很不错，但仍有令人忧虑的地方，主要体现在数学内容方面：中学阶段的标准所强调的内容技术含量较高，迫使师生关注专业知识，而非“业余的专业知识”，这让我有些担心（见第 1 章）。此外，学生发现问题的能力也没有得到应有的重视。与英语语言文学标准相较而言，数学标准没有要求教育者和学习者关注跨学科的数学应用，虽然科学、经济学甚至历史学科中都蕴含着许多综合运用的机会。

目前，“共同核心”暂时限于英语语言文学和数学两个学科，而且后者或多或少还带有一些保守主义的色彩，尽管如此，已有许多教育者开始大胆地在多种不同学科中运用标准，力图更新学科内容。例如，海蒂·海耶斯·雅各布斯（Heidi Hayes Jacobs）在其参编的《课程 21》（*Curriculum 21*）一书中撰文建议，社会学习应该摒弃传统的学科划分，解决具体的当代问题。例如，她提出的学习主题：“地缘政治是否是中东地区无法逃脱的宿命？”此外，历史学习应该更重视近期的事件以及当代事件的历史根源；而科学学习则应该围绕着具体问题综合开展，打破传统的生物、物理和化学的学科分界。

格兰特·威金斯（Grant Wiggins）也提出“一种值得争取的学位证书”，例如，为了实现这个目标，开展公民观教育时就应该侧重于公民行动，一项法案如何被确立为法律，如何进行立法游说等。美国史或世界史教学可以从当前最紧迫的问题出发，逐年回溯；数学教育则应当聚焦于统计与概率学以及数学建模的内容。

暂时不提具体的指示，让我们先来看看目前更新学科的机会。再次以历史教学为例：其中一种很有吸引力的转变与历史事件的规模有关。典型的历史教学会关注各国的历史，并按照年代的顺序开展。然而，近年来，历史教学开始更强调世界史，关注大规模历史事件，学习者接触的不再只是一次次孤立的革命，而是彼此交织的革命潮——例如 20 世纪具有代表性的几次大革命（俄国、中国、古巴、墨西哥以及伊朗的革命）及其起因和结局；而且，这被视为复杂的世界形势的组成部分。

此外，在大卫·克里斯蒂安等人的引领下，从“大历史”衍生出了一种更为宏观的历史教学理念，从宇宙的诞生开始，追溯过去 130 多亿年间发生的事件：首先，大略概览史前史；接着，仔细探究智人（Homo sapiens）[①]出现后的历史（约10万年前）、复杂文明的发展（产生于12 000年前）、世界经济的逐渐贯通（始于几百年前）以及近200年来科技产生的变革性影响。

同时，也可以在历史学科中融入经济元素，深入研究跨国贸易的模式。例如，一种观点认为，世界经济由高度工业化的国家所主导，这些国家从周边的次发达国家进口原始的资源或是粗加工材料，之后又将本国生产加工的成品返销回周边国家，从而实现本国的繁荣发展。这样开展历史教学，似乎能够为学生提供更多与人类境况和社会发展有关的深刻见解。所以，在更新学科时，或许我们应该在兼顾二者的同时，更多地放眼全局，而较少专注事件细节。

小测试 FUTURE WISE

> 选择一个自己十分熟悉的学科：如果你希望更新这个学科的内容，可以增加哪些新颖的观点呢？

除了更新常见学科的内容之外，当代教育也非常欢迎新颖的学科门类。有一些领域已经比较成熟，值得关注，例如心理与社会科学。目前，心理与社会科学在大学之前的教育阶段中并没有得到体现，如果是在50年前，这种状况还可以理解；但如今，该学科的基础理念日益丰富，逐渐形成了大量与生活、社会融入有关的实践指导策略，学校完全可以将其引入。而且，威金斯也建议，在心理学科中要特别重视心理健康、儿童发展、家庭关系等内容。此外，我们还有更多的选择，例如，理解“圈内人”和“圈外人”的行为，有助于阐释从城市犯罪到国际战争等矛盾冲突的特点；又如，神经科学揭示了“抑郁”的核心机制，即人们对生活和周围世界的消极描述将引发边缘和自主神经系统的活动，二者相互作用。

① 智人，生物学分类中人属中的一个“种”，为地球上现今全体人类的一个共有名称。学名“Homo Sapiens”来自拉丁语，其中“Homo”的意思是“人”，“Sapiens”的意思是“智慧”。——编者注

近年来突然涌现的交叉学科中，还有一门是行为经济学，它是心理学和经济学的联姻。其出发点在于：我们为什么会偏离经典经济学所建构的理性选择？事实上，人们不仅会不接受数学推理得出的、能够带来最佳收益的选择，甚至会作出最糟糕的选择。在部分领域中，人们的判断总是会出错。那么，政策制定者只能通过改变既定政策（如,医疗卫生政策）来弥补重大的系统失误。但是，在某些领域中，人们的判断也可能比数据更加准确，当简单的经济分析无法捕捉复杂的情势时，人们却能够恰当地应对。无论如何，行为经济学为我们提供了深刻见解、行动指导、伦理道德规范以及实际运用的机会。

另一门前景有望的学科是哲学，它应当在大学之前的教育阶段中得到更多体现。多年来，许多突出的哲学思考技巧已经被引入到几乎所有年龄段的学校教育中，而且令人惊讶的是，年龄相对较小的学生同样可以思考哲学问题。当然，哲学也有其深奥的一面，例如，本体论、形而上学等。但是，在哲学的各条分支中，也包含了在学习者将来的生活中十分常见的问题。例如：我们如何察觉已知，如何确定这些已知是可信的？这将有助于我们更好地解答由日常的政治声明、经济预测、公共政策和个人选择所带来的无尽的真理难题。此外，适宜地引入一些哲学理念，也能够为我们提供与人类境况各方面有关的认知和建议，例如，伦理道德、情感及其特点、美好的生活及其对个人的意义、科学如何发挥作用等。

你可能会说：“这听起来和我学过的哲学课不太一样。”确实有些不同。之前，我们已经谈到了如何改变传统的代数学习或历史教学，在此同样适用。标准化的一整套西方哲学教学（从柏拉图到亚里士多德，再到其他人的哲学思想）无法传递全局性理解或开放性问题，只有围绕着合时宜的主题重新建构哲学课程才能实现这一目标。

如今，许多课程已经开始关注信息技术，并呈现出不同的表现形式，考虑到当前信息技术无处不在甚至被滥用的情况，这确实是个明智的选择。既然科学已经是常见课程的宠儿了，那么，技术及其与科学的关系也应当受到重视。同样，工程和广义的设计思维模式也是如此，毕竟，工程是一项比科学更古老的人类活动。所有事物，从简单的沙漏到复杂的喷气式飞机，背后的原则和思维模式都凝聚了人类历史的精华，为今天的人们提供了核心的概念源泉。

看到这里，许多读者可能会感叹："选择太多了！我们怎么可能穷尽这些新的知识？"

当然不可能，我们面临着选择的难题。但是，我们既然已经遇到了从传统学科中选择全局性理解和开放性问题的挑战，更新学科也只不过增加了另一层面的选择难题而已。所以，我们仍可以借用之前的办法：巧妙地抽样教学。**选择是不可避免的，关键是在充分考虑生活意义的前提下，理智地作出选择。**

另外，此前讨论的一个主题部分简化了这个问题。在第 1 章，我们批判了当前许多课程在教育后期揠苗助长、强求专业知识的现象，即：急切地催促学生（尤其是优秀学生）学习某个学科的高级主题。这可不是最好的投资！

我坚持认为，在基础教育阶段，业余的专业知识比高深的专业知识更重要。教育资源应当被用于帮助学生扎实而灵活地理解基础知识（甚至最优秀的学生也不一定能做到），而不是催促学生学习某学科的复杂内容，因为在学习者将来的生活中，这些内容几乎没什么用。

未来智慧洞察
FUTURE WISE

总之，传统学科提供了大量的资源，但原封不动地直接使用就没有任何意义了。为了使学生的学习具有生活价值，我们必须更新学科，充分利用传统学科的新发展，并利用对于当代社会、对于建构业余的专业知识非常有用的新交叉学科。

打破常见学科的界限

什么是更好的单元体系？在围绕更新后的学科内容设置的单元体系中，仍然可能包含着许多常见的、容易接受的名称，例如科学、历史、文学、数学等。相反，有的教育者建构的单元体系保留着常见的学科，但却重新命名、组织这些学科，赋予了它们理想的新“外观”。

第 3 章介绍了由目光远大的教育改革家西奥多·塞泽发起的“要素学校”运动。许多改革者纷纷采纳了其“要素问题”的理念。下面这个例子很好地展现了几类可以通过学习来解答的要素问题。①

- 关于身份和历史：我是谁？我的家人是谁？
- 关于他人和集体：我身边有哪些人？世界其他地方都有谁？他们和我有什么异同？
- 关于我在世界中的位置：我在哪里生活？我是如何到那里的？
- 关于心理世界：我的心理状态如何？我的情感从何而来？
- 关于生物世界：动物会思考吗？活着是什么意思？
- 关于物理世界：世界由什么组成？事物为什么会运动？
- 关于模式、样式和尺寸：世界上有哪些规律？它们是如何形成的？

另一个类似的例子体现了哈佛大学最近的改革：哈佛学院通识教育项目（Harvard College Program in General Education），这个项目也适用于大学前的教育阶段。该项目的基本主题包括：美学与阐释性理解、文化与信仰、实证与数学推理、道德推理、生命系统科学、物理宇宙科学、世界中的各类社会、世界中的美国。

注意，这些单元体系在很大程度上仍然以常见学科为基础，例如，“要素

① 节选自学习技术联盟（Technology for Learning Consortium）。

学校”教育中的“物理世界”与“通识教育项目”中的“物理宇宙”主题都与物理学科直接相关；“要素学校”教育中的“身份和历史”“我在世界中的位置”以及“通识教育项目”中的“文化与信仰”“世界中的各类社会”等主题也与历史和社会学科密切相关。

在《受过学科训练的心智》（*The Disciplined Mind*）一书中，霍华德·加德纳针对学科学习提出了尤为宽泛的三重观点。**他建议，教育应当围绕三大主题展开：真、善、美。**“真”即指有关世界的知识以及获得这些知识的途径，与科学、数学、历史等学科相关。“善”即指伦理道德和价值观在人类社会中的作用。我们可以从社会研究、文学、科学中的伦理问题等领域中提取“善”与“恶”的相关主题。“美”则明确了审美体验和艺术创造在生活与学习中的核心地位，涉及文学、视觉艺术、舞蹈、自然美等领域。加德纳认为，教育应当深入地、持续地关注这三大主题。

加德纳提倡重视“真、善、美”这三大类基础而永恒的主题，他的主张遭到了后现代主义者的批判，例如：“谁的真理？”后现代主义者认为，我们不能把对真理的追求视为一种单纯的活动。在任何一个社会中，真理的问题必然与不同类型的权力纠缠不清。特定的人物——教授、宗教领袖、某领域的专业人士（如医生）都会进行分类，并且维护某种真理而忽略另一种，有时，他们的表现就像是在守卫自己的地盘。同样，后现代主义者也会质疑：“谁的善？谁的美？”

《受过学科训练的心智》出版10年后，加德纳在《重塑真善美》（*Truth, Beauty, and Goodness Reframed*）[①]一书中对批评意见进行了回应，并针对日益发展的数字技术提出了新的观点，例如他指出，在真理方面，尽管它与权力主

①《重塑真善美》一书是对哲学、美学、伦理学的重要补充，也是德育、智育、美育实践的重要指导，它对渴望真善美的大众，特别是对教育理论家、教育工作者以及各类学校的教师、不同年龄阶段孩子的家长来说，都具有现实的价值。本书中文简体字版已由湛庐文化策划、中国人民大学出版社出版。——编者注

题关系匪浅，但当代社会迅速流动的大量信息让我们处于有利的位置，可以更好地解决真理问题。总体而言，加德纳的观点始终具有很强的启发意义，并且在单元体系中加入了特别宏观的知识单元。

将各学科融入到广泛的主题中

什么是更好的单元体系？各学科是教育之锚（anchor）。然而，“锚”也有一种不确定的双重含义：当然，它能够发挥稳定、固定的作用；但它同样可以撤回。为了弥补这一劣势，我们一方面需要更新和重构学科，另一方面则需要建立跨学科的课程结构。

如今，教育者们常常在传统学科的基础上补充其他内容结构，例如，跨学科的单元、参与周边社区活动、个人或集体研究项目等。尼尔·波兹曼提到的宏大叙事主题“地球太空船”和“坠落的天使”就属于这类教育内容。

所谓的交叉主题是指，这类结构应该有自己的名称，它们不是学术性的学科，且往往打破了常见学科的界限。我们应当仔细考察交叉主题在具有生活价值的学习中所发挥的作用。下面将呈现一些具体例子。

> **交叉主题（crosstopics）**
>
> 交叉主题是指，这类结构应该有自己的名称，它们不是学术性的学科，且往往打破了常见学科的界限。

“直面历史、直面自己”项目（Facing History and Ourselves）借助于一些精心安排的跨学科资源，力图引导学习者关注深刻的社会暴力问题。在最初的设计中，该项目的目标是让学习者直接面对犹太人大屠杀（the Holocaust）及其背后的政治、社会和心理原因。其中，“直面自己”这个部分希望学生认识由大量调查研究所得到的结论：虽然我们可能会认为只有在别的地方、别的文化中，别人才会不知不觉地陷入种族灭绝式的暴力行动（自己不会）中，但是事实上，在特定的情境下，任何人（包括我们自己）都会屈从于大流。

从一开始“直面历史、直面自己”项目就具有多样样，它提供了触及各种社会阴暗面的研究主题，例如，带有种族预设的人种改良运动、仇恨犯罪、让人质疑的移民接收政策、欺凌和排斥现象等。广义而言，“直面历史、直面自己”项目属于历史学科，但事实上它也涉及了实验心理学、社会学、哲学观和其他学科的内容。

总体而言，近年来出现了大量关于和平与战争的新观点和新发现，其范围之广令人惊讶。我们可以发掘这些资源，将其运用在综合历史、社会学、心理学、人类学和地理学等学科的交叉主题教学中。加夫里尔·所罗门和爱德华·凯恩斯（Edward Cairns）共同编著了一份技术资源文献《和平教育手册》（*Handbook on Peace Education*）。所罗门收集的许多证据表明，当涉及棘手的冲突背景（如以色列与巴勒斯坦的争端）时，和平教育具有短期和中期的效果，而长期效果递减。此外，史蒂芬·平克（Steven Pinker）[①]在《人性中的善良天使》（*The Better Angels of Our Nature*）一书中给我们带来了美好的希望：按照历史的发展，和平与战争之间的平衡将逐渐得到改善。由于战争始终在人类事务中若隐若现，所以，我们有必要理解上述观点，至少，这些观点的价值并不亚于传统教科书中充斥的矛盾细节。

再举一个例子：我们的世界正进入前所未有的相互依存状态，这激发了所谓的“全球化学习”。海蒂·雅各布斯主张，由此建构强调新世界和新时代的学习，并以过去为参照进行比较。同时，韦罗妮卡·伯克森·曼西利亚和安东尼·杰克逊（Anthony Jackson）也提出了“全球竞争力”的概念，探究如何培养与此相关的重要知识和思维习惯。在《全球竞争力教育》（*Educating for Global Competence*）一书中，他们强调了能够帮助学习者更好地投入到复杂的

① 史蒂芬·平克作为世界顶尖语言学家和认知心理学家，著述颇丰，且获奖无数。他的经典力作《语言本能》《思想本质》中文简体字版已由湛庐文化策划、浙江人民出版社出版。——编者注

世界生活中的跨学科理解，提倡4类广泛的能力：

- 探索可直接接触的环境之外的世界，发现重要的问题，开展精心设计的、符合年龄水平的研究。
- 认识他人和自己的观点，深思熟虑地表述并解释这些观点，并尊重不同观点。
- 有效地和不同的听众交流自己的想法，突破地理、语言、意识形态和文化的障碍。
- 通过行动来改变环境，将自己视为世界舞台上的选手，积极投入到生活中。

尝试下面这个小练习。挑选手边的任何一件事物：一支铅笔、一件电子产品或者一个橙子。你认为这东西从哪里来？如果愿意花时间调查，你可能会发现，它的来历可以写成一个复杂的故事——不同国家、地区分别提供了原始资源、精加工的材料、加工过程、运输方式等。如今，即便是一件十分平凡的事物，都可能体现出了世界各地的密切联系，这种相互依赖的程度已超乎我们想象。在发展全球竞争力的过程中，必须重视这一点。

“探索体验式学习”（Expeditionary Learning）教育模式的独到之处就在于充分利用适合探究的交叉主题，《探索体验式学习核心实践》（*Expeditionary Learning Core Practices*）中对此进行了详细的解释（读者可以通过网络查找更多详细资料）。此外，罗恩·伯杰（Ron Berger）的《追求卓越的精神》（*An Ethic of Excellence*）一书也全面介绍了这种学习方式。

围绕学习目标，一次探索体验式学习可能会持续6~12周，它是一种初始的学习体验，是基于案例的实际调查（常常与当地社区有关），这种学习最终能够产生一些成果、反思，并赞颂学习的过程。在设计这类学习时，我们需要谨记它的准则，包括关注内容和标准。探索体验式学习通过将相关的、具有启发意义的案例联系在一起，从而凸显内容主体。例如，学习“美国独立战争”主题，学生可能需要深究自己所处的城镇在战争中的作用；学习“牛顿物理学”，学生可能需要调查车祸中的物理现象。可以说，大部分的学习时间都用在了这类探究和体验上。

那么，探索体验式学习是否重视全局性理解和开放性问题呢？这种学习当然有可能陷入利基理解中，但并不普遍。在设计时，不同的探究体验就已经涵盖了对21世纪必备综合能力及相关主题的关注。尽管可能以某个学科为中心，但探索体验式学习往往也是跨学科的，它更侧重于换位思考、环境管理、文化多元性、公平、社会正义等内涵。①

总之，寻找其他交叉主题的创意，或者自己设计交叉主题并不是一件难事，复杂的世界和多样化的历史也为此提供了大量机会，例如，我们可以比较社会正义的不同概念，如拿破仑法典、美国的宪法基础体系等。那么，如今一些重要的国家和文化如何看待正义问题呢？这些观点有何异同？它们的历史根源是什么？又如，人们认为，数字通信技术彻底改变了人们的思维和学习方式，改变了民主或独裁政府统治的基本原则，那么，它究竟产生了什么样的社会影响呢？

我们还可以通过另一种方式来补充以学科为中心的教学：**充分利用当地的各种资源，让学生有机会更好地认识自己身边的社区环境或者城市环境。**探索体验式学习中也蕴含了大量这样的例子：生物研究项目可以关注周边河流、小溪的源头，记录其中不同的生命形态，绘制生态依存图，研究污染带来的影响等；物理研究项目可以研究地区能源供应的模式，而且，既考虑现存状态，也讨论几十年后的情况，预测可能的需要和问题。这些主题都不限于相关的主要学科（如，例子中的生物、物理），同时也为其他学科提供了充分的空间，例如，运用数学来描述实际情况和项目趋势，运用本土历史来理解当下局势，运用心

① 该项目网站上展示了许多令人印象深刻的学生作品，读者可以亲自感受一下。

理学、社会学、经济学、政治因素来解释所发生的事情和未来走向。

我们应当仔细探究交叉主题和跨学科学习之间的联系。有时，交叉主题可能具有明显的跨学科特点，例如“地球太空船”；有时，交叉主题以特定学科为中心，但偶尔也有所超越，例如“直面历史、直面自己”项目。无论如何，交叉学科都不仅涉及对不同学科间关系的探究，它本身就是一个丰富的内容领域。

例如，探究物理与生物之间的整体联系是一回事；综合物理、生物以及其他学科领域来探究人类面临的困境，仔细钻研“地球太空船”之类的问题则是另外一回事。又如，探究历史与心理学之间的整体联系是一回事；而像“直面历史、直面自己”项目一样，综合历史、心理学以及其他学科内容来仔细研究犹太人大屠杀的问题又是另外一回事。整体的跨学科学习确实不错，但交叉主题更加有的放矢。

这几个例子展现出交叉主题的优点：它往往具有真实而有趣的特性。那么，交叉主题有什么不足之处呢？缺点之一就是：它很容易变得琐碎而无足轻重。

例如，通过追踪访问本地小商店的经理，学生应该学会一些经济学的知识，但他们实际能掌握多少呢？通过调查美国最高法院近期的一宗案例，学生应该能认识法律系统，但是他们交上来的报告有多少是照搬报纸或维基百科的文章？

这种保留意见十分重要，但却常常令人们产生误会。我们不能因为某些交叉主题设计得不够完善而过多抱怨，进而武断地认为交叉主题教学是个糟糕的点子。实际上，常见学科的传统教学经常也是琐碎而无足轻重的。各学科或交叉主题的有效学习必须得到精心的设计、构建和指导。

即便如此，交叉主题是否有必要？我们真的需要在教育中引入交叉主题吗？大概需要，真实的生活并不像学科体系那样严谨有序。一个人在一天或一年内都会面临众多不同的社会情境、道德问题、购买决策、工作职责、政治角色等，其中任何一种都不只涉及单一的物理、生物或历史学科。

如果我们希望教育能够为学习者将来的生活提供信息、注入活力，就必须在各学科与人们所接触的真实世界之间搭建桥梁。于是，交叉主题应运而生。

回忆一下第 4 章探讨的“能够为生活做好准备的学习”以及从主题到实用工具的关键转变，只是从学术理解的层面来掌握各学科的主要观点还远远不够。这些观点应当成为分析其他事物的便捷工具，交叉主题天生就需要这种从主题到工具的演变。

总之，当代教育如果仍然缺乏交叉主题的内容，就可能走入误区。有时，交叉主题可能会体现为偏离常见学科的一些独立线索，一所学校可以采纳许多类似的分支内容；有时，它可能是两种或三种学科教学的巧妙综合；有时，它又会隐藏在传统学科中（哪怕它们可能超越传统学科），例如，“直面历史、直面自己”这个主题的归宿就是社会研究。

未来智慧洞察
FUTURE WISE

学校可以只选择一两种广泛而深刻的交叉主题（如“全球化研究”或“艺术在文明中的作用”），而不是企图包揽全部；并以普遍存在的跨学科学习作为学校的核心特色，进而影响各个学科的教学。如今，我们的学习应当在生活中有意义，并应当为生活做好准备，为了实现这一目标，无论采取什么样的策略，在教育中纳入交叉主题活动都至关重要。

交叉主题十分必要，但进一步的问题仍然存在：如何在结构上将交叉主题与各学科学习联系起来？不同视角下、在不同教育机构中，答案各有不同。

跨学科单元体系为教育注入活力

什么是更好的单元体系？迄今为止，交叉主题似乎只是教育舞台上的配角，而主角仍然是经过更新或重构的常见学科。如果情况有所不同呢？如果让交叉主题成为与常见学科相辅相成的角色，二者齐头并进呢？探索体验式学习就是一个很好的例子。又或者，如果将一些交叉学科单元体系作为主要的组织线索，围绕它展开有针对性的学科学习呢？那结果又将如何不同呢？

借助波兹曼提出的“宏大叙事”理念，我们完全可以建构这样的学习。前文提到了波兹曼的两个宏大叙事主题，而在《教育的目的》一书中，波兹曼设计了 5 个主题：

- 地球太空船：人类居住的星球十分渺小，因此，我们面临着种种集体困境。
- 坠落的天使：人性的失败与弱点以及人性的闪光点。
- 美国实验（the American Experiment）：美国文化为各种宗教、政治思想和表现提供了极大的自由空间，这种文化的历史、成就以及局限。
- 多样性法则（the Law of Diversity）：探究多样化的语言、宗教、习俗、艺术和手工艺品等如何对人类社会作出丰富的贡献。
- 世界的“编织者”/世界的“制造者”（the World Weavers/the World Makers）：语言和言语表达的作用。

小测试 FUTURE WISE

> 波茨曼并没有将自己提出的 5 大主题加工成一个综合的系统，它们只是几个独立的单元。尝试增加一个或两个宏大叙事主题，使这些主题能够组成一个良好的单元体系。

布鲁塞尔国际学校（International School of Brussels）开发的“共同协作”课程（Common Ground Collaborative）是一个更有系统性的例子，其中提出了8项人类共性，并以此作为开放性主题，开展在当代具有重要价值的学习和探究：个人意义、创造性表达、健康的体魄、交流系统、可持续的生产与消耗、问题解决和预测系统、群体成员关系、与周围环境的联系。

相似的，澳大利亚的维多利亚州在进行了全面的思考后也采用了类似的模式：维多利亚基本学习标准（Victorian Essential Learning Standards），其中包含了3个主要的“特级”单元：

- 体育、个人和社会学习——健康与体育教育、人际关系发展、个体学习（学会学习）、公民知识学习。
- 基于学科的学习——艺术，英语，人文学科（经济学、地理、历史），外国语言，数学（数字、空间、测量、概率与数据、结构、数学思考），科学。
- 跨学科学习——交流，设计、创造与技术，信息与通信技术，思维过程（推理、处理与探究、创造、反思、评估与元认知）。

第2类交叉主题中涵盖了传统的常见学科，第1类和第3类交叉主题对此进行了补充和完善。

有时，个别学校也会采用很有启发意义的交叉主题单元体系。例如，2009年成立于纽约的“为了学习”学校（The Quest to Learn School）是一所创新型公立学校，这所学校敏锐地注意到了青少年对电脑游戏的热爱，并且发现，好的电脑游戏能够激励学生持续参与和学习，在此启发下，学校创设了新的单元体系。他们并没有完全将基于学科的学习抛诸脑后，而是将各学科融入到广泛的主题之中。

- 事物运作的方式（综合数学、科学）——理解不同的系统，改变、完善、发明自己的系统。
- 存在、空间与地位（综合英语语言文学、社会研究）——理解时间和空间以及人文地理对人类思想、表达和价值观的塑造作用。
- 符号世界（综合数学、英语语言文学、计算机编程）——练习破译、创编、操作和解读代码的意义，并认识到：符号代码让我们的世界井井有条，通过解读符号代码而产生意义。
- 健康（综合社会情感学习、体育、营养、健康）——理解“健康”意味着什么，培养健康的行为方式。
- 思维练习（综合游戏设计、媒体艺术）——了解多种模式、多元文化的新媒体素养，并理解其在特定背景下如何服务于特定目的。

设计合理的跨学科单元体系并不难。我们已经知道，如今的生活具有典型的全球化特征，那么，就可以从世界性的问题入手，包括：能源、生态环境、矛盾冲突、贫困问题、正义与人权、本土/地区/全球的统治系统、文化连续性与对比性、身份与意义等。

在学习“能源”单元时，学生可以探究各种能源的自然性质、形态和转化过程及测量（物理、数学、工程）；自然环境中的资源及其限制（石油、风能、太阳能）；能源生产和消耗的政治与经济问题（能源大国、国际市场、能源资源的历史转变），等等。

在学习“统治系统”时，学生可以思考不同的统治系统（民主制、共产主义、寡头政治）；其历史根源（希腊式民主、马克思主义）；历史与当代社会的权衡与复杂性（如，在高度分裂的国家中，民主的优势与挑战；罗马共和国为何走向独裁，这种转变为何多次在近代历史中重演）；传统统治体系的当前形态及其未来前景（如，欧盟或联合国）。

除了这类世界级的问题，我们也可以采用另一种不同的方式来组织单元体系，比如，关注个体与集体获得不同经验的方式，包括：工作经验、公民参与活动、艺术体验等。这里有一些可供参考的框架：职业参与、艺术活动、公民参与、家庭与社会活动、了解物理世界、了解生物世界、了解心理世界（学会学习和思考 / 认识情感）、了解人类境况的根本难题。

学习“职业参与”主题时，学生可以探究不同类型的职业角色具有什么样的表现，扮演这类职业角色意味着什么；学习“艺术活动”主题时，学生可以体验并反思生活中有哪些缤纷多彩的艺术，以及这些艺术中体现了什么样的创造力；学习“人类境况的根本难题”时，学生会触及关于真理、正义的本质和内涵等永恒的问题，这些问题并不限于哲学领域，也体现在个体生活中、不同文化中。

上述多种跨学科的单元体系都具有十分清晰的精神本质，它们旨在通过具有生活价值的、能够为生活做好准备的学习来为传统学校教育注入新的活力，而这类学习并不会在传统学科、尤其是传统教学中自然而然地产生，同时，这样安排单元体系也面临着严峻的挑战。我们将进一步思考如何才能摆脱这种两难困境。

建立更好的单元体系

什么是更好的单元体系？这个问题至关重要，因为单元体系为教育提供了大规模的组织框架。目前，关于如何设置课程的讨论中充满了丰富的选择。我们不能真的指望找到最佳的单元体系，但可以探索什么样的单元体系更有发展前途。至此，我们可以总结出一些原则：

- **不同形式的常见学科十分重要。**它们是全局性理解和开放性问题的宝库，不能因为现代性的某些曲解就将它们完全摒弃。

- **更新学科**。常见学科需要更新，补充当前的新思想、综合学科、新兴学科，才能充分发挥学科的作用。
- **重构学科**。重构常见学科能够为我们带来新的视角和活力，更清晰地体现出它们在学习者将来生活中的作用。
- **交叉主题**。孤立的学科哪怕有所更新或重构，但这仍然不够。我们需要适当地采用交叉主题，因为这类主题与日常生活中的问题和机遇相一致，并且能够促进“学习主题”到“学习工具”的转变，从而使学习为生活做好准备。

上述原则为广泛的多元设计提供了充足的空间，同时，也提出了有待选择的基础架构。为如今的学习设计更好的单元体系，应该以学科为主导，然后嵌入交叉主题；还是以交叉主题为主导，融入不同学科内容？我们可以将二者综合：建立学科与交叉主题的平行结构。换言之，什么是更好的高层组织原则呢？

在众多选择之中，我认为，并没有放之四海而皆准的普遍准则。相反，我们必须意识到一些内在的权衡。**以交叉主题为主导的好处是：它可以有效地抵御纯学科教学的常见陷阱。持续的跨学年交叉主题学习往往具有明确的表现，因而不容易迷失。值得警醒的是，过于深入的学科学习反而有可能会让学习者迷失。**但同时，交叉学科并不常见，所以，在组织上可能有一些悬而未解的难题，对某些机构而言，它们可能还会面临令人不安的政治阻力。

而如果以学科为主导，利弊则完全不同。学科教学很容易设计和管理、更常见、政治阻力也较弱。但是，这种做法并不稳妥，一不小心就可能重新堕入传统老套的深渊，而且各学科可能无法得到实质上的更新，粗略、零星的交叉主题也不能发挥真正的效果。

总之，各种各样的单元体系设计都很有效——只要我们能实际运用。当然，也存在一些不完善、思虑不周的框架。但纵览已经受到重视的各种设想，我认为，没有必要固执地宣称以学科为主导或者是以交叉主题为主导。在各个学校中,有独创性和献身精神的教育者们正探寻着独特的途径。他们努力工作，尝试所创设的体系，发现问题，修订并完善，从而创造了更重要、更稳定、对学习者将来的生活更有好处的教育。

讨论主题：依据学习者和具体情境的需要，设置跨学年的教育内容。

探索1 辨别具有生活价值的学习

在最广泛的层面上，鉴别具有生活价值的学习就相当于设定包含此类学习的大型单元。跨学年的连续课程往往由多个单元体系构成，这些单元体系描绘了值得学习的知识版图。

那么，需要讨论的问题是：我们应该使用哪些知识单元？常见的学科知识当然是很重要的单元，但是，只有在补充近期发展的新内容，或者成为综合学科、吸收新兴学科之后，它才能够满足现代社会的教育需求。此外，使用更理想的新名称、新方式来重构常见学科，也很有好处。

交叉主题提供了另一种重要的知识单元：它们触及跨越多种学科的主题和问题，并与学习者将来的生活密切相关，例如，个人与公共健康主题、持久的贫困问题等。为了使学习具有生活价值，我们需要同时强调学科教学和交叉主题单元。

探索2 选择具有生活价值的学习

选择适宜的单元体系十分重要，但是，我们也应谨记，单凭选择还不够——良好的单元体系还需要加入具有生活价值的全局性理解和开放性问题，而不是仅仅填充琐碎的事实、常规和利基理解。有时，课程设计者似乎觉得详细界定丰富的高层结构就可以了，但事实上，这还只是开始。

探索3 为具有生活价值的学习而教

良好的单元体系并不能保证优质的教学过程。你或许拥有世界上最好的单元框架，但仍会发现每天的教学实践并不能有效地运用这个框架，从而无法促进为生活做准备的学习。但是，单元体系的形式必然能够支持和鼓励为生活做准备的学习。关系个人和集体事务的当代主题以及突出的开放性问题，有助于激励卓有远见的参与性教学。

探索 4 建构具有生活价值的课程

建构跨学年的单元教育体系，需要思考如何平衡基本的结构。顶层的单元体系可以是：精心挑选的学科内容下穿插着各类交叉主题；或者，一系列交叉主题中蕴含着学科学习；又或者，基于学科的课程或单元与基于交叉主题的课程或单元平行存在等各种形态。

单元体系有好有坏，没有最完美的。我们在权衡之后选择的结构会反映当地的社会和政治状况，例如，以学科为中心的单元体系更常见，所以也更易于组织和维护，但它可能出现对交叉主题关注不足的缺点。

FUTURE WISE

EDUCATING our CHILDREN for a CHANGING world

08

未来在等待的人才

哪些能力是闯荡未来世界所必需的?

在生活的各个方面都具有普遍重要性的个人能力和人际交往能力，我们称之为综合能力。它更关注人们如何更好地应对自己的个人生活和人际关系，包括家庭角色、公民角色、工作角色等。如今的工作越来越需要综合能力，只是循规蹈矩已经不足以支持人们保住饭碗。那么，学校教育是否足以帮助学生发展这些能力呢?

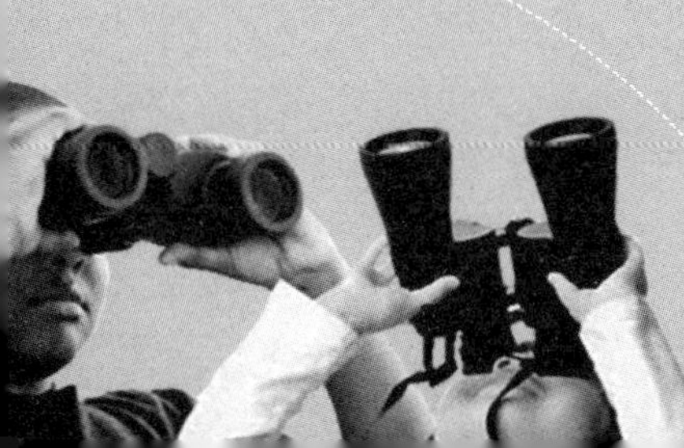

2007 年 6 月，第 13 届国际思维大会（The International Conference on Thinking）在瑞典的诺尔雪平（Norrköping）召开。30 年来，这场两年一次的“移动盛宴”已经“漫游”了全世界的很多地方。在这次会议上，我有机会向全场听众提出了这样的问题：你认为，面对复杂的未来，什么样的知识和技能才是最重要的，是学生必须学习和掌握的？

听众将自己的答案写在小纸条上，并贴在会议大厅的外墙上，这样，每个人都可以仔细思考其中的相似之处。会议结束后，我将这些纸条收集起来，开始分析重复出现的主题。我发现，下面这些主题被频繁地提及（随机排列，不分轻重、主次）：

同情	技术	健康
交流	环境	伦理道德
科学	全球化视角	社会及其规律
学会学习	艺术	解决矛盾
数学	合作	自我理解
精神生活	思维能力	

小测试 FUTURE WISE

仔细看看上面的主题，从中选出你认为最经常被提及的 3 ~ 4 个主题。

我曾经向不同的听众展示这些主题，请他们猜测排在最前面的主题。当然，答案多种多样，但大多数人都认为交流、同情、环境、伦理道德、自我理解应排在前面，而这也正是最初写出这些主题的人们的选择。按照重复出现的真实频率（从高到低）进行排序，顺序有了改变（先从上往下看完一列后，再从左往右看第二列）：

思维能力	环境	解决矛盾
自我理解	全球化视角	精神生活
同情	艺术	科学
伦理道德	合作	数学
交流	健康	技术
学会学习		社会及其规律

如果按照先后顺序来观察这些主题，你可能会提出一个开放性问题：学科教学呢？——哦，原来它们在这儿，在排序的末尾：“科学”“数学”“技术”（如果技术也可以被称为一个学科的话）。只有“艺术”是个例外，它好歹占据了中间的位置。由此，我们可以得出什么结论呢？

一方面，我们不能因此就武断地认为学科教学不重要，本书的后几章内容始终在强调学科知识对学习者将来的生活多么有用。比较合理的解释是：最初的提问方式和现场的气氛导致了人们很少提到各个学科。

但另一方面，我们可以发现，学科教学并不是唯一的游戏。事实上，听众们提到的这些主题近似于过去 10 年里日益突出的教育议题，如“21 世纪必备综合能力”“关键能力”等。其中蕴含的普遍理念是：在当今的复杂世界中，学习者为将来的生活做好准备，就必须培养能够应对广泛挑战的技能和态度，如，自我理解、同情、伦理道德、合作、良好的思维能力等。注意，“思维能力”在排序中独占鳌头。我个人对此十分欣慰，因为过去几十年来我的专业工作重心就是思维教学。但是，不得不说，名列前茅的几个主题似乎都有些“弄虚作假”，毕竟这是一个关于“思维”的国际会议，参与者们自然更青睐“思维”的主题。虽然，“思维能力”的位置比较靠前，但我并不太确定它是否真的当之无愧。

未来智慧洞察
FUTURE WISE

所列主题中的大部分最终都回归到：在生活的各个方面都具有普遍重要性的个人技能和人际交往技能。也就是说，这些主题关注的都是人们如何更好地应对自己的个人生活（如，自我理解、学会学习、健康）；应对人际关系，包括家庭角色、公民角色、工作角色等（如，同情、伦理道德、交流、合作）。在工作方面，本书引言就已经指出，如今的工作越来越需要高层次的能力，只是循规蹈矩已经不足以帮助人们保住饭碗。显然，与会者们都很担心学校教育是否足以帮助学生发展这些能力。

当然，学习者需要掌握的各项能力在规模和重要程度方面不一而足，有的技能涉及的范围甚至比“学会学习”或“社会及其规律”更小。例如，知道如何使用信用卡、购买房屋、使用电脑等，在生活中都很有用处，这类细微却更便利的技能可谓无穷无尽。

相对的，上面列出的这些能力在范围和重要性方面都十分可观。正如“全局性理解”和“开放性问题”一样，我们称之为“综合能力”（big know-how）。全局性理解和开放性问题有 4 个判断标准——见解、行动指导、伦理道德和机会，综合能力同样如此。综合的个人能力或人际交往技能可以提供关于个人和世界的深刻见解，指导实际行动，培养道德态度和行为，而且有大量的实际运用机会。综合能力、21 世纪必备综合能力、关键能力，无论如何命名，这类能力都是“什么知识值得学习”的答案之一。

除了在见解、行动指导、伦理道德、机会方面的相似之外，综合能力与全局性理解之间也存在着明显的差别，我们之前曾谈到这个观点。大部分情况下，全局性理解是能够带来广泛认知的内容，它与通过科学、历史、医学、文学、生态学及其他领域的知识来了解世界、了解生活有关。相反，综合能力则涉及了解如何完成生活中必须做的事情。

毋庸置疑，这种差别已经十分明确。**我们必须掌握综合能力，才能更好地运用全局性理解；而不同学科的全局性理解又能支持和完善综合能力。**事实上，二者既彼此连贯又相互交织；但尽管如此，我们也是需要意识到全局性理解、开放性问题与综合能力之间大致的差异。回顾之前的列表，作为综合能力而呈现的各个主题就与学科教学的内容完全不同。

那么，问题来了：综合能力可以用来做什么？第 7 章我们已经探讨了如何围绕宽泛的内容分类来组织各学年的教育，现在，我们也应当认真考虑一下综合能力。

综合能力有什么用？我们如何教授它？它与教学内容有什么关系？我们如何为它提供适宜的空间？如何在综合能力与全局性理解之间取得平衡，或者实现协调？哪些综合能力必须在学校教育中受到重视，哪些可以在校外习得？为了解答这些困惑，我将从介绍一些已经成型的综合能力框架开始，进而思考如何教授综合能力，最后再应对如何将其融入学校教育的挑战。

几种已知的 21 世纪必备综合能力框架

第 13 届国际思维大会的与会者并不是关心综合能力的唯一群体。几十年来，世界各地纷纷出现了各种大同小异的综合能力列表，这些列表或被称为“21 世纪必备综合能力”，或被称为“21 世纪必备技能”。其中包含了多样化的个人能力和品质（如，思维能力、健康或学会学习），各类人际社会能力、公民意识、工作技能（如，良好的沟通能力、道德行为、创业精神等）。如今，美国各州、其他各国、各国际联盟的课程指导纲要中已经包含了这些能力框架。

美国提出的 21 世纪必备综合能力框架

依据我们的宗旨，概览几份综合能力清单比详尽地回顾一份列表更有意义。我们可以从几年前“21 世纪必备综合能力联会”（Partnership for 21st Century Skills）提出的技能列表开始。它虽然不是美国联邦政府发布的官方框架，但在民间备受关注。其中，最首要的重点是学生的成就，之下又分设 4 大类别：

- 核心学科与 21 世纪相关主题。
- 学习与创新的技能，包括创造与革新能力、批判性思考与问题解决能力、沟通与合作能力。
- 信息、媒体和技术能力，包括信息素养、媒体素养、信息沟通与交流素养。
- 生活与职业技能，包括主动性与自我引导能力、社会性与跨文化技能、领导力和责任感等。

有的人不喜欢“21 世纪必备综合能力”之类的名称，他们认为，其中的大部分技能一直以来都十分重要，并非“21 世纪”专属。相应的，从中获益的人则会反驳道，对更多人而言，这些技能的重要性在当今世界比以往更加突出。无论如何，我们不要受“名称之争”的干扰，可以直接深入研究几个分类，了解它们的含义。

第 1 类“核心学科”，我们都可以轻易辨识；而“21 世纪相关主题”即我所谓的“交叉主题”，如，全球化意识、金融 / 经济 / 贸易 / 企业素养、公民意识、健康素养、环境素养等。第 2、3、4 类则具有另一类特征：它们界定了技能的领域，而非知识的领域。

我们显然已经远离了常见课程的熟悉之地，进入了完全陌生的新天地①。例如，“主动性与自我引导能力”旨在帮助学生学会管理自己的目标和时间，包括平衡短期的战术目标和长期的战略目标；学会独立完成任务，在没有直接监督的情况下自我监控、鉴别和筛选；进而成为自我引导型的学习者，形成主动性、献身精神和批判性反思能力。

我们发现，“skill”“技能”或“能力”这个词用在这里并不十分恰当。当然，管理目标和时间、独立完成任务都与“技能”相关，但是，它们也涉及感觉和动机，它们既是人们致力于实现的目的，也是人们实际运用的技能。或者说，它们既属于技能，也是品质、态度或心理状态。所有的综合能力框架几乎都具有这样的典型特点。

4Cs 技能

21 世纪必备综合能力框架涵盖的能力范围着实令人印象深刻，事实上，教育者很容易为之倾倒。而有的教育者则更重视该框架下的一个子集——4Cs 技能。4Cs 技能衍生自 21 世纪必备综合能力框架的第二大类，即“学习与创新的技能”，具体包括：沟通（Communication）、合作（Collaboration）、批判性思考（Critical Thinking）和创造力（Creativity）。

如果你希望深入研究，那么，4Cs 技能就是最好的选择，它们具有明显的

① 原文为：“Dorothy,we are definitely no longer in the Kansas of typical curriculum.”作者借用了《绿野仙踪》中多萝西和小狗被风卷入仙境时说的一句话，“不在堪萨斯城”意味着离开了熟悉的地方。——译者注

生活价值。无论是在日常生活中还是在工作中，每个人都能够从更流利、更有意义的沟通与合作中获益；而且，借助于批判性思考和创造，任何人都能作出更大的贡献。此外，4Cs 技能也与深度学习明显相关。一旦掌握了更加灵活的沟通、合作、批判性思考和创造技能，学习者就能够更好地通过与他人互动、利用传统和当代的信息资源来学习。

欧洲提出的 21 世纪必备综合能力框架

另一个杰出的技能列表为我们提供了很有趣的对照：终生学习的关键能力之欧洲参考框架。目前，这个协同框架为欧盟各国的教育模式提供了辅助性指导。该框架重点提出了 4 大主要目标：自我实现、积极的公民意识、社会凝聚力、在知识社会中的就业能力；以下 8 类关键能力共同服务于 4 大目标：

- 母语交流能力。
- 外语交流能力。
- 数学能力与基本的科学技术能力。
- 数字技术应用能力。
- 学会学习。
- 社会性与社交能力。
- 主动性与创业精神。
- 文化意识与文化表达。

这个框架与美国提出的 21 世纪必备综合能力框架有着明显的重合，二者虽然处于不同的层级，但同样关注数字技术应用能力、学会学习、主动性与创业精神。仔细对比后可以发现，两类框架在分类上并不彼此排斥。

当然，二者仍然存在差异。欧洲参考框架尤其关注在多元文化和历史的共同作用下各国面对的社会和政治挑战。注意，该框架把“外语交流能力”放到了十分靠前的位置，并且在列表中囊括了“文化意识与文化表达”，这里的“文化”肯定不只是艺术，而是更广泛的多种“文化”。同时，积极的公民意识和社会凝聚力也是4大目标之一。

8类关键能力分别包含3个导向性指标：知识、技能和态度。例如，“主动性与创业精神”之下，相关的“知识”包括：如何判断个人、职业或商业活动的机会以及关系大局的背景问题；相关的“技能”包括：项目管理、有效的汇报展示和协商；具有创业精神的“态度”则强调在生活各方面的主动性、积极性、独立性、创新性。该框架中的每一类关键能力都有这样3项具体指标。

此前我们谈到，美国框架中的“skill”这个词或许不足以涵盖其广泛的意义，同样，这里的“competences”一词也存在这样的缺憾。它所指的不仅仅是技术性的各种能力，而是关乎整个人，包括复杂的个人、职业和公民世界所需要的激情、价值观和献身精神。

传统学校无力教授的7个生存能力

如今，世界各地存在着一种趋势——人们试图让教育变得更有针对性，这种意识成就了托尼·瓦格纳（Tony Wagner）的知名著作《全球成就鸿沟》（*The Global Achievement Gap*）。书中，瓦格纳描绘了如何培养当代劳动者的一系列核心“生存能力”以及终生学习和积极主动的公民意识。他的观点十分新颖，即便是最优秀的传统学校也无力教授或测验这些技能。7个生存能力具体包括：

- 批判性思考的能力及解决问题的能力。
- 跨网络合作的能力以及通过感召力来领导的能力。
- 灵活性与适应性。
- 主动性与企业家精神（具有企业家的风格）。

- 高效的口语和书面沟通能力。
- 获取信息和分析信息的能力。
- 好奇心与想象力。

同样，“skill”一词也没有全面地表现出其中蕴藏的情感和品质特征。当涉及灵活性与适应性、主动性与企业家精神或好奇心与想象力之类的生存技能时，重视这些品质的形成与培养能力同等重要。

传统教育中常被忽视的 7 个思维习惯

阿特·科斯塔和贝娜·卡利克主张在学校文化中体现 16 种思维习惯，他们因此而声名远扬。思维习惯不仅有益于有效的思考和学习，而且有益于培养尊重、同情和总体的自我管理能力。在此，我不逐一列出 16 种思维习惯，只选取几条在传统学业教育中未被明显关注的内容（这个列表中也不完全是所谓的“技能”，同时具有情感和品质的特征）：

- 控制冲动。
- 抱着理解和同情的态度倾听他人。
- 质疑、提出问题。
- 借助所有感官收集信息。
- 保持好奇心和赞叹之心。
- 愿意冒险并承担后果。
- 有幽默感。

8 个工作室思维习惯

下面来看一个具有学科背景的例子。洛伊丝·赫特兰、埃伦·温纳（Ellen Winner）、雪莉·薇内玛（Shirley Veenema）和金伯利·谢里登（Kimberly

Sheridan）研究了娴熟的专职艺术教师在培养自己“工作室思维”（Studio Thinking）时的心理活动，由此提出了一系列工作室思维习惯：

- 学会开发培养一项技艺：使用艺术工具、材料和概念。
- 学会参与和坚持：献身于艺术并坚持不懈。
- 学会想象：超越当前所见，延伸设计。
- 学会表达：找到个人视角。
- 学会观察：发现不平凡之处。
- 学会反思：元认知式思考（thinking metacognitively）。
- 学会延伸和探究：尝试错误。
- 学会理解艺术家的世界：在不同的领域和疆界中漫游。

显然，这些思维习惯不仅仅适用于专门的艺术活动，技艺、坚持性、想象、表达等在任何一个领域中都有重要价值。此外，设计一些方式来归纳这种具有“艺术工作室”风格的教学，并且运用于艺术之外的其他领域，这并不是一件难事。

加德纳的 5 种思维能力

霍华德·加德纳在《决胜未来的五种能力》一书中提出了综合能力的另一种特别广泛的观点。大家可能十分熟悉加德纳的多元智能理论，但是，这里的“5 种思维能力”（或称为“5 中心智”）与他早期构建的 7 种智能全然不同，这 5 种能力更多地源于在应对复杂世界时普遍的思维模式，而非源于认知和大脑结构。

- 修炼心智。
- 统合心智。
- 创造心智。

- 尊重心智。
- 伦理心智。

只要巧妙而坚定地重视这些能力，人们就能够获得兴盛的个人发展，并且对社会作出贡献。

仔细研究这些思维能力或心智能力，我们也能够发现一些重要的细微差别。例如，修炼心智包含了各个学科的知识和理解，它是加德纳笔下和他书中的永恒主题；但它也涉及与学科有关的心理活动：注意力、条理化、小心错误等。统合心智与创造心智之间的差异也是一个关键点。统合心智发挥的作用是将目前普遍蔓延的领域内知识和跨领域知识融合在一起，创造力也被包括在内；而创造心智发挥的作用则更进一步，触及了新的领域。尊重心智涉及加德纳所谓的“邻里道德”，即：我们对自己与他人、与亲近或熟悉的人之间关系和承诺的认识；而伦理心智则涉及超越本地社群、接纳多元世界的道德。

相应的，加德纳的 5 种能力或 5 种心智为我们探究值得作为综合能力来培养的能力和品质提供了高屋建瓴的观点。

上述种种综合能力框架最令人钦叹的一点是，它们立志于提出另一种值得注意的知识：在学习者可能的生活中十分重要的个人能力与人际交往能力——按照此前的全局性理解和开放性问题类推，我们将此称为综合能力。

任何一类课程的任务都是界定教学内容，经典的课程模式往往是常见学科的反映：数学、历史、科学、语言等。在本书中我一直主张，只要巧妙地选择全局性理解和开放性问题，常见学科中也能挖掘出丰富的具有生活价值的学习机会。第 7 章已经探讨了如何通过更新和重构学科、引入交叉主题来改变以学科为中心的学习。

现在，我们又听到了另一种声音，敦促人们重视综合能力。在把它融入到教育架构中的时候，我们会面临非常重要的挑战：如何教授综合能力、教授什么样的综合能力。

融合了综合能力的知识内容学习什么样

大多数综合能力列表中都有“思维技能”一项。那么，我们就应该在每星期二、星期四都上一节“思维技能”课，对吗？一般来说，我们并不这样做。当然，我们可以专门开设单独的课程来有效地教授思维技能及各类综合能力。如果有水到渠成的机会，何乐而不为呢？但是，这种做法很容易失控。试想，在专门介绍新的综合能力（如领导力、公民道德、学会学习、创造性思维能力、系统思维能力）时，我们会面临时间安排的问题。所以，大部分综合能力框架并不赞同这种笨拙的办法，相反，它们希望将综合能力的教学与知识内容教学融合在一起。

原因之一是，单独为各类综合能力开设若干门新课程可能会陷入僵局。另一个原因是，将综合能力教学分散到不同的情景中，或许能促进其在学习者的生活中获得更远、更广泛的迁移。

此外还有一个很重要的原因，在知识内容的学习中穿插综合能力有助于更好地教授知识内容，尤其是当我们希望学生不仅能获得信息，还能理解信息；不仅理解知识本身，还能以知识为理解工具的时候，效果更加明显。例如，当学生以批判性思考和创造性思考来学习牛顿定律、莎士比亚的作品或供需关系规律时，学生的学习会更有意义、更深刻。又如，借助于系统的合作过程、多种精准的沟通方式、评估各种途径（如，网络）所获信息的技能，学生可以更有意义、更深刻地了解当代的能源问题、正义系统和民主问题等。

那么，融合了综合能力的知识内容学习是什么样的呢？别忘了，本书的焦点在于“什么知识值得学习”的问题，而非“如何教授”的问题，我们需要先进行一些宽泛的评论和引用。

多年来，批判性思考和创造性思考的提倡者们已经找到了将思维技能与具体学习内容相融合的途径，即通常所说的“浸入式”教学法（Infusion Approach）。这个术语由罗伯特·斯沃茨提出，它区别于专门设置思维技巧课程的孤立的教学法。举例而言，运用浸入式教学法来学习换位思考，可以结合美国独立战争的学习来进行：学生分小组开展角色扮演活动，从“厌憎英国的美国人”“自认为英国公民的美国人”“海运商人”“乔治三世”等人的视角来解释这次战争。再如，将科学思维技能与生物学习结合，学生可以设想如何验证教科书里的生物理念或者设计简单的实验。此外，在培养重大问题的分析能力方面，可以依托未来的能源挑战问题，让学生列出本地的能源资源清单，了解当前的能源需求和储量，分析未来 10 年、20 年的能源形式发展趋向。

通过这类活动，学生普遍能够掌握一些简单的思维方式。已有的研究文献中还有很多类似的例子。如，思维技能运动的老手罗伯特·斯沃茨和阿特·科斯塔、巴里·拜尔、丽贝卡·李根、贝娜·卡利克等人在《基于思考的学习》一书中提供了大量策略和具体案例。在莎莉·狄西曼、艾琳·杰伊（Eileen Jay）和我编写的《思维课堂》（*Thinking Classroom*）一书中也包括了一系列有用的工具。近期，我和同事们仔细研究了浸入式教学法，并由此总结出不同版本的“形象思维”“思维艺术”和“思维文化”。其中，罗恩·理查德、马克·丘奇和卡琳·莫里森的著作《哈佛大学教育学院思维训练课：让学生学会思考的 20 个方法》就是一项很好的资源。

当然，将思维技能教学融入到学习内容中是需要技巧的。有时，教师们认为只要在课堂上形成一种思考的氛围就够了，就可以期待由此激发学生的批判性思考和创造性思考。的确，这样的班级文化很关键，对培养批判性思考和创造性思考的品质——深植于学习者性格中的态度特征而言尤为重要，但是，只有气氛还不够。已有证据表明，许多学生并不会在潜移默化的渗透中自然而然地掌握这些技能，他们还需要学习有助于支持批判性思考和创造性思考的外显概念和具体策略。我们必须解释这些概念和策略、将其运用于实践并定期调整，保持它们的生命力，使之成为学习者技能库中的一部分。

通常，介绍这些概念和策略并不会占用太多时间，并且可以穿插在课程内容教学的过程中，不需要专门安排课时。但是，在教学中花这么一点时间仍然十分必要。

浸入式教学法的主要危险在于：只搞形式主义，只做表面功夫。例如，每星期两次，让学生列出某个问题的利弊列表并讨论；或者每两个星期一次，让学生开展一次结构化讨论。如果只是这样，完全不能培养学生的自主思考能力或深入学习课程内容；而且，串讲课程内容所带来的教学压力也会让我们对思考能力的系统关注流于肤浅。这样做的代价不仅忽略了学生的思考能力，还会使课程内容学习变得更加浅薄。

上述关于“思维技能”的看法适用于任何一种综合能力。以 21 世纪必备综合能力中的“公民参与”主题为例。除了通过历史和当代资源来学习公民参与的概念和模式之外，学生也应该探究学校中的公民参与机会。有哪些机会？这些机会有何意义？学生可以问问父母，了解“公民参与”对他们的意义，思考不同的观点——从愤世嫉俗的“不参与”到狂热的激进主义，任何一种观点都可以。学生也可以走进当地社区，追踪访谈社区中的活跃分子，对这些体验进行反思，并思考他们最敬重的人及理由。

同样，明确性十分重要，我们可以围绕“公民参与”的理念和策略来组织这一系列活动。当然，这里也存在着只做表面功夫的危险。严肃对待“公民参与”相关的综合能力，不仅需要每两个星期一次的讨论，更需要定期的、认真的教学活动，并将其融入到历史、社会等学科的课程内容中。

在初步了解如何教授综合能力的基础上，让我们再来看看应该教授哪些综合能力。

你认为，什么样的综合能力有助于闯荡未来

在对于如今和未来的学习者而言十分重要的综合能力世界里，此前提及的各类课程框架已经将自己的触角尽量延伸。但是，它们能走多远？它们能否全面地描绘综合能力的天地？

小测试 FUTURE WISE

思考在你的生活中比较重要的综合能力，前文所提及的框架中是否遗漏了某些技能？

我自己的尝试结果是：仔细观察一系列课程框架后我发现，批判性思考和创造性思考能力几乎总是被放在最明显的位置。但是，还有另一个非常关键的主题，即复杂的“对因果关系思考的能力”从未被提及。

我们生活的世界中充满了复杂的因果关系：因果循环与螺旋式的因果关系，由多重原因共同触发的事件，天气、股市、生态系统中的混沌振荡模式等。理解复杂的因果系统是探究当代世界的基础，但是，复杂的因果关系只是被贴上了“系统思维”的标签，偶尔得到认可而已。

幸好有一些随手可得的资源能够帮助我们改变这种状况，例如，蒂娜·格罗泽的著作《在复杂的世界认识因果关系》。该书以研究为基础、实践为导向，探讨了复杂因果关系所带来的挑战以及应对的策略。格罗泽指出，我们很容易按照简单的线性因果关系来思考，就像是保龄球击倒球瓶一样直接，但是，世界和生活中充满了更复杂的因果模式。例如，互为因果，两件事物同时互相影响（地心引力让我们能够站在地面上，但这不仅是因为地球对我们产生引力，相反，我们的重量也对地球产生压力）；又如，相关因果，多元变量之间的关系决定了最终的结果（物体密度小于周围液体时，物体能够漂浮，这与质量和体积之比有关）。

唤醒学习者，让他们意识到这些复杂因果模式还只是“战役”的一半。剩下的一半斗争在于：我们很容易忽略正在发生的事实，例如，只关注突出且明显的事件，从不问及一个系统得以维持的原因，遗漏偶尔发挥作用的概率模式，忽视在时间和空间范围内比较偏远的因果关系影响。

另一方面，21 世纪必备综合能力框架一般只重视与专业或公民社交活动有关的技能，例如，有效的沟通与合作、理解并使用各种媒体、领导力等，这些框架很少提及各类艺术活动。

在这里谈到“艺术”可能会让许多人感到惊讶。但是，如今几乎所有人都会花大量的私人时间来参加不同的艺术活动,无论是通俗艺术还是高雅艺术，例如，有人热衷于听音乐、看电影、追看电视喜剧或连续剧等；古典音乐、视觉艺术、舞蹈、戏剧等也有自己的发烧友；还有很多人会追求非专业的创造性艺术活动。在私人生活中，我们也时常接触装饰、建筑艺术。从最低水平而言，参与艺术活动至少也是体现生活质量的主要因素。显然，我们的教育并没有帮助大部分人为参与缤纷多彩的艺术活动做好准备。

再举一个更深入的例子：虽然这些课程框架都比较重视地球的生物圈和岌岌可危的生态系统，但却很少关注个人与家庭健康护理之类的基本能力。换言之，尽管 21 世纪综合能力的典型框架中已经涵盖了很多能力，但仍然有一些重要的领域被遗漏了。为什么会这样呢？我们应该承认，建构一个这样的课程框架并非易事。作为教育实践的管理指南，这些框架必须简洁明了；同样，为了将政治导向融入始终存在争议的教育领域中，它们也必须符合广大民众对于公民意识和工作能力的关心。事实上，我们并不清楚这类课程框架是否应该无所不包。有时候，至简，即为繁。

尽管如此，把握个人与人际交往能力的全貌仍然是有价值的。因此，我试着建构了一个比较宽泛的课程框架，吸收并挑选一些时常被忽略的主题，这更像是一幅描绘个人能力与人际交往能力的广阔天地的地图，其中，二者有重合的地方（见表 8-1）。

表 8–1　　　　个人能力与人际交往能力

个人能力	人际交往能力
·个人与家庭健康护理	·发展并维系人际关系
·批判性思考与创造性思考	·社交技巧和承诺、社会能力、社交魅力
·通过思考形成理解，包括思考复杂的因果关系	·职业关系
·个人决策	·合作——正式合作、非正式合作
·学科内部与超越学科的认知方式（如，宗教、直觉、感知识别）	·借助口语、书面或其他各种媒介进行有效的表述和沟通
·学会学习，包括发现并发展特别的兴趣或需要	·在职业背景下的领导力、合作能力和服从能力
·自我管理：满足与自我实现、自我控制、深谋远虑	·深刻理解并且关心伦理道德
·参与艺术和审美活动	·形成集体身份认同：国家的、民族的、宗教的、职业的、家庭的
·参加体育运动	·不同层面的公民素养和承诺——社区的、地区的、国家的、世界的
·了解并运用各种媒体	·在经济、生态、政治等其他方面具有全球化观念；将世界理解为若干系统中的一个体系
·了解并运用相关技术	
·了解经济形势，具备经济能力	

我们需要清醒地认识到这个列表的意义。我并不会自满地认为它比之前的各个课程框架更优秀，实际上，试图包揽全局的列表不一定更好。同时，我也不认为这个列表很完善。读者可以再列一下相关能力，看看你能否想到一些表 8-1 没有提到的能力。

未来智慧洞察
FUTURE WISE

> 当我们思考个人能力和人际交往能力在如今教育中的作用和地位时，建立一个比较全面的蓝图会更有用。它能够为我们提供一个更好的视角，思考综合能力的具体教学框架应有的地位和结构。

什么原因使综合能力成为“狭小房间里的一头大象”

那么，关于综合能力，什么样的实践列表更适宜呢？应该不是表 8-1 这样的“超级列表”，它只提供了观点而缺少具体指示；或许是此前提及的美国 21 世纪必备综合能力框架或终生学习关键能力框架；又或者是本书没有涉及的其他列表。我们很难解答这个问题，除非直接面对最主要的挑战——就像狭小的房间里塞着一头大象，人们却刻意避而不谈这庞然大物那般。

综合能力就像被人们熟视无睹的“大象”，相关的文献很少谈到它的庞大体积。纵览各类综合能力框架，我们会发现，位于顶层的是一些十分明显的简单分类，而具有代表性的子类别却居于这些分类之下或者嵌入其中。有的列表看起来十分精练，但它只是一种错觉，如果没有更多的细节作为支撑，列表中似乎合理的普遍主题就很难运用到课堂教学实践中。换言之，任何一种综合能力框架都要求开展大量的教育活动，而且，这还不包括它们遗漏的诸多技能（如以表 8-1 为标准来衡量，这些综合能力框架仍然忽略了很多）。

一旦我们意识到需要做些什么才能促进任何一类个人能力或人际交往能力的有意义的学习，那问题就更明显了。以大部分列表中的入门级技能——“学会学习”为例。关于人们如何更好地管理自己的学习，当代学习科学的研究成果颇丰：积极主动地加工、在新旧知识之间建立联系、建构心理模型、将当下的主题与生活各个方面联系起来、反复回顾学到的观点从而保持新鲜感等。如果转化为比较实用的建议，那关于“学会学习”这一技能，其最重要的原则可能占据 2 ~ 3 页，还不到一本常见教材 1% 的篇幅。如果“学会学习”的教材内容只有 2 ~ 3 页，那么，乐观主义者可能就会认为，学生可以毫不费力地学会学习。

问题的关键在于：教授“学会学习”的具体能力比教授相关理念耗时更久。当然，我们可以快速地向学生介绍学习的方法，但是，“掌握基本原则”远远不等于“能够在不同情境中自信、可靠地运用这一基本原则”。培养有效的各类能力需要我们投注更多的心力。

这就像学习一种运动。我们可以很快地解释和展示几乎所有运动的基础内容，但是，真正培养一种运动能力（哪怕只到达标程度），也需要大量的练习和指导。

未来智慧洞察
FUTURE WISE

> **习得一种能力，就像是学会一项运动或一门手艺，而不似掌握某个主题的信息。这是因为，学习某种能力需要将“原则性”知识转化为“行动性”知识。另外，各类能力中包含了大量的缄默知识（正如某项运动或技艺除了有外显的原则之外，还有不可估量的缄默知识），只有获得一些支持性的指导，并经过不同场景下的真实演练之后，这些缄默知识才会有所发展。**

再来看另一个例子。综合能力的框架大多涉及不同形式的沟通能力。让我们以口语沟通技巧为例——它大概包括注意、轮流、理解、提炼关键信息等技能。就像“学会学习”一样，其中最关键的要点可能只占据 2～3 页的篇幅，同短，简短的篇幅容易让人们低估培养真正的沟通技能所需要的大量时间和精力。事实上，学生需要积累多种多样的经验才能发展相关的缄默知识。

教育的空间中并没有太多“多余空间”，那么，综合能力这庞然大物显得愈发巨大。目前的课程内容已经安排得太满（当然，一些没有学习价值的狭隘知识占据了过多的空间，才导致课程设置中的拥堵），但是，如前所述，即便我们意识到这一点，试图强调全局性理解和开放性问题，这种超载现象仍然得不到缓解，因为在生活中有价值的知识实在数不胜数。

总之，下面这些原因共同导致了综合能力成了课堂教学中的庞然大物：

- 适宜而全面的中和性能力概貌图太大。
- 常见综合能力教学列表的实际范围远远大于它们所呈现的外观，因为还有一些子类别或者需要更细化的子类别。
- 与各类列表中电报式的简要描述的原则和特征相比，真正能够成为学习者行为和思维模式的综合能力需要耗费更多的学习时间。

我们拥有的教学空间少得可怜，那么，怎样才能更好地解决这个庞然大物的问题？怎样才能更好地将综合能力融入到课程教学之中？

巧妙地抽样教学使综合能力的学习更有意义

综合能力并不是我们在本书中遇到的第一个庞然大物。第 2 章谈到全局性理解时我们就已经发现，具有生活价值的教学内容实在太多了，而综合能力的加入，令所剩无几的教学空间变得更加拥挤。所以，有必要再次采用我们的老办法，借鉴语文教师的做法：他们面对大量优秀的文学作品时会进行巧妙地抽样教学，采用巧妙的策略，在常见的教学指导框架下作出个性化的选择。其中的诀窍就是，依据两条广泛的指导原则来选取文学作品，同时以优选作品的清单作为补充，即：第一，选取优质的个别作品；第二，选取多样化的总体，包括不同风格、不同重点、不同起源、不同观点的作品。

在此，巧妙地抽样同样适用。正如全局性理解种类太多需要取舍一样，过于丰富的综合能力也需要有所挑选，这样才能建构易于管理的综合能力教学框架，进而与学科学习和交叉主题学习共同发挥作用。**巧妙地抽样意味着不可避免地舍弃许多有价值的部分，但正是这样才有效！这样才能更有意义、更稳健地学习保留下来的东西。**

既然要巧妙地抽样，那么，我们就要思考什么才是最好的综合能力样本。当然，并不存在完美无瑕的综合能力列表，正如没有最好的单元体系、没有人人必读的最佳诗歌列表一样。

未来智慧洞察
FUTURE WISE

> 我们不能天真地以为，可以找到放之四海而皆准的综合能力列表，并在稍作修整后就会比其他选择更适宜教学、更重要；也不能认为，我们可以毫无纰漏地理解背景环境、权衡轻重、预测未来。我们所处的教育世界中，值得教学的内容永远比可能引起重视的内容更多，所以，语文教师的巧妙地抽样教学策略是绝对需要且不可避免的。

那么，我们应该做些什么呢？除了创设自己的策略之外，你可以考虑：第一步，从采纳一个精心设计的综合能力框架开始：可以选择 21 世纪必备综合能力框架、终生学习关键能力框架等。这类框架可能不够全面，但无所不包的能力框架实际上也不太适合。

第二步，你要清楚地知道，即便是这些框架也太过宏大，它们本身就是个庞然大物。相应地，要在选取的综合能力框架中挑出优先选择的能力。

我们可以参考这样一条判断标准：什么样的综合能力可以在学校情境中得到发展？常见的框架可能不太关心这一点。这里，大部分综合能力框架中都包含的“领导力”主题就提供了很好的例子。学校完全可以支持有关领导力的学习，但是，在培养领导力的实际经验或者形成缄默知识方面就鞭长莫及了。试想，相较于商业界或公民社会而言，学校中又会有多少实际运用到领导力的机会呢？没错，你可以组织小范围的领导力体验活动，例如，在小组项目学习中承担领导角色，但也只能仅限于此了。

小测试 FUTURE WISE

回顾表 8-1，你认为，其中有哪些项目是学生可以有效地“学习”“了解”，但不适合在学校实际的能力学习中采用？列举 3 ~ 4 项。

真正传统的问题不仅是“什么知识值得学习”，更是“什么知识值得在哪学习”——传统学校并不总是最佳场所。仔细思考这一点，有助于我们压缩综合能力的庞大体积：这并不意味着应该放弃诸如“领导力”之类的主题；而是说，与“思维技能”“学会学习”等技能相比，某些深层次能力的发展机会本身就是有限的。

同样，归根结底，核心的主旨变成了：我们必须作出宏观选择；不存在唯一的最佳选择；既有较好的选择也有许多糟糕的选择。管理者和政客或许会觉得这太过随意，他们会担心教师、校领导、教育委员会、专家小组是否能够合理地选择。

我个人觉得，教师的判断往往是符合常规的。然而，为了缓解人们的压力，我们仍套用对“全局性理解”和“开放性问题”的态度来看待“综合能力”：**虽然不存在唯一的最佳综合能力框架，但这并不意味着所有的选择只能限于个别的课堂层面。**相反，为了便于协调和统一，可以在学校、各地区、国家层面采纳同一种模式，就像欧盟各国采用了共同框架一样。这样做的同时也应该认可其他优秀的模式，并包容以任意一种课程规则为指导的本土首选框架。

对此，文学领域的取样模式提供了一个比较雅致的例子。回顾第 2 章提及的如何巧妙选取文学作品，我们可以找到一些指导方针：首选作品清单，从某个子类别中选择多少作品的准则，体现在所选作品中重要的交叉主题等。依据这些指导，教师运用自己的判断来寻找深刻的见解，为自己的教学实践注入活力,并对特定的学生因材施教。**巧妙地抽样教学意味着放弃了对“普遍适用”的追求，不再试图包揽所有内容；也意味着面对不同选择，可以实现有指导的协调**。对于当代社会现实而言，对于“什么知识值得学习”的实际探索而言，这种方法很有价值。

颠覆还是逆转？综合能力唤起传统课程的动摇与苏醒

你可以赋予综合能力任意一种名称：21 世纪必备综合能力、关键能力等。过去 10 年来，我们所谓的综合能力及其对重要个人技能和人际交往技能的关注，已经打开了教育的新视野。综合能力直接指明了在当今世界生存和发展必备的能力和品质；各学校系统、各地区、各国的课程和标准中也逐渐有所体现。很显然，对于内容超载、不具有生活意义、忽略学习者个人和职业需求的课程，强调综合能力无疑是最好的反击。目前，已经有许多框架文件为我们提供了综合能力的列表及相应的发展策略。

所以，我们的前途一片光明，而且面对相伴而生的种种问题（例如，综合能力体积过于庞大等），我们也有良方妙策。但是，人们还是会心怀疑虑：担心整体课程可能会因此发生逆转——强调综合能力或许会颠覆一切，甚至取代各门学科。

你可能会觉得这种疑虑有些偏执，那么仔细想想，对“思维技能”“学会像科学家一样思考”“学会学习”等观念的各种批评意见如何放大了人们的担忧。批评者们常常警告大家，这类细琐的威胁会取代真正的学习。他们担心，学校教育渐渐只重“过程”，而忽略内容；他们甚至预言，传统课程会被颠覆，以至于最终误入歧途。

我认为，这种极端的担忧并不会成为现实，其中既有政策的原因，也有功能的原因。在政策方面，传统学科仍然拥有强劲的势头，不可能被初出茅庐

的“综合能力”轻易罢免。从功能角度而言，综合能力不可能在真空中发挥作用，它也需要具体的操作内容。如，我们不可能在没有思考内容的情况下凭空练习思维技能；学生不关注当地公民活动形式，就不可能形成公民意识和素养；不理解全球化问题，就无法形成相应的责任感等。所以，我们完全不必担心“传统课程将被颠覆”的风言风语。

然而，其中仍存在一种更中肯、合理的隐忧，它与“赞成或反对”无关，但却让所有关心教育的人都面对着“平衡选择”的挑战。它的根源可以追溯到此前那个“庞然大物”的问题。

重视综合能力，很可能要求我们牺牲一些全局性理解和开放性问题，而不仅仅是牺牲无价值的利基理解和利基问题。毕竟，我们已经期望通过巧妙地抽样，在不同的全局性理解和开放性问题之间作出艰难的选择；同样，我们也不得不在综合能力与全局性理解之间作出选择。勤于思考的教育者们肯定很讨厌这样的观点。但是，没有任何理由证明，全局性理解总是比综合能力更重要、更高级。在探寻前路的革新动荡中，我们必须有所权衡，有所取舍。

未来智慧洞察
FUTURE WISE

如果人们能认真地对待综合能力，那么渐渐逼近的并不是传统课程的颠覆，而是传统课程的动摇与苏醒；有时，我们还会以不确定的方式来重新思考应当优先选择的内容；但最终的结果一定很好。我们并不希望颠覆传统课程，而是希望重新调整传统课程——为学习者未来的生活而调整。

讨论主题：依据学习者和具体情境的需要，将 21 世纪必备综合能力等相关主题融入到课堂教育之中。

探索 1 辨别具有生活价值的学习

任何一个关心教育的人都会发现，近年来，人们关于“什么知识值得学习”的观念已经发生了翻天覆地的变化。教育界涌现了大量的课程框架，积极推进重要生活技能的教学，例如，创造性思考与批判性思考能力、合作能力、领导力、沟通技巧、自我管理能力等。这些能力我们称为综合能力。就像全局性理解、开放性问题一样，它也能够提供深刻见解、行动指导、伦理道德规范，并且在生活中有大量实践的机会。

虽然时常被界定为“技能”，但综合能力也属于态度或品质的范畴。比如，一份框架文件中提到了“创造力”，它所关注的不仅仅是发散性思考之类的技术性能力，还包括创造的激情。当然，这正是我们所希望的：不只是大体上的技能或能力，而且涉及运用这些能力的动机。

探索 2 选择具有生活价值的学习

各类综合能力框架的简洁性及其综合分类很容易令人叹服。“不需要选择，”你可能会想，“就这几条而已，我们全都做得到。”但是，真正探讨下来，事实并不那么简单。深入研究这些分类，我们会发现其中的复杂之处。究其根本，就像全局性理解一样，综合能力的种类也过于丰富，无法一概而论。

所以，有必要对综合能力进行筛选。在关注其丰富性和广泛性的同时，我们可以再次运用熟悉的“巧妙地抽样教学”策略。比较差的综合能力框架选择的主题往往肤浅而狭隘，而优秀的框架则会有更好的选择，但是，不能期盼找到一个终极的理想框架。

探索3 为具有生活价值的学习而教

在大部分情况下，教育者都会通过浸入式的混合教学来教授综合能力，而不是专门开设单独的技能训练课。我希望这对读者也有所启示，原因很多。首先，为一系列新的知识单元寻找空间、设置专门课时非常困难；其次，将综合能力融入教学内容中，能够深化学科学习和交叉主题学习；第三，采用浸入式教学方法，综合能力会获得多样化、有意义的实践机会，从而实现稳健的发展和迁移。

探索4 建构具有生活价值的课程

对综合能力的重视和提倡，令一些教育者开始担心传统课程是否会被颠覆：传统课程被完全逆转，学习者耗费过多时间来掌握各种不同的过程性内容，例如，创造性与批判性思考能力、合作能力等，反而忽略了实质性的学习内容。通过合理的讨论，我们发现，这种担忧实在是小题大做。任何一个严谨的综合能力框架都不会推荐这类做法，而且，目前也没有任何一个严谨的综合能力框架会质疑各个学科和交叉主题的巨大价值。

FUTURE WISE

EDUCATING our CHILDREN for a CHANGING world

结语

从知识到智慧，选择有生活价值的学习

“圣雄”甘地无疑是20世纪最伟大的人物之一，他提出的“在复杂世界和平共存”的思想精神不仅带领着印度人民走向独立，也激励了其他地区类似的独立运动。他所信奉的“非暴力不合作运动”不仅鼓舞人心，也是极具启发意义的巧妙策略。

甚至在一些微不足道的时刻，他的精神力量也焕发着蓬勃的光彩。有这样一段广为人知的轶事——甘地的另一只凉鞋。故事是这样的：甘地和同伴们刚登上火车准备远行，这时候，他的凉鞋带子突然断了，鞋掉到地上。火车已经鸣笛开动，甘地没办法捡回落下的凉鞋，于是，他脱下了另一只凉鞋，毫不犹豫地把它扔到车外。

看到这一幕，同伴们目瞪口呆，他们问道：“你为什么要这样做呢？”甘地从容自若地答道：“也许会有穷人捡到我掉的第一只凉鞋，但对他没什么用；我把另一只鞋也扔出去，或许就能凑成一双，捡到的穷人就能穿了。”

人们把这段轶事看作甘地充满慈悲的最好例子，的确，在很小的事情上，人们捕捉到了最独特的一刻。

我们也可以将这段轶事视为甘地知识渊博的体现。这一系列举动反映出甘地对各种情景的理解：穷人的生活依赖于各种宝贵的契机；一双凉鞋比一只凉鞋更有用；在开动的火车上不可能捡回掉落的鞋子——这些都是关于世界运转方式的广泛而实际的理解，它们不具有独特的学术性或技术性，但却真正有用。

事实上，我们也可以用判断全局性理解的 4 类标准来进行分析。甘地发现了机会，对当前情景产生了深刻的见解，抓住了行动的时机，展现了自己的道德品质。在上火车的短短几秒钟内，能够做到这一切，实在令人敬仰！

同样，我们还可以将这段轶事视为甘地创造力的体现，这与第 8 章探讨的 21 世纪必备综合能力遥相呼应。只要设想自己在相同的情况下会怎么做，就能够深切地体会甘地的发散性思维。而我们的反应常常是：“哎呀，我的凉鞋掉下去了！还能再捡回来吗？哎，不行了，火车已经开动了！我上哪儿再找一只凉鞋来穿啊？可以向朋友借一只来应急吗？要不，到下一站再买一双好了。”

瞬间产生这一系列想法真是再自然不过了。但是，甘地的思路明显朝着另一个方向奔涌而去。他并没有被固有的条条框框限制，没有烦恼“自己可以用剩下的那只凉鞋做什么”，而是想到了其他人：在铁路边游荡的穷人可能需要另一只凉鞋。

最后，这段轶事往往被视为甘地智慧的体现。人们普遍认为，“圣雄”甘地是最明智的伟人之一，这里，他的智慧体现为：在机会降临的刹那，深刻的见解、行动、道德风尚瞬间绽放。

未来智慧洞察
FUTURE WISE

> 甘地扔凉鞋的故事也给我们带来一个启发性的问题：在追求真正具有生活意义的学习时，是否可以教给学生智慧？这种志向或许太过宏伟，或许只是肆意妄想。但是，即便不可能“教给”学生智慧，我们至少可以“引导”学生走向智慧；相较于填满了学业成就、信息和专业技术知识的教育沼泽，这无疑是一汪生机勃勃的清泉。

所以，让我们至少相信有可能通过教学引导学生走向智慧。让我们再次提醒自己，为何如今的教育在面对内容危机时必须考虑“什么知识值得学习”。

教育的初衷，源于有生活价值的学习

任何一个人都明白，我们生活在一个复杂的时代。信息爆炸、数字化和全球化、淡水和石油等资源日益紧张、许多地区开始由工业主导转变为服务业主导、信息经济以及其他种种因素，导致当今世界对丰富的知识、复杂的思维能力与合作能力的要求越来越高，远远超过了对父辈时代的要求。而且，这些趋势似乎还将以我们无法预知的方式继续塑造明天的世界。所以，我们必须为未知而教。

此外，一贯为教育提供基础的各学科也早已改头换面：它们包含了更多的内容，在某种程度上发生了一些变化，值得学习的知识正不断扩张疆土，新兴学科、综合学科纷纷涌现，例如，社会生物学、行为经济学、大历史、进化心理学等。从各方面而言，这比传统学科内容更有意义、更令人兴奋。心理学、社会学和生物学的成熟，也让我们能够比几十年前更好地解释个人和社会的发展。而且，关于人类与灵长类近亲、广大生物圈之间的延续性，相关的知识越来越深刻、广泛，这也很好地阐明了我们应当如何与其他生物、与整个星球、与人类自身平等而有效地共存。

所以，从昨天到明天，世界展现出一种非常棘手的发展趋势，它侵蚀了传统的教育之路，刺激着我们铺就新的道路，细心的教育者们已经留意到这一点。前言部分提出了 6 大超越,试图描绘一些不断扩展的值得学习的知识领域。**6 大超越默认了教育中存在着背道而驰的两种极端危机：其一，我们教授的大部分知识在学习者的生活中没有任何意义，投注在这些知识上的时间和精力并不能带来很好的回报；其二，我们的教学中忽略了许多有价值的、回报率较高的知识。**

在学习内容方面，我们似乎遭遇了静默的危机——静默，不是因为完全无声，而是因为对其他教育问题的关注湮没了它们的声音。第 1 章提到的 3 类议题（学业成就、信息和专业知识）都有自己的价值，但 3 者都没有发现常见的学习内容中存在的问题。事实上，取得学业成就、获取信息、形成专业知识都是围绕典型的学习内容而产生的，而传统教育的层级结构图（见图 1-1）确定了这种范式，即：有效的学习意味着较好地掌握传统教学提供的内容。

当我们面临“小世界悖论”时，这种策略就不那么令人满意了。如今，人们的生活彼此关联、灵活多变，而且日益全球化，因此，教育结构也必须能够支持学生之间、知识资源之间、复杂社会中各类现实挑战之间的交叉联系。换言之，我们需要相对灵活的网状结构（见图 1-2），而不是相对固定的层级结构。

这一切敦促着我们重新思考什么知识值得学习。在进入大学之前，为了真正地通过教育帮助学习者为明天做好准备，我们必须再三思考常见的学习内容，这往往是最根本、彻底的重新考虑。我们需要采取新的办法来评价什么知识值得学习，而这个办法就是探讨学习者未来可能的生活。我们需要在生活中进行真正有意义的学习、需要影响力较高的知识和理解，它们应当能够被直接运用，并且能够支持实践、政治、社会及审美等各方面多样化的终生学习。

当然，我们现在已经很清楚问题所在了："什么知识值得学习"是一个不可能的问题。之所以说它"不可能"，不是因为无法解答，每本教材、每份教学计划、每个课程都提供了部分答案。"不可能"是指这个问题抗拒完美的答案。什么知识值得谁学习？什么时候学习？在什么背景下学习？我们的选择数不胜数！所以，的确不可能找到唯一的完美答案。

但是，缺乏一个无懈可击的完美答案或是有很多不够好的答案都不是真正的问题所在。传统的大部分教材、教学计划、课程中的生活价值都很低，所以，我们需要的不是普遍适用的终极课程，而是合理、适宜的选择（糟糕的选择也得排除在外）。

我们也面临着如何将综合能力融入到课程之中的难题。通常，这涉及在课程中穿插我们对批判性思考和创造性思考、沟通能力、企业家精神和类似品质的重视。综合能力并不适合作为一门学科来教授，但是，无论我们采用什么样的单元体系来组织课程结构，综合能力都能够提供丰富的教学契机。

我经常公开发表关于"具有生活价值的学习"的演讲。听众们最常提出的问题是："大学课程中是否也可以运用这些理念？"这是一个好问题，但并不简单，因为全世界各所大学的教育方式差异悬殊。有的高校主张较早开展专业教育：学生在入学第一年或者甚至在申请入学时，就必须选好自己的主攻领域，并且从一开始就得深入地学习；有的高校则强调先开展一段时间的通识人文教育。当然，也有二者综合的情况。

"具有生活价值的学习与狭隘的课本知识学习相对立"，这种观点在通识教育色彩比较浓厚的教育项目中得到了明显的印证。事实上，这类教育项目中几乎不存在基础教育阶段常见的狭隘化，它们都能或多或少地触及某种形式的具有生活价值的学习。

那么，较早地开展专业教育又如何呢？这样做真的好吗？我担心这会揠苗助长，催促学生作出不成熟的选择，并会限制原本可以更好地服务于大学生的、具有生活价值的广泛学习。但这只是个人看法，我们必须尊重世界各地形形色色的做法，尊重已经准备好深入钻研专业知识的学习者。所以，尽管本书中的许多观点与各类学习都有潜在的联系，但它们更直接地适用于大学前的教育阶段。

在建构课程时，我们必须承认，对全局性理解和开放性问题的重视也有不足之处。除此之外，还有一些学习议题，尤其是第 1 章所强调的学业成就、信息获取和专业知识议题。尽管这些议题容易限制教育的宽度，但它们并不是罪大恶极的祸首，每一类议题都对具有生活价值的学习有所贡献。

在很多学校里，教育都因为人们对学业成就差距的过度重视而备受折磨。但是，平心而论，基础领域（如，语文、算术）的学业成就对学习者将来的生活至关重要；这一点毋庸置疑。另一方面，虽然我们动动指尖就能从网络上搜获大量信息，但这些信息仍然无法与我们在浏览博客、阅读报纸、开展对话或是四处闲逛并理解双眼看到的事物时，在大脑中流畅搜寻的信息相媲美。大量的记忆性信息也很重要。此外，虽然，催促有能力的学生钻研技术含量更高的学科内容，很容易导致他们被不太有用的利基理解和利基问题淹没。当然，学生也会自发地探寻生活中涉及的学科内容、专业知识和实践策略。所以，学校教育应当提供一些机会，巧妙地选择一些高深的主题内容。

总而言之，尽管我们的讨论将具有生活价值的课程放到了首要位置，这是我们为学习者将来的生活所下的最佳赌注；但是，我们的选择应该合理地平衡学业成就、信息获取和专业知识议题。

教授知识，通达智慧

有了这一系列思维的工具，让我们再回到“智慧”上来：具有生活价值的学习与智慧有什么关系？

最丰富的一类具有生活价值的学习已经无限接近“智慧”了。我们可以回顾具有生活价值的学习如何给学习者带来见解、行动、伦理道德、机会方面的好处；再想想这 4 点在甘地的轶事中如何大放异彩。**当然，大部分有生活价值的学习还无法像甘地那样明确地实现，但总体而言，具有生活价值的学习似乎正朝着正确的方向前进——它们能够带来通达智慧的知识。**

我几乎可以立刻听到潮水般的批判声！智慧？真的是这样吗？这些孩子连拼写都不会！他们连佐治亚州（或者你能想到的任何一个州、任何一个国家）的首府都不知道！他们甚至无法在地图上找到伊拉克！你还想奢求“智慧”？

我承认，“智慧”是一个高高在上的教育目标，甚至连大学教育都很难实现这个目标，更不用说大学之前的教育了。但是，如果说“智慧”这个目标太过崇高，那么，说出佐治亚州的首府之类的目标就太过卑微了。所以，我们可以这样想：**也许教育（即便是大学之前的教育）的合理追求并不是获得智慧，而是获得能够通达智慧的知识。**

法国大革命例子中的那个人体现出的是智慧吗？或许是，或许不是。当然，只有真正了解这名学习者的人才有发言权。但是，对法国大革命的理解算是通达智慧的知识吗？是超出单纯的知识而更加丰富的全面理解吗？答案是肯定的！

几十年来，人们用三足鼎立的形式来描述一种组织结构：信息 - 知识 - 智慧，通达智慧的知识可以从这种结构中获得动力，其总体理念十分简单。当我们思考人们了解什么、如何在复杂的世界中运用所了解的内容时，最好能够将不同种类的了解进行分类，从而直截了当地分析处于优先位置的内容。人们可以获得信息（如，电话簿、年鉴中的信息），针对特定的目标，信息非常有用；人们也可以获得知识和技能（如，政府如何运转、如何用计算机编程、如何组织会议等），知识和技能的用途比信息更进一步；在知识和技能之上，还有智慧：从理想的哲学家、牧师、政治家身上，我们可以看到广义的智慧，如，敏感地平衡错综复杂的各种因素，为相关人群的福祉而奉献，决意打破狭隘的偏见或目光短浅的计划。

对教学而言，即便智慧显得遥不可及，我们也不该故步自封，只满足于获得信息或知识。相反，我们至少有希望教授能够通达智慧的各类知识。

“智慧”究竟是什么呢？几十年来，理想的哲学和心理学研究为我们提供了关于智慧本质的解释。德国的一个著名思想流派指出，智慧与生活的基本语用学中的专业知识有关。发展心理学家保罗·贝提思（Paul Baltes）和其同事认为，人们所谓的“智慧的判断或行动”，即指能够反映出对人类世界运作机制的理解的一类判断或行为（再回想一下甘地的轶事）。此外，心理学家罗伯特·斯滕伯格（Robert Sternberg）也提出了“平衡”的智慧观点，在他看来，智慧的判断涉及个体在特定情境下平衡各种因素的能力和品质。盖伊·克拉克斯顿（Guy Claxton）则谨慎地避免滥用“智慧”来形容不同的人，相反，他缩小研究的范围，聚焦于“智慧的行动”。判断一个人是否“智慧”比判断特定场合下的具体行为是否体现“智慧”要更棘手。当然，智慧的行动有一些征兆，而且我们也可以培养出能够促成“智慧的行动”的观念和思想状态，例如，放眼全局，既抱着同情之心，也秉持一定的超然态度来看待事物；暂时搁置个人安排；包容复杂性；采取多元化的视角等。

人们或多或少都有一些“普遍智慧”，同时也有具体领域内的“独特智慧”，例如，下棋、登山等。我曾问过国际象棋大师乔纳森·罗森（Jonathan Rowson），国际象棋之中是否也蕴藏着智慧？罗森予以了肯定。国际象棋的智慧不仅与高超的技巧有关，还关乎在正式的比赛中能否知己知彼，它涉及一种巧妙的自我管理。有时候，固执地追求最完美的一步并非良策，你还需要注意有时间的限制。也许还有更好的选择，但不值得再花费宝贵的时间，这取决于你所处的局势和剩下的时间。同样，登山的智慧也不仅与技巧有关，还涉及承担风险和选择同伴的准确判断。换句话说，掌握某事（国际象棋或登山）所需的聪明技巧是一回事，形成相应的智慧是另一回事。

这样的观点能够帮助我们强调“智慧”为何物，但是，不能就此认为智慧已是我们的囊中之物。正如克拉克斯顿所说的，智慧很难捉摸，它常常因人而异、因文化而异。麻烦的是，智慧属于“民间概念”，它主要由普遍的社会常识和实际运用来界定，而非辞典或哲学家。知识和信息也是如此。尽管我们可以泛泛地讨论从信息到知识再到智慧的发展，也可以找到大部分人都认可的信息、知识或智慧的例子，但是我们很难清楚地说明这样独特分类的依据是什么，它们之间只存在非常模糊的界限。如果你试图细致地分析它们，那么，你很容易会发现，“信息—知识—智慧”是一个混沌的分类体系。所以，我们不能把这三者视作具体的类别纲目，而是将其视为一种传递模糊的方向感和进步的指南。

未来智慧洞察
FUTURE WISE

传统教育的重心常常在于“信息 - 知识”，而非“知识 - 智慧”。让我们反过来想象一下，假如教育把重心放在实现“知识 - 智慧”的深远目标上，放在能够通达智慧的知识上，那或许这些知识就真正具有生活的价值了！

在为未知而教的“独木桥”上巧妙地探索前行

本书开篇之初，我虽然试图解决“什么知识值得学习”的问题，但我说我并不打算直接回答，希望我遵守了这个承诺。希望读者在这本书里收获的不是 10 条、100 条或者 1 000 条关于“什么知识值得学习”的戒律，而是更好的思考途径。

不提供这类戒律的原因至少有两点：首先，在面对不同的学习者、不同教育机构的过程中，我们必然能够不断发现这个问题的适宜答案。对于导向未来智慧的教育而言，永恒不变的指定课程是没有价值的，虽然，针对特定的学习者和教育情境而选择的适宜课程或许可以维持一段时间，但只能引起很少的关注。

其次，无论是出于自己的需求还是周围人的要求，探寻“什么知识值得学习”这个问题的答案，对教育者自身而言具有内在的教育性，它是教育者的承诺和任务的一部分，也是教育者为了使知识通达智慧而付出的努力。同时，这个过程也是教育者深化理解的契机，任何人都不能因为推崇和膜拜完美的终极答案而忽略了探寻答案的过程。

我很高兴能以一位禅宗大师的水墨画来作为本书的结束。日本江户时代的禅宗大师白隐慧鹤（Hakuin Ekaku）是一位很有影响力的佛教宗师，他为后人留下了丰富的书画作品，其中有一幅名为《两个过独木桥的盲人》（*Tow Blind Men Crossing a Log Bridge*）。仔细观察这幅画，可以看到，黑色的墨迹从右往左渲染开来，描绘了一架横跨无底深渊的独木桥。画面右侧，两个盲人站在桥上，借助手杖摸索着前进。我并不是研究禅宗的专家，但我认为，这幅画暗示了人们在寻求悟道的过程中面对的不安稳、不确定的状态，我们应该想什么、感受什么、做什么，似乎都难以言传。没有可靠的线路图可循，我们只能凭感觉迈步。

教育者们很容易从另一个角度来理解两位盲人的险境，用以比喻“为未知而教”所面临的困境：我们很难预知世界发展的方向，甚至很难预测特定场景中的某个学生将会走向何方；我们就像是独木桥上的盲人一样，只能摸索着前进。

必须承认，这幅画中尤为引人注目的是，两位盲人并不是毫无章法地摸索，而是巧妙地探索。他们并没有冒冒失失地在自认为是独木桥的地方大胆往前，如果这样做了，不出几步，他们必定会坠入深渊。相反，他们聪明地用自己的手杖来感觉脚下的路，他们摸索、尝试、了解、感知前路的形状和方向。

未来智慧洞察
FUTURE WISE

如今，很多教育似乎都在愚蠢地摸索，或者按照过去习惯的方向在独木桥上贸然前进，却很少关注独木桥真正的位置。坦白说来，我们也并不确切地知道“桥”在哪里。如前所述，倘若固执地寻找最完美的终极答案，那么，“什么知识值得学习”就是一个不可能解答的问题，我们的确在“为未知而教”。但是，在一些经过深思熟虑的评判标准和一种使命感的支撑下，我们仍然可以巧妙地摸索着前进。

致谢

致谢应该从哪里说起呢？最初的开始似乎并不顺利，可供追溯的源头不止一个，实际上，如同迷宫一般错综复杂的“支流”共同汇聚成了本书的源泉。当然，最主要的一条“支流”，就是我在20世纪90年代和同事霍华德·加德纳、维托·佩龙（Vito Perrone）、玛莎·斯通·威斯克在斯宾塞基金会（Spencer Foundation）的慷慨资助下所开展的“为理解而教”的相关研究。基于“理解”的概念以及“如何培养理解力”的问题，我们进行了主体研究，研究的结果被运用到了无数的课堂实践中，为进一步的探索提供了依据，并对本书的创作产生了重要影响。

另一条“支流”则是我此前出版的《全局式学习》一书，该书试图整合教学过程的关键理念，其中粗略提及的一些问题也在本书中有所拓展。从严格意义上来说，本书可被视为《全局式学习》的姊妹篇：《全局式学习》主要探讨如何才能更有效地教学，而本书则主要谈论什么内容值得学习。

更深层次的动力则来自妮娜·亚伯拉罕·帕尔默（Nina Abraham Palmer）

于2009年在我的指导下撰写的博士论文：《具有教学价值的知识及其原因探析：如何验证教学内容的合理性》（*What is Worth Teaching and Why: How Do We Justify What We Teach*）。妮娜·帕尔默用分析哲学的视角来论证什么样的知识具有教学价值，虽然与本书的关注点有所差异，但这篇博士论文丰富了我对这个问题的思考。

近年来，我参加的一些项目也有所影响，这也体现在本书的观点中。在此，让我满怀感激地列出这些项目：

首先是"广阔世界"教师培训项目（WIDE World）。这是由我的老同事玛莎·斯通·威斯克、大卫·扎洛文（David Zaronwin）和内森·芬奇（Nathan Finch）共同创设、由哈佛大学教育研究生院负责的教师与学校领导的在线学习项目，这个项目也得到了艾尔和凯特·默克（Al and Kate Merck）的宝贵建议及大力支持。

其次是不断发展的"形象思维"项目。该项目最初设立在斯德哥尔摩附近的莱姆沙加学院（Lemshaga Akademi），主要负责人是莎莉·狄西曼和罗恩·理查德，并且得到了彼得·瓦伦堡（Peter Wallenberg）和施蒂费尔森·卡普·维塔姆基金会（Stiftelsen Carp Vitam Foundation）的支持。此后，该项目转移到墨尔本的比亚利克学院，由罗恩·理查德和马克·丘奇主持，并得到了比亚利克学院以及亚伯 & 维拉·多乐维奇基金会（Abe and Vera Dorevitch Foundation）的支持。

第三是由我、丹尼尔·威尔森（Daniel Wilson）以及其他同事在哈佛大学教育研究生院主持的"学习创新实验室"项目（Learning Innovations Laboratory），这个项目主要涉及关心合作学习的教育领导者以及相关的政府机构。

此外还有"引导重要的学习"项目（Leading Learning That Matters），

该项目同样由我和丹尼尔·威尔森主持，得到了澳大利亚维多利亚私立学校（Independent Schools of Victoria）的资助，并在该校发展中心主任卡琳·莫里森和执行主管米歇尔·格林（Michelle Green）的协助下完成。

在创作本书的过程中，许多友人给予了我大量的支持。在思考历史教育方面的问题时，我得到了贾斯廷·莱希（Justin Reich）的帮助，他为我整理了相关资料，归纳了一些深刻的分析趋势与两难困境。之后，莱希率领一组研究人员探讨了科学教育领域中的类似问题，参与的人员有：特蕾莎·阿瑟诺（Therese Arsenault）、凯瑟琳·里贝（Kathryn Ribay）、基恩·朗德特里（Gene Roundtree）和莫妮卡·尤德伦（Monica Yudron），他们对本书作出了巨大贡献。

过去几年的写作中，弗洛茜·蔡（Flossie Chua）一直在帮助我整理相关资料，没有她的帮助，这本书势必会单薄许多。在研究书中的许多主题时，例如，调查学校和国家如何看待21世纪必备综合能力时、在为选择教学文本而收集实践资料时，弗洛茜·蔡所展现出来的条理性和洞察力都十分宝贵。此外，我还要感谢吉姆·里斯（Jim Reese）在这方面的贡献；感谢史黛芬妮·卡柯亚尼斯（Stephanie Kacoyanis）以及在她之前的曼丹娜·法赫迪（Mandanna Farhoodi），他们帮助我整理了这本书的参考文献，并且花费了许多功夫来细致地完善这本书。

几年前，伦敦美国学校（American School in London）中的一些教师在彼得·卢特考斯基（Peter Lutkoski）的带领下，与韦罗妮卡·伯克森·曼西利亚和我一起开展了一项小研究，探讨并界定什么是“全局性理解”。研究的成果卓有成效，这些成果及其反响在本书中也有不同形式的体现。

我也曾经与众多友人、同事讨论过，在如今的时代，什么样的知识内容才有学习价值。他们的见解涉及各个不同的领域，从艺术到文学、政治以及日常生活。大家不仅贡献了自己的思想，更分享了许多案例与资源。在此表示感谢，若有所遗漏，对此我深表歉意：安吉拉·贝穆德兹（Angela Bermudez）、基尔·布鲁默（Kier Bloomer）、马里奥·卡雷特罗、埃伦·柯林斯、菲利普·卡曾斯（Phillip Cousins）、戴安娜·唐斯（Diane Downs）、诺埃尔·恩特威斯尔、亨特·格尔巴赫（Hunter Gehlbach）、蒂娜·格罗泽、林诺·哈达尔（Linor Hadar）、洛伊丝·赫特兰、吉姆·里斯、罗德·洛克（Rod Rock）、加夫里尔·所罗门、耶沙·斯万（Yesha Sivan）、大卫·艾迪·斯派瑟（David Eddy Spicer）、卡洛斯·瓦斯科（Carlos Vasco）。他们著作中的观点让我收获不小。当然，我还要感谢我的妻子安、儿子汤姆和泰德、泰德的妻子多依娜，以及我的孙辈——玛吉、大卫和桑迪。

我在哈佛大学教育研究生院所教授的课程也直接或间接地成为了本书中一些观点的实验温床。事实上，我曾经把本书某些章节的初稿作为教案，在课堂上使用。这种结合了热情、质疑和批判的过程，是影响本书的决定性因素之一。

同样重要的是，我有机会到世界各地参加了许多会议，在会议上获得的反馈信息十分宝贵，并从不同角度与教育同行们分享了书中的一些观点。

另外，“零点项目”（Project Zero）丰富的背景资源也为本书的创作提供了大量信息。“零点项目”是哈佛大学教育研究生院的一项研究与发展项目，最初由著名的哲学家尼尔森·古德曼（Nelson Goodman）创立，目前，项目已成立50周年，并由丹尼尔·威尔森负责。其历届负责人还有：霍华德·加德纳、我、史蒂夫·塞德尔（Steve Seidel）、莎莉·狄西曼，我们这些人仍然在积极地参与项目研究。虽然我力图从更广泛的教育和教育研究资源中提炼本书的一些观点和案例，但毫无疑问，我会频繁地提及同事们在“零点项目”中开展的各项研究。

在这里，由衷地感谢长期与我合作的经纪人，桑福德·J.格林伯格公司（Sanford J. Greenburger Associates）的费丝·哈姆林（Faith Hamlin），感谢她对本书提出的建议、为本书发行销售作出的努力以及多年来的帮助；同样感谢本书的编辑、乔西-巴斯出版社（Jossey-Bass）的凯特·布拉德福德（Kate Bradford）和她的同事们，感谢他们针对本书给予的反馈和支持。

如果没有上面提到的多方资源和友人的帮助，肯定不会有汇聚成本书的言语之流。当然，读者可能会在书中遇到一些恼人的“漩涡”，如果一定要将这些不顺畅的部分归咎于某人，那么，请将此视为我的过错。我仍然希望，阅读本书的体验能够如同潺潺的小溪一般流畅。

FUTURE WISE

EDUCATING our CHILDREN for a CHANGING world

译者后记

什么知识最有价值？早在19世纪中期，实证主义哲学家、教育家赫伯特·斯宾塞便郑重地提出了这个问题，他说，科学知识最有价值。而教育的职责，就是为我们未来完满的生活做好准备。

教育的历史总是在往返回复之间曲折前进，到了21世纪，本书作者再度提出了这个问题。这一次，“生活”的主题进入了焦点范围内，作者能够在我们将来的生活中充分发挥作用的知识，才是最有价值的。

正如书中一开始提到的学生一样，相信每一个尚能独立思考的人都曾质疑过：“我学这个做什么呢？有什么用呢？”那一篇篇背会的古文，一个个生搬硬套的公式，在考试之后立刻被抛诸脑后，真正能够发现古文之美、数学之美的学生，寥寥无几。这无疑是个人的不幸，更是教育的不幸。对于此，作者在本书中提出了极具吸引力的解决办法：寻找其中蕴含的全局性理解和开放性问题。我们还可以将这些看似生僻的内容转换为、初级的、简单的版本，彰显其生活魅力，由此，真正让它们焕发光彩。

全局性理解、开放性问题并不完全是放之四海而皆准的万能灵药，而只是在某个学科、某个领域甚至某个问题范围内“接地气儿”的主题。目前，互相独立、彼此割裂的各学年教育的传统内容显然无法担负传递这类知识的重任；学生们每一学期、每一学年接触的知识之间只存在学科体系内纵向的联系，却少了适应生活的整体联系。于是作者建议，采取跨学年的课程组织模式，这相当于撼动了当前教育模式的基础。跟随这一思路，教育改革任重而道远。

作者还谈及了另一个热门的主题：21 世纪必备综合能力。无论是合作能力、创造力、解决问题的能力还是自我监控的能力，都是我们成为更好的自己所必须逐渐具备的，这正是通往智慧的必经之路。

翻译本书的过程，也是我不断反思教育的过程，既思考过去受教育的经历，也思考教育的未来，从中获益匪浅。翻译本书，一己之力毕竟有限，我得到了许多同仁的帮助，在此感谢蒋宏伟、杨志康、王越、鄢智文、王昆华的不吝赐教。此外，翻译的功夫还在于文采，书中言辞、文字有疏漏晦涩之处，请包涵指正，感谢！

未来，属于终身学习者

我这辈子遇到的聪明人（来自各行各业的聪明人）没有不每天阅读的——没有，一个都没有。巴菲特读书之多，我读书之多，可能会让你感到吃惊。孩子们都笑话我。他们觉得我是一本长了两条腿的书。

——查理·芒格

互联网改变了信息连接的方式；指数型技术在迅速颠覆着现有的商业世界；人工智能已经开始抢占人类的工作岗位……

未来，到底需要什么样的人才？

改变命运唯一的策略是你要变成终身学习者。未来世界将不再需要单一的技能型人才，而是需要具备完善的知识结构、极强逻辑思考力和高感知力的复合型人才。优秀的人往往通过阅读建立足够强大的抽象思维能力，获得异于众人的思考和整合能力。未来，将属于终身学习者！而阅读必定和终身学习形影不离。

很多人读书，追求的是干货，寻求的是立刻行之有效的解决方案。其实这是一种留在舒适区的阅读方法。在这个充满不确定性的年代，答案不会简单地出现在书里，因为生活根本就没有标准确切的答案，你也不能期望过去的经验能解决未来的问题。

而真正的阅读，应该在书中与智者同行思考，借他们的视角看到世界的多元性，提出比答案更重要的好问题，在不确定的时代中领先起跑。

湛庐阅读 App：与最聪明的人共同进化

有人常常把成本支出的焦点放在书价上，把读完一本书当作阅读的终结。其实不然。

时间是读者付出的最大阅读成本

怎么读是读者面临的最大阅读障碍

“读书破万卷”不仅仅在“万”，更重要的是在“破”！

现在，我们构建了全新的“湛庐阅读”App。它将成为你“破万卷”的新居所。在这里：

- 不用考虑读什么，你可以便捷找到纸书、电子书、有声书和各种声音产品；
- 你可以学会怎么读，你将发现集泛读、通读、精读于一体的阅读解决方案；
- 你会与作者、译者、专家、推荐人和阅读教练相遇，他们是优质思想的发源地；
- 你会与优秀的读者和终身学习者为伍，他们对阅读和学习有着持久的热情和源源不绝的内驱力。

下载湛庐阅读 App，
坚持亲自阅读，
有声书、电子书、阅读服务，
一站获得。

本书阅读资料包

给你便捷、高效、全面的阅读体验

本书参考资料

湛庐独家策划

- **参考文献**
  为了环保、节约纸张，部分图书的参考文献以电子版方式提供
- **主题书单**
  编辑精心推荐的延伸阅读书单，助你开启主题式阅读
- **图片资料**
  提供部分图片的高清彩色原版大图，方便保存和分享

相关阅读服务

终身学习者必备

- **电子书**
  便捷、高效，方便检索，易于携带，随时更新
- **有声书**
  保护视力，随时随地，有温度、有情感地听本书
- **精读班**
  2~4周，最懂这本书的人带你读完、读懂、读透这本好书
- **课　程**
  课程权威专家给你开书单，带你快速浏览一个领域的知识概貌
- **讲　书**
  30分钟，大咖给你讲本书，让你挑书不费劲

湛庐编辑为你独家呈现
助你更好获得书里和书外的思想和智慧，请扫码查收！

（阅读资料包的内容因书而异，最终以湛庐阅读App页面为准）

湛庐阅读 App

思想者的
声音图书馆

倡导亲自阅读

不逐高效，提倡大家亲自阅读，通过独立思考领悟一本书的妙趣，把思想变为己有。

阅读体验一站满足

不只是提供纸质书、电子书、有声书，更为读者打造了满足泛读、通读、精读需求的全方位阅读服务产品——讲书、课程、精读班等。

以阅读之名汇聪明人之力

第一类是作者，他们是思想的发源地；第二类是译者、专家、推荐人和教练，他们是思想的代言人和诠释者；第三类是读者和学习者，他们对阅读和学习有着持久的热情和源源不绝的内驱力。

CHEERS

以一本书为核心

遇见书里书外，更大的世界

有声书

随时随地，有温度、
有感情地听本书

纸质书

湛庐纸书一站购买
还有读者专享福利

精 读

2~4周，带你读完、
读懂、读透一本好书

电子书

最新最全的湛庐电子书
随时随地亲自阅读

讲 书

30分钟
大咖给你讲本书
让你挑书不费劲

延伸阅读

编辑精心制作的内容拓展
测试、视频、注释、参考文献
只为优化你的体验

课 程

权威专家带你快速浏览
一个领域的知识概貌

专 题

主题式阅读书单
让你与更多好书相遇

图书在版编目（CIP）数据

为未知而教，为未来而学 /（美）珀金斯著；杨彦捷译．—杭州：浙江人民出版社，2015.8 （2023.2重印）

ISBN 978-7-213-06804-1

Ⅰ.①为… Ⅱ.①珀… ②杨… Ⅲ.①中小学教育-研究 Ⅳ.①G63

中国版本图书馆 CIP 数据核字（2015）第 170226 号

浙江省版权局
著作权合同登记章
图字：11-2015-50 号

上架指导：教育 / 心理学

本书法律顾问　北京市盈科律师事务所　崔爽律师

为未知而教，为未来而学

作　　者：［美］戴维　珀金斯　著
译　　者：杨彦捷　译
出版发行：浙江人民出版社（杭州体育场路347号　邮编　310006）
　　　　　市场部电话：（0571）85061682　85176516
集团网址：浙江出版联合集团　http://www.zjcb.com
责任编辑：金　纪
责任校对：张谷年
印　　刷：唐山富达印务有限公司
开　　本：710mm×965mm　1/16　　**印　　张：**17.25
字　　数：24.3万　　**插　　页：**3
版　　次：2015年8月第1版　　**印　　次：**2023 年 2 月第 17 次印刷
书　　号：ISBN 978-7-213-06804-1
定　　价：54.90元

如发现印装质量问题，影响阅读，请与市场部联系调换。